CHRIS BROAD · ABROAD IN JAPAN

Meine Abenteuer im Land der aufgehenden Sonne

CHRIS BROAD

ABROAD IN JAPAN

Meine Abenteuer im Land der aufgehenden Sonne

Aus dem Englischen von Jörn Pinnow

Kiepenheuer & Witsch

4. Auflage 2026

Titel der Originalausgabe Abroad in Japan
Copyright © Chris Broad, 2023
First published as *Abroad in Japan* in 2023 by Bantam, an imprint of Transworld.
Transworld is part of the Penguin Random House group of companies.
Aus dem Englischen von Jörn Pinnow
© 2025, Verlag Kiepenheuer & Witsch GmbH & Co. KG,
Bahnhofsvorplatz 1, 50667 Köln
Alle Rechte vorbehalten
Die Nutzung dieses Werks für Text- und Data-Mining
im Sinne von §44b UrhG bleibt explizit vorbehalten.
Covergestaltung Barbara Thoben, Köln,
nach dem Originalumschlag von Penguin Random House
Covermotiv © Matt Saunders
Gesetzt aus der Calluna und der Neutraface
Satz Buch-Werkstatt GmbH, Bad Aibling
Druck und Bindung GGP Media GmbH, Pößneck
ISBN 978-3-462-00886-9

Kontaktadresse nach EU-Produktsicherheitsverordnung:
produktsicherheit@kiwi-verlag.de

Ich widme dieses Buch der unglaublichen *Abroad-in-Japan*-Community, die mich in den letzten zehn Jahren auf diesem wilden Ritt begleitet hat.

Inhalt

Prolog: Das Interview

Januar 2012

Ich saß in der Ecke in einem der höhlenartigen Säle der japanischen Botschaft in Mayfair, London. Der Raum mit dem goldenen Kronleuchter an der Decke und dem üppigen roten Teppich war beeindruckend, aber bis auf diese beiden Dinge praktisch leer und bot somit nichts, womit ich mich hätte ablenken können, um mein angespanntes Nervenkostüm zu beruhigen. Das einzige Möbelstück war ein Tisch, auf dem ein Klemmbrett mit dem Ergebnis des Englisch-Grammatiktests lag, den ich eben geschrieben hatte. Ich musste all meine Selbstbeherrschung aufbieten, um nicht aufzustehen und einen Blick darauf zu werfen.

Es gibt wenige Dinge im Leben, die ähnlich nervenaufreibend sind wie ein Bewerbungsgespräch für einen Job, den man unbedingt haben will. Nach einer fünfminütigen Ewigkeit öffnete sich die gewaltige Eichentür mir gegenüber, und ein Botschaftsmitarbeiter bat mich in einen weiteren, ebenfalls imposanten Raum und führte mich zu einem einzelnen Stuhl an einem langen Tisch mit zwei unbeeindruckt dreinblickenden Interviewern.

Drei Jahre hatte ich auf diesen Moment gewartet, und in den nächsten Minuten würden der höfliche, aber scheinbar emotionslose mittelalte Japaner und ein etwas strenger dreinblickender Brite – ein Alumnus des Programms, an dem ich teilnehmen wollte – über mein weiteres Schicksal entscheiden. Es hatte etwas von einem »Good cop, bad cop«-Szenario, was nichts dazu beitrug, meine Nervosität zu drosseln.

Im Jahr 1987 hatte die japanische Regierung ein Programm ins Leben gerufen, über das englische Muttersprachler an Schulen in ganz Japan gelockt werden sollten, um dort die Englisch-Sprachfähigkeiten zu verbessern und eine Basisinternationalisierung anzustoßen. In den zurückliegenden zwei Jahrzehnten war das *Japan Exchange and Teaching Programme* mit seinen mehr als fünftausend Teilnehmern und Teilnehmerinnen pro Jahr aus 57 Ländern zum weltweit größten Austauschprogramm für Lehrer geworden.

Mir bot es eine bequeme Möglichkeit für ein spektakuläres Abenteuer auf der anderen Seite der Welt. Nachdem ich den eher langwierigen schriftlichen Teil der Bewerbung hinter mir hatte, musste ich nun nur noch diese letzte Hürde überwinden.

Ich hatte im Vorfeld obsessiv im Internet recherchiert und von anderen Bewerberinnen und Bewerbern erfahren, dass der Erfolg vor allem davon abhing, übertrieben freundlich zu sein. Der perfekte ausländische Lehrer sollte immer als *genki* (元気) erscheinen. Dieses häufig verwendete japanische Wort bedeutet so viel wie »munter« oder »lebhaft«, zwei Worte, mit denen mich niemand beschreiben würde, weshalb ich alle Energie aufbringen musste, um während des dreißigminütigen Interviews ein bemühtes Lächeln präsentieren zu können.

»Wie gut ist Ihr Japanisch?«, wollte der britische Alumnus wissen und flog mit dem Stift über mein Bewerbungsformular.

»Nein«, erwiderte ich und zuckte augenblicklich über meine seltsame Antwort zusammen. »Äh, Entschuldigung ... ich meinte nicht Nein. Aber nicht gut. Ich bin fest entschlossen, es zu lernen, sollte ich das Glück haben, die Stelle zu bekommen.«

Der japanische Interviewer, der gerade seine Kopie meines Bewerbungsbogens durchsah, kicherte, als er an die Stelle kam, an der ich meinen bevorzugten Einsatzort genannt hatte.

»Also, in Ihrer Bewerbung geben Sie an, dass Sie am liebsten entweder auf dem Land oder in Kōbe eingesetzt werden würden. Können Sie uns erklären, warum?«

Es war allgemein bekannt, dass die sicherste Art, das JET-Interview nicht zu bestehen, darin bestand, um den Einsatz in Tokio zu bitten. Das Programm sah nur sehr wenige Stellen in der dicht besiedelten Hauptstadt vor, und sofern man keinen ausgezeichneten Grund hatte, dorthin gehen zu müssen, galt man mit dieser Bitte entweder als faul oder schlecht vorbereitet. »Ich würde wirklich sehr gern auf dem Land leben, ganz egal, wo. Mir gefällt die Vorstellung, in einer kleineren Gemeinde eine größere Rolle zu spielen. Sie könnten mich auf Hokkaido in eine Höhle stecken und ich wäre glücklich.«

Schweigen breitete sich im Raum aus, und mir wurde klar, dass meine Bemerkung wortwörtlich verstanden worden war. Die Interviewer tauschten einen irritierten Blick aus, bevor sie fortfuhren.

»Und warum Kōbe?«

Insgeheim hatte ich mich vor dieser Frage gefürchtet. Die Entscheidung für Kōbe war nicht sonderlich gut begründet: Ich hatte mir ein paar Tage lang Japan auf Google Maps angeschaut und erkannt, dass Kōbe genau zwischen Kyōto und Ōsaka liegt, den beiden für mich faszinierendsten Städten, die zwar nah beieinanderliegen, zugleich aber den Kontrast zwischen Tradition und Moderne verkörpern. Außerdem war die Stadt weltberühmt für das Kōbe-Rind. Leichtsinnigerweise hatte ich angenommen, dieses legendäre Fleisch müsse für die Bewohner Kōbes billig und leicht verfügbar sein, weshalb es mir eine gute Idee erschien, dort leben zu wollen.

»Nun, ehrlich gesagt erscheint mir das Rindfleisch dort verdammt gut zu sein.«

Ich erwartete eine weitere Welle des Schweigens, wurde aber von einem Ausbruch der Heiterkeit überrascht.

»Eine gute Überlegung«, bestätigte der Japaner. »Das Kōbe-Rind ist wirklich ausgezeichnet.«

Ich hatte noch mal Glück gehabt, aber mir war klar, dass es noch nicht überstanden war. Es gab eine weitere Sache, vor der ich mich fürchtete, sollte sie auf den Tisch kommen. In meiner Bewerbung hatte ich erklärt, zahlreiche Bücher über Japan gelesen zu haben und betonte vor allem eines über *wabi-sabi*, eine buddhistische Philosophie und Ästhetik, die berühmt dafür ist, undefinierbar zu sein.

»Chris-san, Sie schreiben, Sie hätten sich mit *wabi-sabi* beschäftigt. Könnten Sie uns wohl erklären, was es damit auf sich hat?«

Am besten lässt sich das Konzept des *wabi-sabi* (侘び寂び) damit erklären, dass es das Unvollkommene mit offenen Armen begrüßt und die Schönheit im Unvollständigen oder Nichtperfekten erkennt. So sind die gefragtesten handgefertigten Keramiken in Japan häufig die, die asymmetrisch, einfach oder bescheiden aussehen. Diese Ideologie ist für das Leben vieler Japaner und Japanerinnen ganz grundlegend.

Das wäre eine fantastische Antwort gewesen.

Ich aber schaute zu Boden und nuschelte etwas wie »Äh ... äh ... das ist also wie ... ich meine ...«.

Der Japaner sah mich über den Rand seiner Brille intensiv an, und ich erkannte, dass dies die alles entscheidende Frage war. Das war meine Chance zu beweisen, dass ich über die kommunikativen Fähigkeiten verfügte, die man von einem Lehrer erwartet.

»Nun, also, die Sache mit *wabi-sabi* ist etwas, das sich nicht so leicht definieren lässt. Es ähnelt eher einem Gefühl oder einer Emotion als einem klaren, definierbaren Konzept.«

Was für ein Mist.

Mein Glück war, dass sich der Prüfer seinen Sinn für Humor bewahrt hatte.

»Haha, ja. Es ist wirklich schwer zu erklären – ich weiß, was Sie meinen!« Er gluckste kurz. »Gut, das wäre es dann für den Moment. Vielen Dank.«

Es war vorbei.

Ich taumelte aus dem beeindruckenden Gebäude und über die Straße zur U-Bahn-Station Green Park und wusste insgeheim, dass nichts und niemand auf dieser Welt mir nun noch diese Stelle verschaffen konnte.

Aber zwischen all meinen katastrophalen Antworten musste doch irgendetwas Brauchbares dabei gewesen sein. Vielleicht lag es an meiner anrührenden Beschreibung des *wabi-sabi* oder der schieren Verzweiflung meines Angebots, sogar in einer Höhle auf Hokkaido unterrichten zu wollen, jedenfalls erhielt ich zwölf Wochen später einen Brief mit der Nachricht, dass ich angenommen worden war. Mein Leben würde sich rund 10.000 Kilometer nach Osten verlagern, in ein Land, über das ich kaum etwas wusste, mit einem Job, für den ich mich beklagenswert unvorbereitet fühlte.

1. Die Sushi-Offenbarung

Juli 2012

Von London nach Tokio zu reisen ist ein unfassbar ungeschmeidiger Übergang, bei dem nicht weniger als acht Zeitzonen überquert werden und sich eine kulturelle Kluft auftut, auf die ich überhaupt nicht vorbereitet war.

Als ich mich von meinen Eltern verabschiedete und meinen mit Koffern beladenen Gepäckwagen in die Abflughalle von London Heathrow schob, hatte ich keine Vorstellung davon, wann ich meine Familie wiedersehen oder wie viele Jahre ich unterwegs sein würde. Jeder potenziell traurige Gedanke wurde von Adrenalin und einer Unruhe angesichts der Reise verdrängt, die mir nun bevorstand. Der Flug von Heathrow nach Tokio Narita dauert rund zwölf Stunden, was bei der Ankunft für den schlimmstmöglichen Jetlag sorgen sollte.

Ich blickte aus dem Kabinenfenster und sah zu, wie die Dächer Londons der Nordsee Platz machten und dann skandinavische Wälder auftauchten, bis alle Anzeichen von Zivilisation nach und nach verschwanden, da wir fast die gesamte Flugzeit in 11.500 Metern Höhe über der sibirischen Tundra verbrachten.

Ich wollte schlafen, doch die junge Frau neben mir – ebenfalls eine JET-Teilnehmerin – schnarchte derart laut, dass sie selbst die Motoren des Düsenjets übertönte. Und da somit auch keine Aussicht auf angeregten Small Talk während des Flugs bestand, blätterte ich durch ein billiges Japanisch-Wörterbuch. Beim Versuch, mir die passenden Worte für meine einleitenden Vorstellungsworte in der Schule einzuprägen, schlummerte ich ein.

Als Zweiundzwanzigjähriger und frisch von der Universität konnte ich es immer noch kaum glauben, dass ich meinen ersten festen Job auf der anderen Seite der Welt ergattert hatte, in einem

Land, in dem ich niemanden kannte, und in dem eine Sprache gesprochen wurde, die ich nicht wirklich verstand.

Zwar hatte ich schon immer gehofft, eines Tages Japan besuchen zu können, doch die Vorstellung, dort tatsächlich zu leben, hatte sich erst mit achtzehn entwickelt, als ich auf einem Flug nach Frankreich zum ersten Mal vom JET-Programm hörte. Ich saß damals im Flugzeug neben einem Ehepaar, dessen Tochter zu diesem Zeitpunkt in Japan unterrichtete, und die beiden waren begeistert von meiner Aussage, nach der Uni durch die Welt reisen und Englisch unterrichten zu wollen. Am Ende des Flugs hatten die beiden mich überzeugt, eine Bewerbung für das JET-Programm einzureichen und in mir eine neue Leidenschaft entfacht.

Angesichts der Tatsache, dass diese Unternehmung bei einem Gespräch mit Fremden in einem Flugzeug begonnen hatte, war es traurig, dass der heutige, viel längere Flug keine derartig schicksalsträchtige Begegnung für mich bereithielt. Nur sägendes Schnarchen und Frustration.

Zwölf Stunden später weckte mich das Rumpeln, mit dem das Flugzeug auf der Landebahn des Flughafens Narita aufsetzte. Der Anblick des düsteren Terminal-Gebäudes war enttäuschend. Keine *kawara*-Dachziegeln oder Pagoden weit und breit. Ich sah mich rasch um, konnte aber auch nirgends die schneebedeckte Spitze des Bergs Fuji in der Ferne erkennen. Fast nichts wies darauf hin, dass wir in Tokio gelandet waren. In gewisser Weise waren wir das ja auch nicht.

Schnell stellte sich heraus, dass der Flughafen Narita nicht in Tokio, sondern inmitten einiger Reisfelder rund siebzig Kilometer östlich der Stadt liegt.

Ich verließ das Terminal-Gebäude und trat in den backofenheißen Nachmittag hinaus, um entsetzt festzustellen, wie furchtbar feucht Luft sein konnte; jeder Atemzug war wie das Inhalieren von heißem Wasserdampf. Glücklicherweise wurde ich, noch bevor mein Blut verdampfen konnte, zusammen mit anderen JETs in einen bereitstehenden Bus geschoben, wo ich ein Stoßgebet für das Wunder der Klimaanlage gen Himmel schickte, während wir uns über die Autobahn in Richtung Tokio aufmachten.

Wenn etwas für Narita spricht, dann die Tatsache, dass man bei der Weiterfahrt das gewaltige, atemberaubende Ausmaß der weltweit größten Metropole hautnah erfährt. Die Anreise nach Tokio beginnt in den endlosen Ebenen der Präfektur Chiba und ihrer Ansammlung traditioneller japanischer Häuser inmitten von kilometerlangen Reisfeldern. Nach und nach tauchen am Rand der Straßen dann Städte auf, und die Reisfelder machen zweckmäßigen Wohnblöcken und Werbetafeln Platz, auf denen lachende Männer und Frauen die neuesten Schönheitsprodukte anpreisen. Mir fiel ein schäbiges Love Hotel auf, das einer mittelalterlichen Burg nachempfunden war und auf dem Dach mit dem seltsamen Namen *Hotel Smile Love Time* warb.

Rund 37 Millionen Menschen leben im Großraum Tokio. Diese Zahl scheint fast unbegreiflich – mehr als die Hälfte der britischen Bevölkerung versammelt in nur einer Stadt –, doch wenn zum ersten Mal die Skyline sichtbar wird, erscheint dies plötzlich durchaus möglich.

Innerhalb nur einer Stunde Fahrzeit war alles Grün verschwunden. Als unser Bus die Rainbow Bridge in der Tokyo Bay überquert hatte, waren wir ringsum nur noch von Hochhäusern umgeben, und der kultige Tokyo Tower – Japans Antwort auf den Eiffelturm – ragte über die Skyline hinaus. Ich presste mein Gesicht an die Fensterscheibe und erstarrte vor Ehrfurcht, waren doch, egal wohin ich blickte, überall noch mehr Hochhäuser, noch mehr Betonblöcke, noch mehr Chaos und Wirrwarr zu sehen. Reden wir nur von der schieren Größe, wirkt London dagegen wie ein Witz.

Der Bus suchte sich seinen Weg entlang komplizierter Autobahnen und zwischen Häuserreihen gequetschter Hochstraßen und führte uns dabei an unendlich vielen Plakaten mit Prominenten vorbei, die für Asahi Bier oder Suntory Whisky warben; dann waren wir mitten im Zentrum Tokios angekommen. Die zweistündige Fahrt fühlte sich wie ein Ritt durch einen Freizeitpark an, war mein Magen von dem unablässigen Auf und Ab der Autobahnrampen doch gewaltig durchgeschüttelt worden. Endlich erreichten wir das renommierte *Keio Plaza Hotel* im Hochhausviertel Shinjuku. Mit seinen beiden Türmen und 1400 Zimmern war dies einer der wenigen Orte, der den jährlichen Ansturm von JETs beherbergen konnte.

Nachdem man uns aus dem Bus gescheucht hatte, atmete ich zum ersten Mal die Sommerluft Tokios ein: heiß, feucht und durchsetzt vom stechenden Geruch der Kanalisation. Die Abwasserrohre der Stadt zerbröselten unter den ansonsten makellosen Straßen.

Bis zu diesem Augenblick hatte mich mein Stolz darauf, für das JET-Programm ausgewählt worden zu sein, zu der Vorstellung verführt, ich wäre etwas Besonderes. Doch als ich nun in der Lobby des Keio Plaza Hotels stand als eines von tausend fremden Gesichtern, dämmerte mir, dass ich nur ein winziges Rädchen in einer wohlgeölten Maschinerie war.

An der Spitze der Warteschlange angekommen, ließ ich mir von einem Japaner die Schlüsselkarte zu einem Hotelzimmer im 25. Stock überreichen. Ich teilte mir ein Dreibettzimmer mit zwei sportbegeisterten Briten namens Colin und Michael. Als ich die Zimmertür aufstieß, diskutierten die beiden gerade lachend über Rugby. Meine Ankunft schien sie ein wenig davon abzulenken.

»Wohin hat es euch denn verschlagen?«, erkundigte ich mich und warf meinen Rucksack auf das verbliebene leere Bett, das am Fenster.

»Ich gehe nach Himeji, direkt neben Japans berühmtester Festung«, erklärte Michael mit einer Selbstgefälligkeit, die andeutete, ihm gehöre die Burg.

»Und ich gehe nach Nagasaki«, strahlte Colin.

Verdammt. Warum habe ich nicht Nagasaki oder Himeji bekommen?

»Und wohin zieht es dich?«, erkundigte sich Michael gespannt, ob ich seine Burg noch übertrumpfen konnte.

»Ich bin in Yamagata. Das liegt im Norden.«

»Ach so? Noch nie davon gehört.« Michael schenkte mir ein siegesgewisses Lächeln, im vollen Bewusstsein, den Hauptgewinn gezogen zu haben.

Die endlose Anreise hatte mich ausgelaugt, aber noch stärker als die Erschöpfung wirkte meine Rastlosigkeit. Ich überließ Colin und Michael den Gesprächen über Rugby und ihre Männlichkeit, verließ das Zimmer und trat in das letzte Tageslicht Tokios hinaus. Die goldene Stunde ließ die obersten Stockwerke der Hochhäuser aufleuchten, die den Stadtteil prägten. Die zwei Türme des Tokyo Metropolitan Government Building lockten mich, gab es laut meines Japan-Reiseführers dort doch »die beste Aussicht über Tokio – umsonst«.

Als ein von Aussichtsplattformen besessener Nerd hatte ich schon viele Hochhäuser erklommen, um den Anblick von oben zu genießen, angefangen bei Shanghai über Seattle und Barcelona bis Berlin. Doch als ich aus dem Lift des Tokyo Metropolitan Government Building stieg und die Stirn an die Glasscheibe legte, sah ich verwundert auf eine Stadt hinunter, die offenbar keine Grenzen kannte. Von meinem Standpunkt aus, im Zentrum der Metropole, konnte ich bis zum diesigen Umriss der Bergkette um die Stadt nur Beton erkennen. Die Aussicht war sowohl ebenso berauschend wie auch erschreckend.

Ich sah zu, wie es innerhalb von zwanzig Minuten dunkel wurde und überall in der Skyline Millionen winziger Lichter in den Fenstern angeschaltet wurden. Das Funkeln erleuchtete die riesige Fläche, was mindestens ebenso faszinierend war wie ein Feuerwerk. Zum ersten Mal Tokio in der Dämmerung zu erleben fühlte sich wie etwas ganz Besonderes an, und ich entschloss, dies müsse gefeiert werden.

Ich ließ mich auf einem Stuhl am Fenster des überteuerten Cafés der Aussichtsplattform nieder und versenkte mich in ein aberwitzig teures Stück Schokoladenkuchen, während ich den Sonnenuntergang über 37 Millionen Menschen beobachtete.

Nach dem letzten Happen war ich derart erschöpft, dass ich über dem Tisch zusammensackte und einschlummerte. Ich muss wohl eine halbe Stunde geschlafen haben, als eine Kellnerin mir sanft auf die Schulter tippte, um mich zu wecken und aufzuscheuchen.

Es folgten zwei Tage intensiver Kurse und Orientierungsveranstaltungen, durchsetzt mit verzweifelten Versuchen, mich mit meinen beiden neuen Begleitern anzufreunden. Die JET-Seminare waren eine schwammige Mischung aus Jetlag und Informationsüberfluss. Anstatt am zweiten Tag eine wichtige Veranstaltung zu besuchen über all das, was man in Japan tunlichst vermeiden sollte, verbrachte ich den Morgen im Bett, zusammen mit einer Packung nicht sonderlich überzeugender Chips mit Sojasaucengeschmack aus dem 7-Eleven. Am Nachmittag schlich ich dann in einen Workshop zu den »Dos« und »Don'ts« der Zusammenarbeit mit japanischen Lehrern und Lehrerinnen, in der Hoffnung, niemand habe mein chipsbedingtes Fehlen am Morgen bemerkt. Eine begeisterte junge Frau namens Amy, eine Britin im zweiten JET-Jahr, leitete den Kurs und stellte dem bangen Publikum eine Reihe von Multiple-Choice-Fragen.

»Wenn eine japanische Englischlehrerin vor der Klasse einen Englisch-Fehler macht, wie solltet ihr euch dann verhalten? A: Unterbrecht den Unterricht und weist auf den Fehler hin. B: Lasst den Unterricht laufen und weist die Lehrerin so darauf hin, dass kein Schüler etwas davon mitbekommt. Oder C: Ignoriert den Fehler und lasst den Unterricht laufen.«

Kurz war es still, dann rief ein Typ mit starkem US-Südstaaten-Akzent: »B!«

»Genau, ihr solltet die Lehrerin nicht vor der Klasse bloßstellen und keine Konflikte mit eurer Kollegin provozieren. Wenn so etwas passiert, ist es immer besser, die Situation von Fall zu Fall zu entscheiden, je nach Lehrer oder Lehrerin.«

Wenn so etwas passiert. Mit einem Mal wurde mir klar, dass die japanischen Englischlehrer womöglich gar nicht so gut Englisch konnten. Bis hierher hatte ich mir die Sache in etwa so vorgestellt, dass ich hinten in der Klasse sitzen würde und einen kompetenten Vorgesetzten hatte. Mir war gar nicht in den Sinn gekommen, dass von allen Anwesenden eventuell ausgerechnet ich am besten Bescheid wissen könnte. Auf einmal trug ich deutlich schwerer an der Verantwortung dieser Aufgabe.

Angesichts unserer divergierenden Interessen hatte ich meine Zimmergenossen Colin und Michael so gut es ging auf Abstand gehalten. Jeder Small-Talk- und Annäherungsversuch war bislang kläglich gescheitert. Und dennoch entschieden wir uns am dritten und letzten Abend in Tokio, uns in Shinjukus raues Rotlichtviertel zu stürzen – wir kannten ja ohnehin niemand anderen in der Stadt. Die Organisatoren des JET-Programms hatten alle eindrücklich aufgefordert, Kabukichō fernzubleiben, vor allem wegen der Gefahren durch Schlepper auf den Straßen, die unerfahrene Touristen in schäbige Bars lockten, die von den örtlichen Verbrechersyndikaten betrieben wurden. Dass diese Warnungen genau den gegenteiligen Effekt auf uns hatten, dürfte nicht überraschen. Jetzt *mussten* wir dahin.

Der Eingang ins Rotlichtviertel Kabukichō wird von einem großen, rot beleuchteten Tor markiert, die Straße dahinter führt durch eine blendende Ansammlung von Leuchtreklamen und Neonlichtern, die Essen, Sake, Karaoke und Liebe versprechen. Eine für einen Hostess-Club werbende Plakatwand zeigte sechs lächelnde junge Frauen in Bikinis, die mit ausgestreckten Händen Nachtschwärmer anlockten. Daneben hing ein Zeichen mit der Silhouette einer Kuh und dem Wort »*wagyū*«, das auf ein Steakrestaurant in einem Gebäudekomplex verwies. Rechts von der Kuh ein Bild von Händen, die einen Rücken massierten, dazu das mit lateinischen Buchstaben geschriebene Wort »Flamingo« sowie eine Preisliste, beispielsweise neunzig Minuten für 2500 Yen (etwa 15 Euro). Dampf stieg aus einer Bude auf, die über ein Loch in der Wand Hefebrötchen verkaufte, und zu all dem ertönte der ohrenbetäubende Sound von Jingles und Werbesongs, die gleichzeitig von riesigen Screens über uns ausgeschüttet wurden. Überwältigt und unglaublich naiv, verstand ich überhaupt nicht, was hier geschah.

An britische Läden und Restaurants gewöhnt, die sich normalerweise im Erdgeschoss befinden, verblüffte mich in Tokio die auffallende Vertikalität der japanischen Gastronomie. Restaurants und Bars waren übereinandergestapelt, und Neonlichter wiesen darauf hin, was in welchem Stockwerk zu bekommen war. Das verlieh den Straßen nicht nur eine futuristische Cyperpunk-Ästhetik, sondern machte gleichzeitig die Wahl eines Restaurants zu einer einschüchternden Angelegenheit, da man keine Möglichkeit hatte, vor dem Betreten hineinzuschauen. Wir fuhren mit dem Fahrstuhl in den dritten Stock eines Gebäudes, da uns ein knalliges Schild Cocktails versprach, doch als sich die Türen zu einer schäbig eingerichteten Bar mit voll besetzter Theke öffnete, machte der Barkeeper hinter dem Tresen mit den Armen ein großes »X«. Entweder war die Bar voll oder er wollte uns nicht haben. Wir hasteten augenblicklich davon.

Wir entschieden uns schließlich für ein Sushi-Restaurant im Erdgeschoss, in das wir durch das Fenster zumindest schon einen Blick hatten werfen können. Es beruhigte uns zu sehen, dass hier geschäftiger Betrieb herrschte, inklusive einer Reihe von Köchen mit den typischen weißen Schürzen und Mützen, die mit Leidenschaft *nigiri*-Sushi zubereiteten.

Ich, der zum ersten Mal im Leben ein japanisches Restaurant betrat, staunte nicht schlecht, als alle, von den Köchen bis hin zu den Kellnern, in ein lautes »*Irasshaimase!* Willkommen!« ausbrachen. Ein Chor in den unterschiedlichsten Tonlagen, vom dröhnenden Bass des Küchenchefs bis zum schrillen Kreischen einer vorbeieilenden Kellnerin, die zwei Teller aus Hinoki-Holz balancierte.

Da gerade großer Andrang herrschte und die Pendler fürs Abendessen in die Restaurants stürzten, waren beinahe alle Tische besetzt, nur drei Stühle am Tresen waren noch frei. Eine zwischen den Gästen hin und her wuselnde junge Frau kam zu uns herüber und hielt fragend drei Finger hoch. Wir nickten. »*Hai, dōzo!* Hier entlang, bitte.« Sie führte uns an den Tresen und stellte drei Becher kochend heißen grünen Tee vor uns ab, um dann an einen Nachbartisch zu eilen.

Bis dahin hatte ich in Großbritannien erst ein- oder zweimal Sushi gegessen, und zwar immer nur aus dem Supermarktregal. Das Erlebnis von geschmacklosem Fisch auf steinhartem Reis hatte mich nicht sonderlich überzeugt. Während ich Platz nahm, bereitete ich mich auf eine neue Erfahrung vor, da mich das halbe Dutzend Köche in den Bann zog, das synchron an Gerichten arbeitete, die eher wie Kunstwerke denn wie Nahrungsmittel aussahen.

Drei Köche schnitten prächtige Stücke frischen Thunfisch und Lachs auf, während andere den Reis in ihren Händen zu perfekten Bällen formten. Ich beobachtete, wie ein weiterer Koch mit einer kleinen Lötlampe planvoll Thunfischscheiben auf Reiskügelchen festbrannte, wobei der Fisch unter der heißen Flamme seine Farbe von Rosa zu Goldbraun wechselte. Der fertiggestellte Happen wurde sorgfältig auf einen Holzteller gelegt, außerdem eine Reihe *nigiri* mit einer Auswahl an Garnierungen, von Lachsrogen über ein fluffig aussehendes Omelette bis hin zu Stücken eines weißen Fischs, den ich nie zuvor gesehen hatte. Der verführerische, süße Duft des sautierten fetten Thunfischs vermischte sich mit dem ohnehin überwältigenden Geruch nach frischem Fisch, was dafür sorgte, dass man sich eher wie in einem Hafen fühlte als im Zentrum der größten Metropole der Welt.

Obwohl die Speisekarte ohne Englisch auskam, zeigte sie glücklicherweise herrlich verlockende Fotos von jeder Sorte Sushi. Ich tippte auf einen Teller mit Thunfisch. Das großzügige Gericht versprach drei verschiedene Arten Thunfisch: *akami*, ein dunkelrotes, fleischiges Stück; *ōtoro*, das fetteste von allen, hellrosa; und *chutoro*, ein mittelfettes Stück. Diese drei waren in Perfektion sautiert, zerkleinert, aufgeschnitten und gerollt worden und wurden nun als handgeformtes *nigiri*, als *maki*-Rollen und als einige Scheiben Sashimi serviert, und zwar auf einem Bett aus Daikon-Rettich und mit einem Klecks Wasabi. Das Gericht aus zwölf Stück Sushi kostete 2700 Yen (rund 17 Euro), was mir deutlich teurer vorkam als mein Supermarktessen.

Ich schob den ersten Bissen *chutoro nigiri* in den Mund.

Als Erstes schmeckte ich den *shari* – den Reis selbst. Der außerhalb Japans wohl am meisten unterschätzte Bestandteil von Sushi besteht aus mit Essig, Salz und Zucker vermengtem Reis mit einem deutlich auffallenden, süßlichen Geschmack. Er war klebrig, aber zugleich fest, was es leicht machte, den Bissen aufzunehmen, aber auch, ihn im Mund zu zerteilen. So etwas hatte ich noch nie geschmeckt. Das »Sushi«, das ich in England bekommen hatte, fühlte sich im Vergleich dazu an wie ein aus Hass begangenes Gewaltverbrechen.

Und dann war da noch der *chutoro*-Thunfisch selbst. Seine buttrige, im Mund zergehende Konsistenz erinnerte mich an ein gutes Steak und besaß überraschenderweise fast überhaupt keinen Fischgeschmack. Die Balance zwischen Fett und Fleisch machte ihn zu einem unglaublich befriedigenden Happen, vor allem dank des raffinierten Wasabi-Kicks.

»Wahnsinn. *So* soll Sushi also schmecken«, bemerkte ich.

»Da muss sich jedes britische Sushi in Grund und Boden schämen«, stammelte Colin und holte kurz Luft, bevor er sich noch mehr Fisch in den Mund schob.

Als man mir den Thunfisch gebracht hatte, stieg in mir die Sorge auf, nicht satt zu werden. Es sah alles so zart aus. Doch nach dem zwölften Stück war ich kurz vor dem Platzen. Ich hatte unterschätzt, wie sättigend essiggetränkter Reis sein konnte.

Allerdings nahm das Essen noch eine Wendung ins Üble, als Michael darauf bestand, zum Abschluss noch ein Gericht zu bestellen.

»Mein japanischer Freund meinte, ich müsse das probieren, wenn ich Sushi esse. Es heißt *shiokara*.«

Wir hatten noch nie davon gehört, aber ich begann mir Sorgen zu machen, als ich den verblüfften Ausdruck auf dem Gesicht eines Sushi-Kochs entdeckte, der mitbekommen hatte, was wir bestellten.

Wenige Augenblicke später stand fest, dass Michael sich mit den falschen Freunden umgab.

Eine Kellnerin brachte uns drei kleine Gerichte, für jeden von uns eines. Es sah aus, als hätte jemand einen Fisch ausgeweidet und all das blutige Innere in eine Schüssel geleert.

Und genau das war es auch.

Nun stellte sich heraus, dass *ika no shiokara* so viel wie »fermentierte Tintenfischinnereien« bedeutete.

»Eine echte Spezialität also?« Ich bohrte meine Stäbchen in die braune, unansehnliche Masse.

»Ja. Wobei ich fürchte, es wird Zeit, dass ich zur Burg Himeji aufbreche...« Ein plötzlich deutlich weniger selbstgefälliger Michael machte sich zum Aufbruch bereit.

Der hinter dem Tresen mit dem Vorbereiten eines Thunfischfilets beschäftigte Koch lachte über unsere Reaktion.

»*Ganbatte ne!* Viel Glück!«, spornte er uns an und ballte komisch die Faust, als wolle er uns auf einen Kampf vorbereiten.

Um den Meister nicht zu enttäuschen, probierte ich einen Happen. Bei dem salzigen, bitteren Geschmack schrumpfte meine Zunge augenblicklich zusammen. Rasch griff ich nach dem grünen Tee.

Mehrere Köche und Gäste an der Theke kreischten vor Vergnügen.

Ich überlebte meinen ersten Besuch eines japanischen Sushi-Restaurants, der, von fermentierten Tintenfischinnereien einmal abgesehen, nichts weniger als eine Offenbarung für mich war.

2. Die Japan-Lotterie

August 2012

Als sich die intensive dreitägige Tokio-Einführung ihrem Ende zuneigte, wurde jeder, den ich hier getroffen und jede, mit der ich mich angefreundet hatte, abrupt auf ein Nimmerwiedersehen davongetragen.

Manche wurden mit dem Shinkansen an exotische Orte wie Ōsaka, Himeji oder Kōbe gebracht – wahrscheinlich um dort das *wagyū*-Rind zu essen, das ich mir gewünscht hatte. Die weniger Glücklichen trieb man zu Bussen, die in Tokios nicht sonderlich aufregende Nachbarpräfekturen Chiba und Saitama fuhren. Mit jedem halbwegs vertrauten Gesicht, das ich aus den Augen verlor, verlor ich auch ein Stück Sicherheit.

Was mich betraf, so wurde ich per Minibus zum Flughafen Haneda gebracht, von wo aus ich eine Stunde gen Norden in die Präfektur Yamagata flog. Nur ein weiterer JET-Kollege reiste ebenfalls in dieser Richtung, ein schüchterner, aber freundlicher Typ aus Colorado, Mark. Außerdem begleitete uns ein Japaner, der uns persönlich unseren japanischen Kolleginnen und Kollegen vor Ort übergeben würde. Es fühlte sich fast wie ein glamouröser Gefangenenaustausch an.

Mit dem Start des Flugzeugs stieg meine Nervosität. Es sollte nicht mehr lange dauern, dann würde ich in einer Schule stehen und mich als Lehrer vorstellen müssen. Zu meiner eigenen Beruhigung zog ich den inzwischen zerfledderten und zerknitterten Zusagebrief aus meiner Tasche hervor. In ihm stand eine Zeile meines in Yamagata stationierten JET-Koordinators, zu der ich immer wieder zurückkehrte.

»Herzlichen Glückwunsch, Chris. Sie haben die Japan-Ortsvergabelotterie gewonnen.«

Mit einem Gefühl wachsender Unruhe blickte ich auf diese Worte.

Die Wahrscheinlichkeit, dass ich auf dem Weg zu einem aufregenden Ort war, erschien mir äußerst gering. In den von Beklemmung geprägten Tagen vor meiner Abreise nach Japan hatte ich versucht, so viel wie möglich über Yamagata herauszufinden, über jene ländlich geprägte Präfektur, die ich in Kürze für einige Jahre mein Zuhause nennen würde.

Eine Wikipedia-Suche über die Region und ihre Bevölkerung von einer Million Menschen hatte unter anderem ergeben: »In der Präfektur werden siebzig Prozent der Kirschen Japans geerntet.« Wahnsinn.

Es fanden sich kaum Sehenswürdigkeiten, Festivals oder andere Besonderheiten von kulturellem oder historischem Wert. Aber zum Glück gab es ja die Kirschen. Die würden mich schon retten.

Ich begann, irgendetwas in den übertrieben positiven Ton des Briefs hineinzuinterpretieren. Vielleicht war das nur ein Trick, um die unangenehme Wahrheit zu übertünchen, dass ich auf dem Weg in Japans übelste Region war. Um mich von meiner zunehmenden Nervosität abzulenken, schaute ich aus dem Fenster. Wir flogen über das Ōu-Gebirge, das sich wie eine Wirbelsäule auf der japanischen Hauptinsel entlangzieht. Die mit 500 Kilometern längste Gebirgskette des Landes sollte schon bald die physische Grenze bilden zwischen mir und allem, was mir vertraut war. Die Berge waren fraglos wunderschön, mit ihren scharfen, felsigen Gipfeln und den endlosen, üppigen Wäldern an ihren Hängen. Während man beim Gedanken an Japan meist das urbane Tokio oder Kyōtos rot lackierte Schreine im Kopf hat, besteht das Land in Wirklichkeit zu siebzig Prozent aus Bergen und Wäldern. Die hügelige Landschaft ist der Grund, weshalb sich ein so großer Teil der Bevölkerung in den dazwischenliegenden Ebenen und den Betonmegastädten wie Tokio, Nagoya oder Ōsaka drängt.

Unser japanischer Betreuer, bis hierhin eher schweigsam, lehnte sich mit einem Mal in seinem Sitz vor und deutete aus dem Fenster.

»Im Winter auf diesen Berg viel Schnee«, grinste er unheilverkündend.

Ich nickte zustimmend, nicht ahnend, dass die mickrigen Zentimeter Schnee, die ich aus Großbritannien kannte, nichts waren im Vergleich zu dem, was ich hier gegen Ende des Jahres erleben sollte. Ich wusste nicht, dass im Ōu-Gebirge zwischen Dezember und März so viel Schnee fällt wie sonst fast nirgendwo auf der Erde, was in den Wintermonaten eine Flucht aus Yamagata nahezu unmöglich macht.

Beim Landeanflug sah ich hinab auf eine Ebene, in der sich auf dreißig Kilometern sattgrüne Reisfelder aneinanderreihten und durch die sich schnurgerade Straßen in Richtung Chōkai zogen, dem am Horizont düster drohenden Vulkan. Die 2200 Meter hohe Spitze konnte ich im feuchten Sommerschleier gerade so ausmachen, und ich überlegte, ob dieser aufragende Gipfel meinen Untergang besiegeln würde, sollte er einmal ausbrechen. Schließlich waren bei uns in England Vulkanausbrüche und Erdbeben Ereignisse, die man ausschließlich in den Nachrichten aufschnappte oder bei Wikipedia fand. Zu meiner Erleichterung sollte ich schnell erfahren, dass der Chōkai mehr oder weniger erloschen war und zuletzt 1974 eine mittelgroße Menge an Rauch ausgestoßen hatte. Anstatt zu einer dauerhaften Bedrohung wurde der schlafende Vulkan schnell zu einer täglichen Erinnerung daran, wie glücklich ich mich schätzen konnte, in solch einer wunderbar exotischen Landschaft leben zu dürfen.

Die Shōnai-Ebene liegt eingeklemmt zwischen dem Japanischen Meer im Westen und dem Ōu-Gebirge im Osten, was sie zu einer ziemlich dramatischen Landschaft macht. Nichts hätte sich mehr von den ungeordnet aus der Umgebung herausgestemmten Feldern und den sanften Hügeln der britischen Provinz unterscheiden können.

Denn hier herrschte eine Art Ordnung, als habe man jedes Reisfeld ganz ordentlich in Rechtecke geschnitten und als sei die Ebene perfekt glatt, bis sie an ihrem Rand unvermittelt in steile

Berge übergeht. Der Kontrast zwischen der türkisfarbenen See, den leuchtend grünen Reisfeldern und den diesig-blauen Berggipfeln war bei dieser ersten Begegnung eine unglaublich beeindruckende Erfahrung. Obgleich ich niemandem empfehlen würde, Japan im August zu bereisen, der nicht am eigenen Leib erfahren möchte, wie sich ein Brathühnchen fühlt, so ist dieser Anblick doch zweifellos im Hochsommer am eindrucksvollsten.

»Meine Damen und Herren, wir landen in Kürze auf dem Shōnai Airport. Bitte stellen Sie Ihre Sitze aufrecht und schnallen Sie sich an.«

Ich verstaute den Brief wieder in der Tasche und schloss schnell den obersten Hemdknopf. Ich trug elegante Arbeitskleidung, da man mich gewarnt hatte, ich würde direkt vom Flughafen zu einem ersten Treffen mit dem Schulleiter gebracht werden. Im Grunde war dies bereits mein erster Arbeitstag.

Mittlerweile fühlte ich mich allerdings wie ein zerzaustes Nervenbündel. In meinem Magen brannte es vor Anspannung, was zusammen mit dem Jetlag mein Hirn dermaßen vernebelte, dass ich nicht in der Lage war, zusammenhängende Sätze zu äußern. Allein der Gedanke daran, mit einer wichtigen Person reden zu müssen, im Zweifel sogar auf Japanisch, war der blanke Horror. Vermutlich wäre ich in Kürze der am schnellsten gefeuerte Englischlehrer der japanischen Geschichte.

Als wir uns der Ankunftshalle näherten, kniete Mark sich nieder, um seine Schnürsenkel zu binden. Kraftlos hoffte ich, darin ein Zeichen seiner eigenen Unruhe erkennen zu können.

»Bist du auch ein bisschen nervös?«, erkundigte ich mich und hoffte, ein wenig JET-Kameradschaft teilen zu können.

»Nein. Nicht besonders«, antwortete er und band seine Schuhe ohne äußere Gefühlsregung zu. Blödmann.

Nach dem Lärm und Wirrwarr von Haneda wirkte der Flughafen Shōnai recht klein. Schon im Flugzeug waren kaum andere Passagiere gewesen. Offenbar versagte die Anziehungskraft der Kirschen ihre Wirkung auf japanische Touristen.

Langsam fragte ich mich, auf was ich mich eingelassen hatte, wurde aber rasch aus meiner Abwärtsspirale herausgerissen. Der Moment der Wahrheit war gekommen. Wir zogen unser Gepäck durch das Ankunftsgate, um unsere neuen Arbeitskollegen kennenzulernen. Der erste Test.

Als sich die Tür öffnete, fielen unsere Blicke auf zwei Gruppen wartender japanischer Lehrerinnen und Lehrer, die sich an Schildern mit unseren Namen festhielten. Ein großer, mittelalter Mann mit Drahtgestellbrille hob eines mit »Chris-sensei« (»Lehrer Chris«) freundlich lächelnd in die Höhe.

Er stand zwischen einem Mann mit fast identischer Brille und einer Frau, die lächelte und winkte.

Ein ermutigender Start.

»Nun Mark, ich vermute, hier trennen sich –« Ich drehte mich um, um mich zu verabschieden, doch Mark war bereits mit seiner Gruppe verschwunden. So viel zum Thema lebenslange Freundschaft.

Mein Betreuer verbeugte sich rasch vor meinen wartenden Kollegen, sagte: »Schön, Sie kennenzulernen« und verschwand dann so schnell, dass man ihn für einen Geist hätte halten können. Damit war ich meiner Stützräder beraubt und mit meinen drei Kolleginnen und Kollegen allein.

Ich ging einen weiteren Schritt auf sie zu und winkte überenthusiastisch mit beiden Händen. »*Konnichiwa!* Hallo!« Alle drei verbeugten sich. »*Konnichiwa.* Schön, Sie kennenzulernen, Chris-san.«

»Bitte, darf ich Ihnen das abnehmen?«, erkundigte sich der größere der beiden Männer, nahm mir den Gepäckwagen aus der Hand und packte das Namensschild darauf. »Vielleicht möchten Sie einen Kaffee?«

»Ja, bitte. Ich bin todmüde von dem Jetlag«, scherzte ich linkisch. Die drei nickten lächelnd und führten mich zu einem kleinen Café im Flughafengebäude.

Nachdem wir eisgekühlten Kaffee bestellt und uns an einem Tisch in der Ecke niedergelassen hatten, versammelten sich alle

Blicke auf mir. Die drei lächelten weiterhin, als wären ihre Mienen so eingefroren worden.

Der ältere Mann brach das unangenehme Schweigen. »Nun, Chris-san, hatten Sie einen guten Flug?«

»Der Flug war schon okay, kann man nicht anders sagen, aber der Jetlag macht mich echt fertig. Tokio war ziemlich intensiv, bei all dem Training und was sonst noch so auf mich eingestürzt ist. Und es war so irrsinnig heiß, dass ich die ganze Zeit dort kaum ein Auge zugemacht habe«, platzte es aus mir heraus.

Schweigen. Ich sah meine drei Kollegen an. Ihre Züge blieben unverändert, und sie hatten mir auch höflich zugenickt.

Aber es kam keine Antwort. Hatte ich etwas Beleidigendes oder Unpassendes gesagt? Ich nahm einen großen Schluck des kalten Kaffees, um die Stille zu überbrücken, und betete, jemand möge etwas sagen. Der ältere Mann sah seine Kollegen an, bevor er sanft reagierte.

»Chris-san. Vielleicht können Sie noch einmal reden, etwas mehr langsam, bitte?«

Oh Mist. Sie hatten kein Wort von dem verstanden, was ich gesagt habe.

Später sollte mir klar werden, dass von den elf japanischen Lehrerinnen und Lehrern, mit denen ich arbeitete, nur einer länger als drei Monate im Ausland gelebt hatte und mindestens drei Englisch weder sprachen noch verstanden. So angenehm die meisten meiner Kolleginnen und Kollegen auch waren, offenbar gehörte es nicht zur Einstellungsvoraussetzung eines Englischlehrers in Japan, auch Englisch zu sprechen. Das könnte zum Teil erklären, warum Japan in Rankings über Englisch-Sprachkenntnisse so schlecht abschnitt, Platz 53 von einhundert Ländern, weit hinter China und Südkorea.

Die Geschwindigkeit, mit der ich sprach, zusammen mit meinem britischen Akzent – normalerweise wird amerikanisches Englisch in Japan unterrichtet – machte alles, was ich sagte, völlig unverständlich.

»Der Flug war gut. Aber ich bin durch den Jetlag erschöpft. Tokio ist sehr heiß!« Meine Worte kamen langsam und bedacht, und es wirkte. Mir wurde klar, dass meine übliche spöttische, sarkastische Sprachpersönlichkeit, angefüllt mit Metaphern und britischem Nonsens-Slang, hier unangebracht war. Um kommunizieren zu können, musste ich mein Vokabular drastisch vereinfachen – was dazu führte, dass ich noch langweiliger wirkte, als ich ohnehin schon bin. Mit der Zeit sollten zudem Gesten in meinen Interaktionen eine immer prominentere Rolle spielen.

»Ah, ja. Tokio ist im Sommer sehr heiß«, bestätigte der ältere Mann, und die beiden anderen nickten zustimmend. Dann stellten sie sich förmlich vor. Der jüngere Mann war Nishiyama-sensei. Für einen japanischen Mann ungewöhnlich groß, hatte er, Ende dreißig, drei Monate seines Englischstudiums in Kanada verbracht. Er sprach Englisch langsam und methodisch, wobei er sich deutlich Mühe gab, dass ihm keine Grammatikfehler unterliefen. Das machte sein Sprechen irgendwie unheimlich und etwas roboterhaft, was jedoch von seinem warmen, fast unnatürlichen Lachen aufgehoben wurde.

Neben ihm saß Kengo-sensei, der schon Ende fünfzig war, obwohl er wie Anfang vierzig aussah. Von den dreien sprach er am souveränsten Englisch und pflegte einen sanften amerikanischen Akzent. Er war viel gereist, liebte es, Gitarre zu spielen und hatte Englisch über seine Liebe zur Musik gelernt. Nach dem Krieg war er Teil der japanischen Friedensbewegung gewesen und hatte immer wieder gegen das Militär und Atomwaffen protestiert. Im Vergleich zu den beiden anderen war er regelrecht enthusiastisch und schien von London wie besessen zu sein, was mir in die Karten spielen könnte, so hoffte ich.

Und schließlich war da noch Saitō-sensei, die nicht viel Vertrauen in ihre Sprachfähigkeiten zu haben schien. »Mein Englisch, nicht so gut!«, bemerkte sie scherzend und beendete ihre Vorstellung damit weitgehend, um sich wieder ihrem Kaffee zuzuwenden.

Sie waren alle sehr unterschiedlich, aber doch sympathisch und gastfreundlich, auf ihre eigene, leicht schräge Art.

»Chris-san, der Schulleiter wartet auf Sie. Sollen wir gehen?«, fragte Kengo-sensei und bezahlte die Rechnung.

Ich trank den letzten Schluck des eiskalten Kaffees, dann standen wir auf und steuerten auf den nahe gelegenen Ausgang zu. Draußen überwältigte mich die sengende Hitze, und ich erlebte zum ersten Mal den ohrenbetäubenden Lärm der Zikaden, die den Soundtrack für den japanischen Sommer bilden: Stellen Sie sich vor, eine Million Grillen feuern sich gegenseitig zu noch mehr Lärm an und werden über Festival-Lautsprecher verstärkt. Das Äußere von Kengo-senseis Auto war so heiß, dass ich kaum die Tür öffnen konnte, ohne mir meine Finger zu verbrennen.

Ich musste mich schnell abkühlen. Auszusehen, als wäre ich gerade erst aus einem Swimmingpool geklettert, war sicherlich nicht der erste Eindruck, den ich beim Schulleiter gern hinterlassen wollte.

Während der zwanzigminütigen Fahrt zur Schule rutschte ich nahe ans Fenster und versuchte, den Lufthauch abzubekommen. Wir fuhren durch endlose Reisfelder, in denen hin und wieder kleine Dörfer auftauchten, jedes mit einem leuchtend roten *torii*-Tor sowie traditionellen japanischen Häusern mit den *kawara*-Dachziegeln. Der Chōkai thronte über allem, was fast zu perfekt aussah, als hätte man die Landschaft so umgestaltet, dass sie die Quintessenz einer japanischen Gegend in einem Videospiel abgab. Die Aussicht und der Lärm der Zikaden machten mir wieder klar, dass ich sehr weit weg von zu Hause war. Nichts an diesem Setting fühlte sich auch nur im Entferntesten normal an.

Merkwürdigerweise verblüffte mich am meisten, dass ich nirgends auch nur ein Fleckchen Rasen sah. Nachdem ich nun schon ein paar Jahre hier gelebt habe, weiß ich, dass den meisten Menschen nicht einmal auffällt, dass es kein Gras gibt; in Japan ist jedes Stückchen Land entweder ein Reisfeld, mit Beton zugepflastert oder ein baumbestandener Berghang. Keines der Häuser, an denen wir vorbeikamen, hatte einen Rasen im Vorgarten, stattdessen verzierte eine Mischung aus Kies und sorgfältig geschnittenen Bäumen die winzigen Gärten der Häuser. Sogar die Parks bestanden hier vor allem aus Schotter und Sand.

Später sollte ich lernen, dass weniger als ein Prozent der Schulen in Japan Spielplätze mit Grasflächen haben, und zu Zeiten des Feudalsystems besaß nur der Adel Rasen, der als verzierendes Element, als visuelles Festmahl fürs Auge galt.

Leider war die Zeit fürs Grübeln über die Feinheiten von Grasflächen fast vorüber, denn wir erreichten die Stadt, die in den kommenden drei Jahren mein Zuhause sein sollte.

Sakata (酒田), wörtlich »Sake, Reisfeld«, war eine unauffällig aussehende Stadt. Hätte sie sich in England befunden, hätte man sie wahrscheinlich als heruntergekommen bezeichnet. Das an der Mündung des Flusses Mogami gelegene Sakata hatte als Hafenstadt in der Vergangenheit eine wichtige Rolle im Getreidehandel gespielt, doch diese glorreichen Zeiten waren schon lange vorbei. Über Jahrhunderte hatten Händler die lukrative Färberdistel, die man unter anderem als Färberpflanze für Kleidung und luxuriöse Lippenstifte verwendete, von Yamagata den Fluss hinab nach Sakata und von dort aus die japanische Westküste entlang nach Kyōto und Ōsaka verschifft. Der Handel hatte Sakata und die Shōnai-Ebene reich gemacht. In dieser abgelegenen, ruhigen Gegend wurde so viel Geld verdient, dass der hiesige Homma-Clan zum größten Landeigentümer in ganz Japan wurde und eine Menge Anwesen hinterlassen hat. Schaut man sich allerdings die nicht so wohlhabend wirkende Erscheinung des zeitgenössischen Sakata an, findet man nur wenige Hinweise auf diesen legendären Reichtum.

Das 20. Jahrhundert meinte es nicht gut mit der Region – so zerstörte ein im örtlichen Kino ausgebrochenes Feuer 1976 den Großteil der allseits bestaunten historischen Architektur und legte rund 22 Hektar Fläche im Stadtzentrum in Schutt und Asche.

Die alten Gebäude wurden durch gewöhnliche, praktische Apartmentblocks und ununterscheidbare Bauten ersetzt. Gerettet wird Sakata nur durch die mit Bäumen bestandene Uferpromenade mit ihren gewaltigen, rustikalen Holzlagerhäusern für Reis, direkt neben einem Kanal mit auf und ab wippenden Fischerbooten. Diese Lagerhäuser mit ihren makellos gekachelten Dächern sind der große Stolz der Bewohner der Stadt und tauchen überall im Internet auf, sobald man nach Sakata sucht.

Während unser Auto durch die labyrinthischen Straßen fuhr, fielen mir beunruhigend viele leer stehende oder verlassene Geschäfte und Häuser auf. Und wenngleich sie auch ganz ordentlich zugenagelt waren, so fragte ich mich doch, ob ich nicht in Japans schäbigster Stadt untergekommen war. Doch jedes Mal, wenn sich diese Enttäuschung in mir breitmachen wollte, wurde sie augenblicklich vom Anblick eines perfekt gestutzten Bonsai-Bäumchens, eines hellroten *torii* vor einem Schrein oder einem trendig aussehenden *izakaya*-Restaurant, das mit bemerkenswerten Kanji-Schriftzeichen gekennzeichnet war, weggewischt.

Ich fühlte mich ruhelos, wollte aus dem Auto springen und die Gegend erkunden, genau wie in Tokio während der endlosen Kurse. Als wäre ich in einem Open-World-Videospiel, wollte ich mich befreien und meine neue Umgebung entdecken. Das Problem war nur, dass in dem Augenblick, in dem ich hier gelandet war, mein Arbeitstag begonnen hatte.

Wir bahnten uns weiter den Weg durch das Stadtzentrum von Sakata, und mir fielen immer mehr leer stehende Geschäfte ins Auge, deren Rollläden heruntergelassen und deren Fenster vernagelt waren. Das Gefühl, in einer Geisterstadt unterwegs zu sein, wies auf eines der größten Probleme des ländlichen Japan hin: den raschen Bevölkerungsrückgang.

Im Jahr 2010 hatte Japans Bevölkerung mit 128 Millionen ihren Höchststand erreicht. Als ich 2012 ankam, waren es schon eine Million Menschen weniger, und bis 2050 soll die Zahl unter 100 Millionen fallen. Und die ländlichen Regionen tragen die

Hauptlast, denn die jüngere Generation flieht in die nahe gelegenen Städte wie Sendai oder Tokio, um Partner oder Partnerin und eine Arbeit zu finden, die nichts mit Landwirtschaft zu tun hat. In ländlichen Regionen wie Sakata werden daher häufig Schulen geschlossen oder zusammengelegt. Die für mich vorgesehene Lehranstalt war das Ergebnis einer Vereinigung von drei Schulen, die zusammen eine der größten nordjapanischen Schulen bildeten, eine brandneue, gewaltige Sekundarschule. Wir bogen um eine Ecke, und die Sakata Senior High tauchte vor uns auf: Das weiße Gebäude leuchtete in der Nachmittagssonne und die benachbarte Sporthalle ragte direkt daneben empor, groß genug, um ein Raumschiff aufzunehmen. Es war vermutlich das beeindruckendste moderne Haus, das ich bei unserer Fahrt durch die Stadt entdeckt hatte.

»Willkommen, Chris-sensei, an der Sakata Senior High School«, strahlte Nishiyama-sensei, als er uns durchs Tor und auf den Parkplatz steuerte. Wir verließen eilig das Auto und standen im Schatten der riesigen Turnhalle. Der Asphalt strahlte so viel Hitze ab, dass ich sicher war, innerhalb weniger Sekunden ein Spiegelei darauf hätte braten zu können.

Die Sakata Senior High einfach nur eine Schule zu nennen, wäre eine gewaltige Untertreibung. Sie besteht aus einem großen Komplex aus drei neu errichteten Schulgebäuden mit Klassenräumen, einer Sporthalle, einer großen Aula, in der man leicht eine ganze Flugzeugflotte hätte unterbringen können – oder zumindest 1200 Schülerinnen und Schüler sowie 120 Lehrerinnen und Lehrer – sowie einem (natürlich) nicht mit Rasen bedeckten, großen Spielplatz.

Der Anblick schüchterte mich ein, doch zu meiner damaligen Erleichterung fühlte es sich hier ebenso wie in einer Geisterstadt an wie im Stadtzentrum. Es war August und die Schülerschaft in den Sommerferien, abgesehen von einigen Schülern und Schülerinnen, die für Sommerkurse und -aktivitäten hiergeblieben waren. Als ich auf den Eingang zuging, hasteten drei Mädchen in

Sportkleidung an mir vorbei, verbeugten sich und grüßten aufgekratzt. Wir nickten alle zurück, und ich antwortete mit einem euphorischen »konnichiwa!«. Die Mädchen eilten davon, nicht ohne verstohlen einen Blick zurück auf ihren neuen, ungepflegten Englischlehrer zu werfen. Ich konnte ihre Enttäuschung gut nachvollziehen.

Auf dem Weg nach drinnen wurde ein deutlicher Unterschied zwischen japanischen und britischen Schulen offensichtlich: Reihen über Reihen von Schuhregalen. Jeder, der einen Fuß in das Gebäude setzt, muss seine Straßenschuhe ausziehen, sie ins Regal stellen und seine nur für Innenräume gedachten Schuhe anziehen. Hier erlebte ich zum ersten Mal Japans Straßenschuh-Verbotskultur: Bevor man eine japanische Wohnung oder sogar einige öffentliche Orte betritt, zieht man seine Schuhe aus. Ich will gar nicht wissen, was passiert, würde man mit seinen Turnschuhen eine Tatami-Strohmatte berühren. Eines der wenigen Male, dass ich eine Japanerin habe ausrasten sehen, war, als ein Freund mit Schuhen ein öffentliches Badehaus betreten hat – die ältere Dame am Empfangsschalter sprang aus ihrem Stuhl auf, um ihn mit Gewalt durch die Tür zurück nach draußen zu schieben.

Da dies mein erstes Mal war, fühlte es sich seltsam an, als Erwachsener in Socken am Eingang meiner neuen Arbeitsstelle zu stehen. Doch schon bald sollte ich mich an diese Art des Denkens gewöhnt haben. Heute, Jahre später, kommt es mir wie ein Verbrechen vor, in Innenräumen Straßenschuhe zu tragen.

Doch an meinem ersten Arbeitstag besaß ich noch keine Schuhe für drinnen, weshalb mir Kengo-sensei ein paar Hausschuhe reichte und erklärte:»Keine Sorge, Chris-san, wir kaufen morgen ein Paar Schuhe.«

Nishiyama-sensei führte mich in das riesige Gebäude. Wir kamen an zwei kichernden Schülerinnen vorbei, die auf einer Bank saßen und »Hallo!« hervorstießen.

Ich lächelte und nickte ihnen kurz zu. »Guten Tag!«
»Kakkoī!«, erwiderte eine von ihnen, und beide begannen zu lachen. Ich hatte keine Ahnung, was das bedeutete, also zeigte ich ihnen einfach einen Daumen hoch und hoffte, sie hatten mich nicht gerade als Arschloch bezeichnet.

Nachdem wir ein paar Schritte gegangen waren, wandte sich Nishiyama-sensei mit einem fröhlichen Glucksen zu mir um: »Sie sagen, Sie sind cool.«

Puh.

Kengo und Saitō folgten uns und grinsten ebenfalls, als hätte ich ein privates freudestrahlendes Gefolge.

Im Innern der Schule war es unsäglich heiß, und die Hitze verstärkte den Geruch nach frisch polierten Böden. Anstatt in den Sommermonaten die Klimaanlage zu nutzen, öffnete die Schule lieber die Fenster, was aber fast nichts dazu beitrug, die saunaartigen Temperaturen zu drosseln.

Meine Hausschuhe quietschten auf den tadellosen Böden, und wir kamen an Gemälden von Schülerinnen und Schülern vorbei, die die Landschaft in der Umgebung zeigten. Außerdem hing an der Wand ein großes blaues Poster mit einer Manga-Polizistin mit erhobener Hand, darunter die englischen Worte »No! Drug!«. Ich vermutete, damit sollten die Kinder vom Drogenkonsum abgehalten werden, aber die schlampige Grammatik ließ es wirken, als wollte die Polizistin erreichen, dass die Schülerinnen mit dem aufhörten, was sie gerade taten und augenblicklich Drogen zu sich nahmen.

Kaum fühlte ich mich bei diesem Spaziergang durch die leere Schule etwas sicherer, da erreichten wir die Tür zum Lehrerzimmer, und Nishiyama sprach mich mit seinem typischen Lächeln an.

»Okay, Chris-sensei, bevor wir den Schulleiter treffen, können Sie sich dem Kollegium vorstellen.« Er präsentierte mir diese Neuigkeit, als würde er mir einen kostenlosen All-inclusive-Trip nach Disneyland anbieten.

Oh Gott.

»Äh, also, jetzt gleich?«

»Wir sollten es jetzt tun.«

»Mmh, ich bin aber noch müde vom Jetlag!«, scherzte ich halbherzig in der Hoffnung, dem elenden Schrecken einer Ansprache an Dutzende von Kolleginnen und Kollegen entgehen zu können. »Es ist okay. Nur eine kurze Vorstellung.«

Nishiyama schob die Tür auf und gab den Blick frei in ein weitläufiges rechteckiges Büro mit Dutzenden von Schreibtischen, auf denen sich Bücher, Papiere und Laptops stapelten. An einem gewöhnlichen Schultag würden hier 120 Lehrerinnen und Lehrer Noten verteilen, am Computer arbeiten, ein Schläfchen halten oder die Schüler disziplinieren, die sich falsch verhalten hatten.

Zu meinem Glück waren Sommerferien und daher nur etwa dreißig Kolleginnen und Kollegen anwesend. Wäre der Raum voll gewesen, wäre ich vermutlich in Tränen ausgebrochen. Einige im Raum sahen zu uns herüber, um den Frischling zu betrachten.

Mir war klar, dass ich einen guten ersten Eindruck hinterlassen musste, und damit das klappte, müsste ich zumindest versuchen, mich auf Japanisch vorzustellen. Ich hatte bei den Einführungskursen fünf Kernsätze gelernt, vermutete aber, dass ich sofort scheitern würde, sollte ich sie nun vor den hier Versammelten abliefern müssen.

Man eskortierte mich durch den Raum zu einem langen Tisch, an dem nicht weniger als drei stellvertretende Schulleiter saßen und mich ansahen, als wären sie Ermittlungsbeamte einer staatlichen Kommission.

Alle drei standen auf und begrüßten mich mit einer Verbeugung und einem *yoroshiku onegai shimasu*, der japanischen Begrüßung, die wörtlich so viel bedeutet wie »Bitte seien Sie mir in Zukunft gewogen«, die aber genauso benutzt wird wie unser »Schön, Sie kennenzulernen«. Die drei Männer waren alle um die fünfzig oder sechzig und ihre herausgehobene Stellung wurde durch ihre Businessanzüge und den großen Tisch am Kopf des Raums deutlich hervorgehoben, wo sie, ganz nach Orwell, den Rest des Lehrerzimmers im Blick hatten.

Einer von den dreien, aber wirklich nur einer, schien sich über meine Gegenwart tatsächlich zu freuen. Schnell wurde klar, warum, als er sich in fließendem Englisch an mich wandte.

»Herzlich willkommen, Chris-sensei, ich bin Saitō. Es freut mich, Sie kennenzulernen.«

»Danke. Ähm, Saitō?«

Ich wandte mich zu Frau Saitō, die mich vom Flughafen abgeholt hatte.

Sie schüttelten beide lachend die Köpfe und wedelten wild mit den Armen.

»Nein, nein!«, kicherte meine Begleiterin. »Viele Leute in Sakata sind Saitō. Zu viele Saitō.«

Mir war aufgefallen, dass Saitō-sensei geflüstert hatte, als er mich zum Fenster führte. Ich spürte, er wollte vermeiden, dass jemand aus dem Kollegium sein gutes Englisch mitbekam. Er versteckte es, als hinge sein Leben davon ab, dass er seine fortgeschrittenen Englischfähigkeiten vor den anderen verbarg. Bald sollte mir klar werden, dass das Dutzend Lehrer, die Englisch konnten, es aber nicht als Fach unterrichteten, ihre Sprachkompetenz geheim hielten, denn ansonsten hätten sie weitere Aufgaben übernehmen oder beim Fehlen eines Englischlehrers vertreten müssen.

»Wie war Ihr Flug? Sie müssen recht müde sein?«

»Haha, ja, ich habe immer noch einen Jetlag.«

»Sind Sie bereit für Ihre *jiko shōkai?* Ihre Begrüßungsworte?«

»Ja, bin ich.«

War ich nicht.

Er wandte sich zum Lehrerzimmer um, und seine Stimme kämpfte gegen das Surren von einem Dutzend Ventilatoren an, die vergeblich versuchten, den Raum abzukühlen.

»*Minnasan!* Alle, darf ich um Ihre Aufmerksamkeit bitten?«

Die Lehrerinnen und Lehrer hielten inne und blickten uns augenblicklich an. Ein Lehrer war offensichtlich aus seinem Nachmittagsschlaf geweckt worden, sein Kopf tauchte hinter einem Stapel Schulbücher auf.

»Ich möchte unseren neuen ausländischen Englischlehrer vorstellen, der aus London zu uns kommt. Bitte, Chris-sensei.« Er bedeutete mir, vorzutreten und mich vorzustellen.

Mist.

»*Minnasan, konnichiwa.*« Ich verbeugte mich leicht. Unisono antworteten die Lehrer mit Hallo und verbeugten sich ebenfalls.

In meinem nervösen, traumartigen Zustand fuhr ich undeutlich auf Japanisch fort.

»Äh. Wie geht es Ihnen? Ich heiße Chris. Ich komme aus London in England. Ich bin zum ersten Mal in Japan. Äh ... mein Hobby ist Fotografieren. Mein Japanisch ist nicht sehr gut. Ich lerne noch ... äh ... es freut mich, Sie kennenzulernen.«

Nach dieser eindrucksvollen, staatsmännischen Rede verbeugte ich mich tief, woraufhin sich ein Applaus erhob und mir ein Chor aus »*yoroshiku onegai shimasu*« entgegenschallte. So schnell, wie die Lehrerinnen und Lehrer mir ihre Aufmerksamkeit geschenkt hatten, so schnell kehrten sie nun auch zu ihrer Arbeit zurück. Der müde Lehrer legte den Kopf wieder auf den Bücherstapel.

Noch bevor ich erleichtert sein konnte, drängte man mich aus dem Raum. Nishiyama-sensei nahm mich mit zum *kōchō-sensei*, dem Direktor. Dieser war Ende sechzig, trug eine rechteckige Brille und hatte einen ernsten Gesichtsausdruck. Suzuki-sensei war nur noch zwei Jahre von der Pensionierung entfernt, und sein einschüchternd großes Büro war mit unentzifferbaren Auszeichnungen angefüllt.

»Oh, *konnichiwa!*« Mit dröhnender Stimme bat er uns, auf einem der Sofas Platz zu nehmen, die um den großzügigen Couchtisch standen. Wie aufs Kommando brachte sein Assistent drei Tassen grünen Tee herein und verschwand wieder, noch bevor ich mich bedanken konnte.

Wir tauschten Höflichkeiten aus und Nishiyama-sensei erzählte mir, dass die Tochter des *kōchō-sensei* an der Cambridge University studiert habe.

»Oh, wow, sind Sie auch nach England gereist?«, fragte ich den *kōchō-sensei* und hoffte, sein Trip nach England hatte keine negativen Eindrücke hinterlassen.

Er antwortete und bat Nishiyama, es zu übersetzen. »Ja, er ist ein Mal dort gewesen und hat Fish and Chips gegessen. Das war sehr lecker.« Na klar, Fish and Chips. Englands Geschenk an die Welt.

Nach wenigen Minuten höflichem Small Talk geschah etwas, das ich noch nie erlebt hatte. Sowohl der *kōchō-sensei* als auch Nishiyama schwiegen plötzlich. Ich rede nicht von einem kurzen peinlichen Schweigen. Ich rede von ohrenbetäubender Stille, die ewig dauerte. Es war, als hätten wir eine improvisierte Meditationssitzung ausgelöst. Es mag sich trivial anhören, aber es fühlte sich phänomenal unangenehm an und löste große Sorgen in mir aus. Hatte ich etwas Falsches gesagt? Niemand sah sich um oder aus dem Fenster. Nishiyama und der Schulleiter saßen reglos da und starrten auf den grünen Tee, als hätte man sie ausgeschaltet.

Ich hüstelte im Versuch, die beiden zurück ins Gespräch zu bringen, doch es gab keine Antwort. Ich ließ meine Augen über das Vakuum von Büro schweifen und tat so, als würde ich die Urkunden und Trophäen studieren. Ich hatte keine Ahnung, ob wir zwanzig Sekunden oder zwei Stunden so dasaßen.

Einige qualvolle Augenblicke später, und ohne jede Vorwarnung, fuhr Nishiyama wieder hoch, sah sich um und sagte: »Nun, ich denke, wir sollten den Direktor wieder in Ruhe arbeiten lassen.«

»Ja, unbedingt«, erklärte ich und stand abrupt auf, so erfreut war ich, diese Erfahrung abschließen zu können.

»Viel Erfolg!«, bellte der Direktor und überraschte mich mit seinem Englisch, und wir verließen unter einigen Verbeugungen das Zimmer.

Als wir außer Hörweite waren, sprach ich meinen Kollegen an.

»Ähm, Nishiyama-sensei, ist das gut gelaufen?« Nach diesem eher frostigen ersten Treffen war ich doch etwas ernüchtert. Hatte ich ein unaussprechliches Vergehen begangen? »Ja, Chris-sensei, ich denke, er mag Sie sehr gern.« Die Antwort erschien mir ernst gemeint. Aber was um alles in der Welt war da eben geschehen?

Erst später verstand ich, dass in der japanischen Kultur diese langen Phasen des Schweigens, *chinmoku* (沈黙), ganz üblich sind. Sie haben ihren Ursprung im Zen-Buddhismus, für den die Stille das Geheimnis der Existenz enthält. Das japanische Sprichwort »Es ist besser, viele Dinge unausgesprochen zu lassen« fasst das *chinmoku* wunderbar zusammen. In Japan ist Schweigen alles andere als unangenehm, sondern vielmehr Teil des täglichen Umgangs. An meinem ersten Tag an der Schule lag diese Erkenntnis allerdings erst noch vor mir, und so verließ ich das Direktorenzimmer mit der Überlegung, wie lange ich es hier wohl aushalten würde. Ich hatte noch so unglaublich viel zu lernen.

Meine Unterkunft lag zehn Autominuten von der Schule entfernt, in einem vierstöckigen, von der Gemeindeverwaltung betriebenen Apartmenthaus aus Beton. Von außen sah es eher aus wie ein Gefängnis der ehemaligen Sowjetunion, doch man hatte es optimistisch rosa gestrichen, um zu übertünchen, was eigentlich eine architektonische Farce war. Zusammen mit dem Design ergab die Farbe einen so deprimierenden Eindruck, dass es wirklich besser gewesen wäre, man hätte es gleich ganz gelassen. Nishiyama führte mich in mein Zimmer im ersten Stock und öffnete die Tür zu meinem winzigen Apartment mit einem Witz von einer Küche. Es gab null Raum fürs Kochen. Nur ein Spülbecken und einen Gasherd, außerdem hatte man einen Reiskocher auf die Mikrowelle gestellt, die wiederum auf dem Kühlschrank Platz gefunden hatte.

Die Klimaanlage war offenbar eine Weile lang nicht in Betrieb gewesen, daher begrüßte uns ein Hitzestau. Mir fiel der stechende

Geruch der Tatami-Matten auf, die man erst kurz vor meiner Ankunft erneuert hatte. Der Geruch lässt sich nicht leicht beschreiben, wenn man Tatami selbst noch nie gerochen hat. In Japan gilt dieser Duft als nostalgisch und wird von Erwachsenen geliebt, die dann an ihre Kindheit denken. Ich musste eher an einen Bauernhof denken. Man kann sich vielleicht den Geruch eines Heuballens, gemischt mit frischem Gras und einem Hauch muffiger Socke vorstellen. Ich konnte nicht behaupten, dass ich ein Fan war.

Nachdem wir mit zwei Schritten die Luxusküche durchquert hatten, öffneten wir die Schiebetür zum Wohnzimmer, an dessen hinterem Ende ein schwarzes Ledersofa stand, außerdem ein *kotatsu*-Tisch, ein verstellbarer Sessel auf einem billigen Teppich und schließlich, in der Ecke, Japans vermutlich kleinster Fernseher. Dafür, dass ich in einem Land lebte, das für sein technisches Können berühmt ist, beeindruckte mich mein deutlich retro-ausgestattetes Apartment nicht sonderlich. Meine Hauptsorge war, wie ich in den Wintermonaten heizen sollte, angesichts der papierdünnen Wände und der Abwesenheit von Heizkörpern. Der *kotatsu*, kurz gesagt, ein Tisch mit einem eingebauten Heizdraht, der Füße und Beine wärmt, schien mir eine nette Idee, dürfte aber doch in der Praxis kein gleichwertiger Ersatz für eine Heizung aus dem 21. Jahrhundert sein, die ich so schmerzlich vermisste.

Ich konnte kein Schlafzimmer entdecken und fragte Nishiyama-sensei, wo ich schlafen sollte.

»Ja, der Futon ist hier!« Er öffnete den großen, knarzenden Wandschrank und ein schlecht eingerollter Futon fiel heraus, als wartete er ungeduldig auf seine Befreiung. Offenbar hatte der Vormieter ihn vor dem Aufbruch eilig dort hineingequetscht.

Ich sah mich um und konnte nicht anders als mich fragen, ob eine derart kleine Wohnung in England wohl illegal sein würde. Zum Glück war sie unglaublich billig, sie kostete etwa 100 Euro pro Monat. Sie besaß auch noch einen winzigen Balkon mit zwei rostigen Stühlen, die aussahen wie ein sicheres Ticket Richtung Tetanus. Ein Bonus.

»Danke für Ihre gute Arbeit heute, Chris-sensei. Bitte ruhen Sie aus. Morgen komme ich um acht Uhr, um Sie zur Arbeit zu bringen.«

Ich dankte Nishiyama und brachte ihn zur Tür. Dann war ich allein, um mich in meinem Palast zu aalen. Ich ließ mich auf die Ledercouch fallen. Sie war erstaunlich bequem.

In den intensiven vier Tagen seit meinem Eintreffen am Flughafen Heathrow war ich einem sorgfältig choreografierten Tagesablauf gefolgt und hatte quasi keinen eigenen Willen gehabt. Nun, endlich allein, wurde mir die Realität der Situation Schritt für Schritt bewusst. Nach all den Jahren des Hoffens war ich nun angekommen, saß allein in einem Zimmer in Nordjapan und fragte mich, auf was ich mich da nur eingelassen hatte.

3. Schweiß und Sand

August 2012

»Chris-sensei, kommen Sie am Montagmorgen mit mir zu einer besonderen Veranstaltung?«

Der leise sprechende Musikliebhaber Kengo, der mir seit meiner Ankunft in Sakata geholfen hatte, war mir ans Herz gewachsen. Und so nahm ich, als wir uns Freitagnachmittag nach der Schule voneinander verabschiedeten, seine etwas vage Einladung an, ohne mich zu erkundigen, um was genau es ging.

»Sehr gut. Ich hole Sie um sieben Uhr ab und wir gehen noch vor der Arbeit los.«

Es war eine brutale erste Woche gewesen, voller Reisen, Einführungen und Jetlag. Da die Schüler in den Ferien waren, hatte ich die ersten Tage in einer Art nervöser Benommenheit verbracht, Papiere auf meinem Schreibtisch sortiert und dabei versucht, nichts kaputt zu machen und niemanden zu beleidigen.

Aber endlich war ich ein freier Mann und kurz davor, mein erstes Wochenende allein in Japan zu verbringen. Ich war entschlossen, meine neue Umgebung zu erkunden.

Am Samstagmorgen wurde ich ruppig vom Ruf eines kreischenden Bergadlers geweckt, der gern majestätisch auf dem Dach des benachbarten Wohnblocks hockte. Da ich nicht wieder einschlafen konnte, taumelte ich übernächtigt um neun Uhr aus meiner Wohnung in die schon brennende Sonne, nur einen Stadtplan in der Hand und die entfernten Konturen des Vulkans Chōkai als ungefähre Richtungsangabe. Noch hatte ich mir kein Smartphone besorgt, weshalb ich die Dinge auf die gute alte Art angehen musste.

Meine erste Anlaufstelle war der nächstgelegene FamilyMart. Kaum hatten sich die Türen des 24-Stunden-Geschäfts geöffnet, hallte mir ein lautes »irasshaimase!« entgegen, das mich rückwärtstaumeln ließ. Noch immer unsicher, wie ich auf den Will-kommensruf reagieren sollte, den man beim Betreten japanischer Geschäfte oder Restaurants zu hören bekommt, nickte ich halb-herzig zurück, lächelte und marschierte dann auf der Suche nach wiedererkennbarem Essen und Trinken durch die Gänge.

In diesen kleinen Supermärkten, einer Grundzutat des japani-schen Lebens, herrscht eine eiserne Disziplin wie in einem Uhr-werk. Jeder eintretende Kunde, jede Kundin wird mit demselben Gruß empfangen. Ganz gleich, welchem Stress die Mitarbeiten-den auch ausgesetzt sein mögen, sei es zum Höhepunkt der Mit-tagspausen, sei es, dass die Kasse streikt oder selbst wenn die Welt untergeht, sie würden nie zögern, ein »irasshaimase!« zu rufen, sobald sich die Tür öffnet. Um sicherzugehen, dass auch niemand versehentlich übersehen wird, hat jede dieser Shop-Ketten ein ei-genes Jingle, das beim Hereinkommen abgespielt wird, wobei die elf Töne von FamilyMart die berühmtesten und bekanntesten sind. Technisch gesehen gehört der Sound gar nicht FamilyMart – er stammt aus einer von Panasonic hergestellten Türklingel –, doch davon abgesehen hörte ich die Tonfolge in den fünf Minuten, in denen ich nun im Laden war, schon mindestens zum zwanzigsten Mal. Es spricht für die japanische Arbeitsethik, dass die Mitarbei-tenden, die das Jingle während einer einzigen Schicht über tau-sendmal hören, sich dennoch ihre geistige Gesundheit bewahren.

Dem europäischen »Laden an der Ecke« gegenüber sind die japanischen *konbini* Lichtjahre voraus, gerade was die Breite der angebotenen Dienstleistungen angeht. Die drei großen Ketten heißen 7-Eleven, FamilyMart und Lawson, und neben den Öff-nungszeiten von 24 Stunden am Tag, 365 Tage im Jahr, ohne jede Ausnahme, ist jeder Shop mit einem Geldautomaten, einem Foto-kopierer/Drucker, einer Toilette und einem Computer ausgestat-tet, an dem man so ziemlich alles bezahlen kann, auch Flüge nach Disneyland. Man kann an der Kasse sogar seine Strom-, Gas- oder Wasserrechnung bezahlen. Und dann haben wir noch nicht über das riesige Angebot an Essen und Trinken beziehungsweise die

Fertiggerichte gesprochen sowie über den Bereich im Laden, in dem man Letztere zubereiten und zu sich nehmen kann, vollständig ausgestattet mit Mikrowelle, Kaffeemaschine und Heißwasserautomat. Kurz gesagt: Von einem einzigen japanischen *konbini* zu leben, ist furchtbar einfach. Das einzig Komplizierte ist die Entscheidung, zu welchem Shop man geht. Selbst hier, mitten im Nirgendwo, hatte ich nicht weniger als vier Läden in einem Fünf-Minuten-Radius zur Auswahl.

Beim Durchstöbern des Getränkekühlschranks erkannte ich ein paar mir bekannte Marken wie Coca-Cola oder Tropicana, doch vor allem stand ich vor einer Auswahl bunter, fremd aussehender Produkte, deren Bezeichnungen zu meiner Überraschung alle Englisch waren. Mir fiel eine auffallend gelbe Flasche mit dem Namen CC Lemon ins Auge, ein sprudeliger Drink, der stolz behauptete,»so viel Vitamin C wie 33 Zitronen« zu enthalten. Daneben stand eine Flasche mit dem fragwürdig klingenden Namen Pocari Sweat, einem beliebten isotonischen Getränk, zudem gab es das ebenfalls merkwürdig benannte Salt and Fruit. Ich fühlte mich mutig und griff zur Flasche Pocari Sweat und versuchte, nicht darüber nachzudenken, dass der Name Schweiß implizierte.

Regal über Regal war gefüllt mit Toast-Sandwiches (alle perfekt ohne Rand) und *onigiri*-Reisbällen mit jeder nur denkbaren Füllung, von Thunfisch-Mayonnaise bis hin zu eingelegten Pflaumen. Sie alle waren in dunkelgrüne, knusprige *nori*-Algen eingewickelt, und obgleich es viele verschiedene Formen und Größen gab, waren die meisten doch dreieckig und standen aufrecht im Regal, als warteten sie geduldig auf Kunden, die sie eilig im Vorbeigehen mitnahmen. In der obersten Reihe des *onigiri*-Kühlschranks entdeckte ich eine hellrosa Plastikverpackung, auf die die beunruhigenden Worte»Baked Sand« aufgedruckt waren. Die japanische Küche war offensichtlich noch komplexer, als ich gedacht hatte. Als ich sie mir genauer ansah, wurde mir glücklicherweise klar, dass es sich hier um einen Sandwich-Wrap handelte und nicht um eine bahnbrechende Entwicklung in Form essbaren, gebackenen

Sands. *Sando* ist die japanische Kurzform für »Sandwich«, und offenbar war nicht einmal das kurz genug für das Marketingteam hinter Baked Sand.

Während ich also mit Schweiß und Sand weiter durch die Regalreihen stromerte, fiel mir auf, dass mir ein kleiner Junge mit Baseballkappe folgte. Am Ende jeder Reihe verschwand er kurz aus meinem Sichtfeld, um gleich darauf wieder aufzutauchen, wobei er sich wenig Mühe gab, seine Überraschung beim Anblick eines ratlosen Engländers zu verbergen, der ausgiebig wahllose Lebensmittelprodukte untersuchte. Nach einigen Minuten unter seiner intensiven Überwachung zog ihn seine Mutter weg. »*Okāsan! Gaijin!*«, rief er, um seine verschämte Mutter auf den Ausländer in ihrer Mitte hinzuweisen. Ihre Augen wanderten verlegen zwischen mir und dem Boden hin und her, als sie sich mit einem »*sumimasen!*« entschuldigte und sich rasch verbeugte, bevor sie mit ihrem vorlauten Sohn in der Hitze verschwand.

Ich wusste, dass hier im ländlichen Japan diese Art des Kontakts unvermeidlich sein würde. Es gab hier so wenige nicht japanische Einwohner, dass ich zu einer unfreiwilligen Berühmtheit wurde. Man hatte mir gesagt, dass in dieser Gegend mit ihren rund 100.000 Menschen weniger als zehn Westler lebten, inklusive mir. Und trotzdem fühlte sich meine erste Erfahrung dieser Art sowohl verwirrend als auch leicht unangenehm an. Den Rest des Tages war ich mir meiner sehr bewusst und spürte den Blick der Autofahrer auf mir, als ich, bewaffnet mit Pocari Sweat und dem ersten *onigiri* meines Lebens, durch die Straßen zog.

Laut Karte bewegte ich mich in Richtung des Zentrums von Sakata. Ich holte den Reisball aus der Tüte und wickelte ihn aus. In Erwartung eines zähen Bissens aus trockenem Reis war ich überrascht, wie saftig und frisch er schmeckte, als wäre er gerade aus dem Reiskocher gekommen. Der leicht salzige Reis passte gut zur cremigen Mayonnaise und dem zerkleinerten Thunfisch in der Mitte, und die *nori*-Algen-Hülle ergab bei jedem Bissen einen leckeren knusprigen Touch. Mir leuchtete sehr schnell ein, warum dies zum beliebtesten japanischen Fast Food geworden war; es war deutlich besser als die krümeligen Dinger, die man bei uns als Sandwiches verkauft. Ich nahm mir vor, beim nächsten Laden auf dem Weg gleich noch ein *onigiri* zu kaufen.

In Sakatas fast menschenleeren Straßen kam ich mir vor wie im Wilden Westen. Fußgänger waren fast keine zu sehen, und mehr als die Hälfte der Geschäfte in der Einkaufsstraße waren mit verrosteten Metallgittern verriegelt. Beinahe hätte ich erwartet, Steppenläufer über die Straßen kullern zu sehen, doch das Einzige, was über die Straßen kullerte, waren Rentner auf *mamachari* genannten Fahrrädern (wörtlich: »Mamas Fahrrad«), die unvermittelt aus einer Seitenstraße auftauchten, um dann in anderen Gässchen zu verschwinden.

Das *mamachari* ist das in Japan am weitesten verbreitete Fahrrad, und man stellt es sich am besten wie ein Fahrrad vor, das auf seine allereinfachsten Elemente reduziert wurde: ein Sitz mit einem Korb und einer Klingel und, normalerweise, nur einem Gang. Man hatte diese Räder nach dem Zweiten Weltkrieg hergestellt, um vielbeschäftigten Müttern, die mit Einkauf und Kindern unterwegs waren, ein bezahlbares und ansprechendes Angebot zu machen. Der niedrige Einstieg und der tief liegende Schwerpunkt sorgen für eine sichere, stabile Fahrt. Da die einfachsten Modelle nur 10.000 Yen kosten (etwa 60 Euro), werden sie oft wie Wegwerfartikel behandelt und wie ein Regenschirm irgendwo liegen gelassen. Sie sehen scheußlich aus. Und ich wollte unbedingt eines besitzen.

Ich befand mich noch immer im Kulturschock, und an jeder Straßenecke in Sakata schien eine Überraschung auf mich zu warten. Ich verließ die stillgelegte Hauptstraße, wich den über die Straße brausenden *mamachari* aus und gelangte an einen Hügel, der zum einzigen Stadtpark hinaufführte. Ich bog um die Ecke und stand einem gigantischen blauen *hentai*-Gemälde einer nackten Frau gegenüber, die ihre Brüste präsentierte und mit einer gespielten Überraschung im Gesicht auf die Fußgänger herabblickte.

Auf ihren Oberschenkeln prangte der Text »Hair Salon Kaji«. *Hentai*-Figuren sind typischerweise deutlich sexualisiert und stammen aus dem Bereich jener Manga-Comics, die man still und heimlich zu Hause liest.

Ich stand einige Sekunden ungläubig da und fragte mich, wie etwas derart Plumpes in Japans verschlafenster Stadt möglich sein konnte, in einer Kultur, die doch meist als unglaublich konservativ beschrieben wird. Ein derart eindeutiges *hentai*-Kunstwerk offen in Sakatas Hauptstraße aufzuhängen, neben einer Bäckerei, die Küchlein in Katzenform verkaufte, und gegenüber einem Spielplatz, war sicherlich ein kühner Schritt. Was erzählten Eltern ihren Kindern, wenn sie auf dem Weg zur Schule hier vorbeikamen? Während ich lachend an der Ecke stand, humpelte eine ältere Frau unschuldig an dem Kunstwerk vorbei. Das war die perfekte Gegenüberstellung japanischer Extreme und ein Anblick, den ich so schnell nicht vergessen würde.

Erstaunlicherweise blieb das *hentai*-Mädchen noch mindestens fünf weitere Jahre dort hängen, bevor es dann eilig mit einem Stadtplan verdeckt wurde, den man vor dem Besuch des Kaisers, der durch Nordjapan reiste, hier aufhängte. Nun, ich denke, Kunst ist subjektiv.

Ich ging weiter und geriet beim Anstieg des Hügels ordentlich ins Schwitzen. Zögerlich beschloss ich, nun sei die Zeit gekommen, die Flasche Pocari Sweat zu öffnen und hoffte, sie würde nicht so schmecken wie sie hieß. Zu meiner Erleichterung schluckte ich eine süße, zitronige Flüssigkeit voller Mineralien, die mir half, all das wieder aufzufüllen, was ich durchs Schwitzen in den letzten zehn Minuten verloren hatte.

Oben angekommen verbarg ich mich vor der gleißenden Sonne, indem ich mich in den Schatten eines kleinen Wäldchens zurückzog. Je weiter ich hineinging, desto lauter und durchdringender wurde der Lärm der Zikaden. Ich kam an ein auffälliges *torii*, das mich zu einem tadellosen, von Bäumen und dichtem Bewuchs umgebenen Holzschrein führte. Es ist eigentlich ein Klischee,

Japan als das Land der Gegensätze zu beschreiben, aber nachdem ich nun innerhalb von fünf Minuten von einem Poster mit einer nackten Frau zu einem alten Schrein gelangt war, schien sich dieses Vorurteil doch zu bestätigen.

Eine leichte Brise trug den süßen Duft eines halben Dutzends Räucherstäbchen zu mir herüber, die in einer großen Schale im Hof des Schreins glommen. Das Gebäude hatte ein wunderschönes *kawara*-Dach, das am Rand in einer kleinen Dämonen-Statue auslief, einem *onigawara*, der böse Geister vertreiben und Feuer verhindern soll. Das Dach war so groß, dass der Innenraum selbst jetzt, bei vollem Tageslicht, im Dunkeln lag. Mir fiel auf, dass hier nichts aus Stein gebaut war, sondern das ganze Konstrukt von alten Holzpfeilern getragen wurde, von denen viele verwittert und angeschlagen aussahen. Vor dem Schrein stehend spürte ich augenblicklich eine Gelassenheit, wie ich sie noch nie in einer christlichen Kirche gefühlt hatte, umgeben von zerfallenden Grabsteinen. Japanische *shintō*-Schreine sind häufig von Mauern umfasst, und es gibt einen gepflasterten Weg, der an den *komainu* genannten steinernen Löwenhunden und einem kleinen *temizusha*-Brunnen, oder einem Wasserhahn, vorbeiführt, wo sich die Pilger vor dem Gebet mit kaltem Wasser Hände und Mund waschen. Hier gab es auch einen kleinen Kiosk – heute geschlossen –, an dem sich Gläubige *omikuji* kaufen konnten, Papierstreifen mit Weissagungen; man bindet die negativen an einem Stück Bindfaden vor dem Schrein fest, damit man das Unglück nicht mit nach Hause nimmt.

Ein einsamer Mann mittleren Alters stand mit dem Gesicht zum Schrein. Er warf eine Münze in eine Spendenbox und verbeugte sich zweimal, klatschte zweimal laut in die Hände und schloss dann die Augen für ein stilles Gebet. Nach einigen Momenten der friedlichen Kontemplation verbeugte er sich ein weiteres Mal, drehte sich dann um und zuckte erschrocken zusammen, als er einen verschwitzten Briten vor sich sah, der sich an einer Flasche Pocari Sweat festhielt, als ginge es um Leben und Tod.

Er lächelte, schenkte mir ein warmes »konnichiwa!« und kicherte beim Anblick meiner Flasche. »*Atsui, desu ne!* Es ist heiß, oder?« Ich nickte und erwiderte in schlechtem Japanisch: »Ja, es ist sicher sehr heiß!« Da er spürte, dass ich seine Sprache nicht beherrschte, beendete der Mann umgehend das Gespräch und nickte noch einmal freundlich, bevor er im Wald verschwand. Mir fiel auf, dass unbekannte Japaner oft in dem Moment Reißaus nahmen, in dem sie erkannten, dass ich nicht auf Japanisch kommunizieren konnte. Ich bekam den Eindruck, dass die Idee zu flüchten weit attraktiver war als die Möglichkeit, Englischkenntnisse anzuwenden. Oder vielleicht sprachen die Menschen hier draußen gar kein Englisch? Ich war noch immer nicht sicher.

Ich war verführt, selbst zu beten, hatte aber das komplizierte Klatschritual bereits vergessen. Daher ließ ich den Schrein hinter mir und ging weiter.

Als ich am Waldrand an eine Stelle mit Rundum-Ausblick über Sakata kam, konnte ich sogar die im weit entfernten Hafen schaukelnden Fischerboote erkennen und die in der Nachmittagssonne glänzenden dunkelgrauen *kawara*-Dächer der traditionellen japanischen Häuser bestaunen. Dahinter saß eine einsame Wolke perfekt auf dem dunstigen Umriss des Chōkai.

Ich schluckte die letzten mineralischen Tropfen Pocari Sweat und versuchte, alles in mich aufzunehmen. Ich schwor mir, den Rest der Stadt und die weiter entfernten Berge zu erkunden, sobald ich ein Auto besaß. Und ich nahm mir vor, den Tempel erneut zu besuchen, wenn ich die Kunst des japanischen Gebets beherrschte. Ich hatte keine Ahnung, dass ich schon zwei Tage später wieder hier stehen sollte.

Am Montagmorgen traf Kengo überpünktlich um sieben Uhr bei mir ein, und wir fuhren auf genau dem Weg durch die Stadt, den ich am Wochenende genommen hatte. Da wir Richtung Hafen fuhren, vermutete ich, wir würden uns den Fang des Tages anschauen oder uns selbst beim frühmorgendlichen Angeln versuchen. Weit gefehlt.

Zehn Minuten später hielten wir am Rand des Waldes, in dem ich auf den Schrein gestoßen war.

»Hier sind wir, Chris-san. Die Gedenkfeier fängt in etwa zehn Minuten an. Wissen Sie, welcher Tag heute ist?«, fragte er mich geheimnisvoll.

Ich sah auf meine Uhr: Montag, 6. August.

Da fiel der Groschen. In meiner ersten Woche hier hatte mir Kengo von den Demonstrationen erzählt, an denen er als Jugendlicher teilgenommen hatte, um für die Demilitarisierung Japans einzutreten.

»Ich vermute, das ist eine Gedenkfeier für den Bombenabwurf auf Hiroshima?«

»Sie haben recht, Chris-san. An diesem Tag im Jahr 1945 ist eine furchtbare Tragödie passiert. Um 8:15 Uhr wurden auf einen Schlag Tausende von Menschen getötet. Ich spüre den Drang, die Geister dieser Menschen auf bescheidene Art zu ehren.«

Kengo, aufgewachsen inmitten des Chaos der Nachkriegszeit und der daraus hervorgegangenen Friedensbewegung, sah über die Kriegspolitik hinaus. Er hatte weder über die Ereignisse des Zweiten Weltkriegs debattiert noch Zorn oder Feindseligkeit dem Westen oder den Absendern der Bombe gegenüber gezeigt. Es war ihm wichtig, den Schrecken des Kriegs anzuerkennen und sicherzustellen, dass so etwas nie wieder geschah. Insbesondere der Einsatz von Atomwaffen.

An diesem Morgen stand ich mit Kengo und drei anderen Einheimischen, die ebenfalls zum Gedenken an dieses Ereignis hergekommen waren, vor dem Tempel. Es fühlte sich seltsam an, den Zweiten Weltkrieg einmal von der anderen Seite zu betrachten. Der Priester schlug die große bronzene *bonshō*-Glocke, indem er an dem Seil zog, an dem ein Klöppel von der Größe eines Rammbocks befestigt war. Ich beugte den Kopf und dachte an die geschätzt 100.000 Menschen – die meisten von ihnen Zivilisten –, die ihr Leben am Morgen des 6. August 1945 verloren hatten. Während das Echo der Glocke durch den Wald und die Schreinanlage dröhnte, öffnete wie aufs Stichwort der Himmel auf unheimliche Weise seine Schleusen und aus dem blassen Morgenhimmel begann es auf uns zu regnen.

Zu meiner Aufgabe als Sprachlehrer-Assistent (»assistant language teacher«, ALT) gehörte es, dass ich in jeder Klasse, die ich unterrichtete, mit einem der elf japanischen Englischlehrer und -lehrerinnen der Schule zusammenarbeitete, weshalb es wichtig war, eine gute Beziehung zu meinen Kollegen aufzubauen. Um das anzugehen, wagte ich mich an die herausfordernde Aufgabe, mir ihre Namen zu merken – nicht nur die aus der Englisch-Fachschaft, sondern der ganzen Schule.

Ich konnte mir schon in England nicht gut Namen merken, wie sollte es dann erst in einer Fremdsprache werden? Da die Japaner deutlich häufiger in Gesprächen den Namen des Gesprächspartners nennen, als wir es tun würden (das Wörtchen »Sie« gilt im Japanischen schon fast als unhöflich), stellte das für mich eine ziemliche Herausforderung dar.

Zum Glück hatte man mir ein Büchlein mit den Namen und Profilfotos der 120 Lehrkräfte gegeben. Dank eines Buchs über Mnemotechniken, das ich mir am Flughafen Heathrow mitgenommen hatte, suchte ich nach Assoziationen, um mir die Namen ins Gedächtnis zu zwingen.

Asami Shinya
Ich stellte mir jemanden vor, der mit dem »*Shin*bein« über eine Tasse *Assam*-Tee stolperte.

Natsuki Yoshiro
Die Videospielfigur *Yoshi* fuhr *nachts Ski*.

Shotaro Saitō
Eine Web*seite* zum Thema *Schotter*

So saß ich an meinem Schreibtisch, sah die Kollegiumsfotos durch und notierte mir Einfälle, während neugierige Kollegen und Schaulustige um mich herumwuselten. Hatte ich schon nach acht Tagen den Verstand verloren? Meine Aufgabe wurde dadurch nicht leichter, dass mindestens zehn Lehrer den Nachnamen Sato oder Saitō trugen – er ist ebenso häufig hier wie Smith in England. Zu meinem eigenen Erstaunen hatte ich dann aber dank dieser Technik in nur sieben Stunden bis zum Ende des Arbeitstages alle Namen gelernt. Ich bat sogar Nishiyama, mich in der Mittagspause einmal zu testen, indem er die Namen zuhielt und mir nur die Fotos zeigte.

Nachdem ich erfolgreich zwei Dutzend Namen genannt hatte, ließ Nishiyama das Buch fallen und gratulierte mir. »Sie haben ein sehr gutes Gedächtnis, Chris-sensei!«, kicherte er.

In meiner zweiten Woche machte sich eine Reihe von Lehrerinnen und Lehrern – deren Namen und Gesichter ich nun kannte – in einer Prozession auf den Weg zu meinem Tisch ganz am Ende des Lehrerzimmers, um mich willkommen zu heißen.

Die freundlichste Lehrerin war Umetsu-sensei, die Wirtschaft unterrichtete und fließend Englisch sprach. Sie war eine Frau mittleren Alters mit einer runden Brille und glänzend schwarzem Bob, und sie freute sich über den neuen englischen Kollegen, mit dem sie ihre Leidenschaft für George Michael teilen konnte. »Er hat das beste Gesicht!«, rief sie aus und übergab mir eine Schachtel hochwertigen Matcha-Tee. Ich nahm das großzügige Geschenk an und stimmte ihr aus vollem Herzen zu. Ich mochte George Michaels Gesicht auch.

Das seltsamste Gespräch führte ich mit einer Kollegin aus der Englisch-Fachschaft namens Komako-sensei, einer älteren Dame kurz vor der Pensionierung, die mit einer Handvoll KitKat an meinen Tisch trat.

Komako-sensei sprach vermutlich das beste Englisch in der Fachschaft, doch sie sprach so langsam und methodisch, als hätte jemand die Abspielgeschwindigkeit bei ihr auf fünfzig Prozent reduziert. Während die meisten anderen Lehrer für einen fünfminütigen Small Talk zu mir kamen, nutzte Komako-sensei jede unserer Begegnungen für eine ausführliche Befragung über die Welt jenseits der japanischen Grenzen, bei denen sie häufig meine Meinung über die kulturellen Feinheiten des Lebens in Großbritannien einholte.

»Chris-sensei, man sagt, Sie essen im Vereinigten Königreich jeden Tag Fish and Chips. Stimmt das?«

»Nun, nicht wirklich jeden Tag. Ich würde eher sagen, einmal im Monat.«

»Ach, wirklich!« Sie nickte langsam mit geöffnetem Mund, so als hätte sie gerade eine bahnbrechende Offenbarung gehabt.

»Aber Chris-sensei, jeder wird doch sicher die königliche Familie lieben?«

»Nun, nicht jeder. Aber viele.«

»Ach wirklich! Nicht jeder!«

So verlief meine erste Begegnung mit Komako, und nach unserem zwanzigminütigen Gespräch zog sie sich zufrieden an ihren Platz am anderen Ende des Raums zurück, nur um eine Stunde später mit noch mehr KitKats zurückzukehren. Es war fast so, als würde sie die KitKats als Einsatz in einem Tauschhandel nutzen, wobei ich ihr im Gegenzug mein Wissen über Großbritannien schenkte. Doch nichts hatte mich auf die nun folgende Reihe von Fragen vorbereitet.

Ich genoss an meinem Tisch gerade eine Tasse von Umetsus Matcha, als Komako wieder auftauchte und mich abrupt fragte: »Chris-sensei, was halten Sie von Osama bin Ladens Freundin?«

Ich hätte mich beinahe an meinem Tee verschluckt und überlegte, ob ich sie falsch verstanden hatte. Das war nicht die Art von Gespräch, die ich in meiner zweiten Woche in Japan erwartet hatte.

»Ganz ehrlich, Komako-sensei, ich weiß es nicht genau«, stammelte ich und wischte mir den grünen Tee vom Mund. Bin Laden war im Jahr zuvor erschossen worden, und aus irgendeinem Grund war sein Liebesleben nun Thema in den japanischen Zeitungen. Es schien, dass Komako ein Foto seiner Freundin in der Zeitung gesehen hatte und sie für »sehr niedlich« und weit außerhalb seiner Liga hielt.

Die Ernsthaftigkeit ihres Tons machte die Unterhaltung nur noch bizarrer. Ich konnte nicht glauben, dass ich ans andere Ende des Planeten gezogen war, um Details aus dem Liebesleben eines Massenmörders zu besprechen.

Dafür konnte ich spüren, dass das Unterrichten mit Komako in den kommenden Wochen und Monaten eine interessante Erfahrung sein würde.

4. Heiße Quellen und winzige Autos

August 2012

Dank der bevorstehenden Rückkehr der Schüler aus den Sommerferien wuchs meine Nervosität bei dem Gedanken, in Kürze vor einer Klasse mit vierzig japanischen Teenagern stehen zu müssen. Da kam James, ein erfahrener JET-Teilnehmer und schon seit längerer Zeit in Yamagata, mit dem Vorschlag um die Ecke, Colorado Mark und mich für einen entspannenden Nachmittag zu einem *onsen*, einer heißen Quelle, mitzunehmen.

Der aus New Jersey stammende, umgängliche James hatte wuschelige, lockige Haare, die oft sein sommersprossiges Gesicht verdeckten, und sprach mit der Anmutung eines weisen Professors. Er war es auch, der mir den Brief geschrieben und mir zum Gewinn der japanischen Lotterie gratuliert und inzwischen, nach zwei Jahren vor Ort, Yamagata mit seinem treuen Kei-Car ausgiebig erkundet hatte.

Die japanischen *keijidōsha* (軽自動車), wörtlich »Leichtautomobile«, die rund dreißig Prozent aller Verkehrsmittel auf den Straßen Japans ausmachen, sind hier ungemein beliebt, und trotzdem hatte ich bis zu dem Morgen, als James in seinem blauen Suzuki Wagon bei mir vorfuhr, noch nie von ihnen gehört.

Die Kei-Cars ähneln Pkw mit Fließheck – nur sehen sie aus, als hätte man sie in einer industriellen Schrottpresse auf die Hälfte ihrer Größe zusammengequetscht und dabei das Dach nach oben gezogen. Das Ergebnis ist ein schnuckeliges Gefährt für vier Passagiere, wobei es vorn keinen Platz zwischen dem Fahrer und dem Beifahrer gibt. Nicht einmal für einen Becherhalter. Kurz gesagt, Kei-Cars sind die intimsten je hergestellten Autos.

Man füge noch einen 660-Kubikzentimeter-Motor und einige steuerliche Anreize hinzu, und schon fällt es nicht mehr schwer sich vorzustellen, warum es in den überfüllten japanischen Städten so verführerisch ist, auf diese günstigen Modelle zurückzugreifen.

»Guten Morgen! Steig ein!« James winkte begeistert durch das geöffnete Fenster.

Sofort fragte ich mich, ob es überhaupt möglich sein konnte, einen Unfall in einem Kei-Car zu überleben. Ein Aufprall, und alle Insassen würden in menschliche Pfannkuchen verwandelt.

»Nein, sie sind erstaunlich sicher!«, beteuerte James. »Sie haben Airbags.« Wirklich überzeugen konnte mich das nicht.

Wir kamen zum *onsen* am Fuße des Vulkans Chōkai, wo ein gut gelaunter Mark sein eigenes Kei-Car geparkt hatte. Wir waren erst ein paar Wochen in Japan, doch seine Kollegen hatten ihn schon mit einem Auto ausgestattet, während meine mich nur mit Kit-Kats versorgten. Ich war ein wenig neidisch.

Als eines der seismisch aktivsten Länder der Erde ist Japan ein geothermales Wunderland mit über dreitausend anerkannten heißen Quellen. Während sich die meisten in den traditionellen Gasthäusern, den *ryokan*, befinden, war diese hier ein öffentliches Badehaus, zu dem die Leute aus der Umgebung kamen, um wochenends am Nachmittag kurz abzutauchen oder nach einem harten Arbeitstag etwas zu entspannen – der Eintritt kostete ja auch nur 500 Yen (rund drei Euro).

Der größte Unterschied zwischen einem *onsen* und heißen Quellen, die man auch andernorts findet, ist der, dass man hier komplett nackt badet. Um die Bäder möglichst sauber zu halten und der Haut die Vorzüge des mineralstoffreichen Wassers zugutekommen zu lassen, gehen alle miteinander so ins Wasser, wie die Natur sie geschaffen hat. Obwohl wir den Ausflug ja eigentlich unternahmen, um uns zu entspannen, wurde der erste Besuch einer japanischen heißen Quelle für mich damit alles andere als entspannend. Ab dem Moment, an dem wir die Anlage betraten, wurden wir drei weißen Westler in dieser ländlichen Gegend von all den Familien beäugt, die sich auf den öffentlichen Tatami-Matten im Eingangsbereich ausruhten. Wäre einer der Schwarzbären, die hier lebten, durch die Straßen marschiert, hätte er für weniger Aufsehen gesorgt.

Wenn es nur zwei japanische Kanji-Zeichen gibt, die man lernen will, so sollten es die beiden für männlich (男) und weiblich (女) sein. In vielen japanischen Badehäusern tragen die Toiletten und Umkleidekabinen keine englischen Bezeichnungen, weshalb man diese beiden Zeichen lesen können sollte, um nicht die falsche Tür zu wählen und abgeführt zu werden. Glücklicherweise hatten die Umkleiden für Männer und Frauen in dieser heißen Quelle einen *noren*-Vorhang, der über die obere Hälfte des Eingangs reichte und blau für die Männer beziehungsweise rot für die Frauen eingefärbt war. Sofern man also die grundlegenden Geschlechter-Stereotype kennt, kann man es vermeiden, den ultimativen Fauxpas zu begehen.

Wer wie ich aus Großbritannien stammt, für den ist die Vorstellung, sich in der Öffentlichkeit nackt zeigen zu müssen, der reinste Albtraum, insofern kam es für mich einem Kulturschock gleich, ein japanisches Badehaus oder eine heiße Quelle zu betreten. Als wir drei in dem gut gefüllten Umkleideraum standen, umgeben von einem halben Dutzend unterschiedlich weit ausgezogener, mittelalter Japaner, fühlte ich mich etwas unwohl in dem Wissen, nun gleich zum ersten Mal nackt in der Öffentlichkeit zu erscheinen.

Zu meiner Erleichterung – und ehrlich gesagt auch mit einer gewissen Häme – spürte ich, dass es Mark ganz ähnlich ging. Verlegen entledigten wir uns unserer Unterwäsche und stopften sie in einen Korb auf einem Regal, wobei wir so taten, als wäre dies das Normalste der Welt.

James kam uns glücklicherweise zu Hilfe und reichte uns je ein »Anstandshandtuch«, also einen Waschlappen, hinter dem wir unsere privatesten Teile verstecken konnten, als wir durch eine

Glastür in einen derartig dampfigen Raum traten, dass es sich wie die Vorhalle zur Hölle anfühlte.

Durch die Nebelschwaden erkannte ich rund ein Dutzend Menschen, die auf zwei große Becken verteilt waren und fast regungslos und mit geschlossenen Augen das Wasser genossen, das blendend weiße Anstandstuch sorgfältig gefaltet auf dem Kopf, was in diesem Licht fast wie ein Heiligenschein aussah. Ein Mann lag rücklings zwischen den beiden Pools, völlig schamlos seinen ganzen Körper zur Schau stellend. Offenbar war keiner dieser Japaner über seine Nacktheit besorgt, was mich jedoch nicht davon abhielt, das Stückchen Stoff verzweifelt zwischen meinen Lenden zu manövrieren, während wir zu den Duschen marschierten.

Die wichtigste Regel im *onsen* ist, dass man sich gründlich wäscht, bevor man badet. Diesen Schritt auszulassen wäre eine Todsünde und würde von den Umstehenden voller Abscheu registriert werden. James wies auf einen Stuhl vor einer Dusche, also setzte ich mich und schrubbte mich mit Seife ab und massierte Shampoo in die Haare. Ich spürte, dass die ortsansässige Bevölkerung mir vom Becken aus zusah, daher gab ich mir extra Mühe, bis meine Haut rot geschubbert war und ich im gratis angebotenen Shampoo versank. Dabei bemerkte ich, dass mir das Duschen im Sitzen und mit der methodischen Reinigung recht gut gefiel, und als ich auf den Pool zuging, fühlte ich mich, als hätte ich eine Art Ritual vollzogen.

Wir drei marschierten Richtung Hauptbecken, dessen hellbraunes Wasser eine Temperatur von 46° Celsius hatte. Ich testete die Temperatur mit dem Fuß, den ich jedoch augenblicklich aus dem glühend heißen Wasser zurückzog. Mit einem Mal fiel es mir sehr schwer, das Verlockende darin zu erkennen, mich an einem ohnehin schon sehr heißen Sommertag in die heißeste Wanne der Welt zu setzen. Wie ich so hilflos am Beckenrand stand und meinen Lendenschurz festklammerte, wurde mir langsam klar, dass ich keine andere Wahl hatte, als die Stufen hinabzusteigen. Ich biss die Zähne zusammen.

Unser *onsen*-Veteran James war schon längst im Becken und bis zum Hals ins Wasser eingetaucht, sein mit dem Waschlappen bedeckter Kopf ruhte auf dem Rand des Pools. »Das ist es, Jungs. Das ist das Paradies«, nuschelte er und sank noch tiefer ins Wasser.

Man sagt, ein *onsen* biete viele gesundheitlichen Vorteile, angefangen bei der Verbesserung des Blutdrucks über die Stärkung der Blutzirkulation bis hin zum Peeling für die Haut. Manche glauben sogar, diese heißen Quellen seien ein Grund dafür, weshalb die Japaner so alt werden wie sonst kaum ein Volk auf der Erde.

Als ich jedoch ins Wasser eintauchte, mich wie ein bei lebendigem Leibe gekochter Frosch fühlte und mein pochendes Herz am liebsten aus der Brust gesprungen wäre, kamen mir leise Zweifel, ob ich in diesem Moment wirklich von all den gesundheitsförderlichen Aspekten der heißen Quelle profitierte.

Nach 25 Minuten abwechselndem Bad im Indoor-Pool und dem etwas kühleren *rotenburo*-Außenbecken, bei dem der Nachmittagswind eine leichte Abkühlung brachte, entkam ich und überließ die Jungs ihrem Schicksal. Aus irgendeinem Grund schienen sie es zu mögen, lebendig gekocht zu werden.

In einem öffentlichen japanischen Badehaus finden sich im Ruhebereich meist Verkaufsautomaten, bei denen man vor allem Milch in verschiedenen Geschmacksrichtungen, Kakao und Kaffee bekommen kann. Als die Badehäuser in den 1950er-Jahren immer beliebter wurden, hatte ein Milch-Unternehmen die geniale Idee, in den Umkleiden oder Wartebereichen Kühlschränke aufzustellen, damit die Badegäste nach dem Dampfbad ihren Flüssigkeitshaushalt wieder auffüllen können. Diese Automaten stehen inzwischen überall, sodass sie zum Synonym für die Badekultur geworden sind.

Nachdem ich mich im Ruhebereich auf eine Tatami-Matte hatte fallen lassen – die Haut vom durch die Adern pumpenden Blut knallrot und mit dem Gefühl, ich könnte mit bloßen Händen Popcorn machen – nahm ich einen Schluck vom kühlen, cremigen

Milchkaffee und verstand sofort den Reiz daran. Das Beste an Tatami-Matten ist, dass man wirklich auf ihnen entspannen kann, und wie ich so auf dem Boden ausgestreckt dalag, als hätte ich gerade an einer mittelalterlichen Schlacht teilgenommen, schwor ich mir, nie wieder im Hochsommer ein *onsen* zu betreten.

Ich hatte noch keine zwei Minuten mit geschlossenen Augen dagelegen, als ein älterer Mann in meine Richtung kam, einen Korb Kirschen in der Hand.

»Sumimasen. Sakuranbo suki desu ka?«

Ich öffnete die Augen und war verblüfft, einen etwa Siebzigjährigen mit freundlichem, halbmondförmigem Lachen auf dem Gesicht vor mir zu sehen. Ich setzte mich auf, nickte und antwortete in meinem schwachen Japanisch: »Ja, ich mag Kirschen!«

»Dōzo!«

Er überreichte mir den Korb, der bis obenhin mit unglaublich frisch aussehenden Kirschen gefüllt war. So saftige, makellose und perfekte Kirschen hatte ich noch nie gesehen; sie erinnerten mich an die Plastikmodelle der Gerichte, die häufig vor japanischen Restaurants ausgestellt waren.

»Oh, wow! Ähm, echt? *Daijōbu desu ka?*«

Ich wusste nicht, welche Benimmregeln für den Fall bestanden, dass man von einem Fremden Kirschen geschenkt bekommt. Er gestikulierte, ich solle die Kirschen probieren und verschwand dann so schnell, wie er gekommen war.

Das war eine der Begegnungen, von denen ich in Erzählungen von Japan-Reisenden gelesen hatte. Niemand in England war je auf mich zugekommen und hatte mir einen Korb voller Früchte geschenkt, schon gar nicht einen mit makellosen, teuren Kirschen. Ich vermutete, der Mann musste mich auf dem Boden liegen gesehen und die Kirschen für mich in einem Geschenkeladen besorgt haben.

Ich steckte mir eine in den Mund, und als ich dann wieder aufsah, bemerkte ich den Mann auf einer Bank sitzend, wie er auf meine Reaktion wartete. Zum Glück musste ich nicht so tun, als würde mir das Obst schmecken. Diese süße, saftige Kirsche war ohne Frage die beste, die ich je gegessen hatte. Nun ergab es Sinn, dass man im Internet unter dem Stichwort »Yamagata« nur »Kirschen« fand. Ich bildete mit dem Mund das Wort »Wow« und zeigte ihm den Daumen nach oben, was ihn offenbar freute.

Die Yamagata-Kirschen waren so großartig, dass ich in meiner Gier sicherstellte, den ganzen Korb leer gegessen zu haben, bevor meine amerikanischen Freunde aus der Umkleidekabine kamen. Teilen kam hier einfach nicht infrage.

5. Mr. Dick

September 2012

Von nun an gab es kein Zurück mehr.

Ich sah zu, wie das morgendliche Chaos das Lehrerzimmer füllte, noch bevor die Schulklingel läutete – der typische Big-Ben-Sound, dessen Klang in Japan durch Tausende von Anime-Serien berühmt geworden ist. Die Schülerinnen und Schüler hasteten zu ihren Klassenzimmern und Lehrerinnen und Lehrer nahmen sich die Schulbücher und eilten die Gänge hinunter, um die erste Schulstunde nach den Ferien zu beginnen.

Kengo rauschte durch das Zimmer und kam zu meinem Schreibtisch, einen Stapel rosa Übungsbücher in den Händen.

»Chris-sensei, sind Sie bereit für Ihre erste Stunde?«

Hier und jetzt, so kurz vor meiner allerersten Unterrichtsstunde als Lehrer, als *sensei* angesprochen zu werden, fühlte sich plötzlich seltsam an. Ein weitverbreiteter Irrglaube lautet, das Wort bedeute nur »Lehrer«, wo es doch eher »Ausbilder« oder »Meister« heißt. Wer Lehrer, Arzt oder Anwalt ist, erhält den Ehrentitel *sensei*. Die beiden Kanji-Zeichen des Wortes (先生), »früher« und »Leben«, spielen darauf an, indem sie das Bild eines weisen Reisenden wachrufen. So plötzlich in eine Position der Autorität und des Respekts versetzt worden zu sein, löste bei mir das Gefühl aus, ein Hochstapler zu sein, hatte ich doch nichts getan, um diesen Titel zu verdienen. Meine einzige Fähigkeit bestand darin, dass ich meine Muttersprache beherrschte – kaum eine Leistung, für die man mich »Meister« nennen konnte.

»Dann los, Kengo-sensei! Natürlich bin ich bereit.«

Ich war es definitiv nicht.

Japanische Klassen sind in der Regel größer als britische oder deutsche. Hat in Großbritannien eine Klasse 30 Schülerinnen und Schüler, so bringt man in japanischen auch 40 unter.

Als wir den Klassenraum betraten – mein Puls nahm an Geschwindigkeit zu – eilten die Schüler, die gerade vom Morgenappell zurückkamen, zu ihren Stühlen. Ihr Gelächter und Geplapper erstarb augenblicklich und wurde ersetzt durch das Geräusch von Stühlen, die über den Boden kratzten, als sie alle aufstanden. In makellose blaue Uniformen gekleidet, die Jungs mit Hosen, die Mädchen mit Röcken, begrüßten sie uns.

»Guten Morgen zusammen!«, rief Kengo und erreichte damit auch noch die letzten Nachzügler hinten im Raum, die sich noch unterhielten.

»Guten Mor-« Die Klasse verschluckte den Rest des Wortes, das »gen« war praktisch unhörbar. Ich wusste nicht genau, ob sie vergessen hatten, wie es weiterging oder ob sie durch die Gegenwart eines Muttersprachlers eingeschüchtert wurden.

»Setzt euch!«, wies Kengo sie an, und die Schülerinnen und Schüler verneigten sich wie gewohnt kurz, bevor sie Platz nahmen. Mich beeindruckte der Ordnungssinn, der sich plötzlich im Raum ausbreitete. Eine Klasse mit 40 Teenagern zu führen, erschien mir plötzlich machbar.

»Heute haben wir einen besonderen Gast aus England …«

Ich nickte und ließ lächelnd meine Augen durch den Raum schweifen. Die gesamte Klasse war wie versteinert, die Gesichter verrieten eine wilde Mischung an Ausdrücken. Einige Schüler wirkten nervös, als sei gerade ein knurrender Rottweiler im Klassenzimmer freigelassen worden, doch erfreulicherweise lächelten die meisten in froher Erwartung. Zwei ganz entzückte Mädchen in der ersten Reihe klimperten komisch mit ihren Augenlidern und riefen »*ikemen!*«, Japanisch für »cooler Typ«.

»Sie sagen, sie finden Sie stark«, versicherte mir Kengo.

»Ah, ja.« Ich errötete und zeigte unbeholfen den Daumen hoch. Diese Geste sollte schnell zu meinem Markenzeichen werden, mit dem ich körperlich auf allerlei verwirrende Alltagserfahrungen reagierte.

Für die erste Stunde hatte ich geplant, die übliche *jiko shōkai*-Vorstellung zu machen – gnädigerweise auf Englisch dieses Mal – um dann die Schülerinnen dazu zu bekommen, mir Fragen zu stellen, sodass sie sich ein Bild von dem Schwachkopf machen konnten, mit dem sie es ab jetzt zu tun bekamen.

»Guten Morgen zusammen. Mein Name ist Chris, und ich komme aus England.«

Als jemand, der es immer gehasst hatte, im Klassenzimmer zu sitzen und zuhören zu müssen, wie jemand stundenlang redet, hatte ich mir vorgenommen, diese Tortur so interaktiv wie möglich zu gestalten. Die Schüler sollten die Antworten auf meine Fragen raten. Was konnte da schon schiefgehen?

»Als Erstes, was denkt ihr, wie alt ich bin?«

Ich schrieb vier mögliche Altersangaben auf die Tafel – 22, 28, 36 und 41 –, zeigte dann jeweils auf die Zahl und bat um Handzeichen, wer glaubte, das sei mein wahres Alter.

Als ich bei 36 angekommen war, hoben sich so ziemlich alle Hände im Raum.

»Oha. Ich bin 22.«

Während ich darüber nachgrübelte, wie sich mein Aussehen nur in meinen Zwanzigern schon derart verschlechtert haben konnte, brach die Klasse in Gelächter aus. Jegliche selbstgefällige Befriedigung darüber, zuvor als cool bezeichnet worden zu sein, löste sich in Luft auf.

Ich versuchte, diese Demütigung mit einem Themenwechsel zu überwinden und machte weiter.

»Zwei Wahrheiten, eine Lüge« hatte ich aus dem JET-Lehrerhandbuch geklaut. Das war eine hervorragende Hörverständnisübung, getarnt als Spiel, und ich hatte drei sehr unterschiedliche Beispiele vorbereitet, um ihre Englischfähigkeiten zu testen.

»Nummer eins: Ich bin auf der Chinesischen Mauer gewandert. Nummer zwei: Ich habe mit der englischen Königin Tee getrunken. Nummer drei: Ich hatte letztes Jahr in Rom einen Moped-Unfall.«

Ich hielt die drei Optionen auf der Tafel fest und zeigte wieder darauf, um sie die Lüge erraten zu lassen. Ich war überzeugt, dass es da nicht viel zum Nachdenken gab, doch zu meiner Überraschung hoben sich die meisten Hände, als ich auf Nummer zwei zeigte.

»Nein, entschuldigt, Leute. Ich habe die Königin nie getroffen!«

Die Schülerinnen konnten mir kaum glauben. Sie gingen fest davon aus, dass ich als Brite die Königin getroffen haben *musste*.

Dann zeigte ich über einen Projektor ein Bild von mir, wie ich im Pullunder die Chinesische Mauer entlangstolperte und eines, wie ich vor dem Kolosseum auf den zerbeulten Resten einer roten italienischen Vespa saß. Als das Bild mit dem Moped auf der Leinwand erschien, kamen mir Zweifel, ob es eine gute Idee war, in einer Klasse voll unschuldiger Sechzehnjähriger eine Geschichte aufzubringen, bei der ich in Rom beinahe von einem Fiat platt gemacht worden wäre.

Als wir nach meiner mäßig erfolgreichen Vorstellung jedoch zur Fragerunde kamen, stellte sich heraus, dass sie gar nicht mehr so unschuldig waren.

»Gut. Habt ihr jetzt noch Fragen an Chris-sensei?«

Zunächst meldete sich niemand, da sich alle mit ihrem Nachbarn besprachen, welche Frage man wohl stellen könnte. Nach einigen Augenblicken des allgemeinen Gemurmels zuckte die Hand eines der vorlauten Mädchen von vorhin nach oben, und sie stellte die unvermeidliche Frage.

»Haben Sie eine Freundin?«, kicherte sie, und das Klassenzimmer brach in schallendes Gelächter aus. Verlegen und nicht ganz sicher, was ich nun sagen sollte, sah ich mich hilfesuchend zu Kengo um, doch der ermutigte mich, der Klasse meine privatesten Geheimnisse zu offenbaren.

»Ja. Unglaublich viele Freundinnen«, strahlte ich und zeigte wieder Daumen-hoch.

Alle jubelten und applaudierten, als hätte ich damit einen Preis gewonnen; es war, als sähen sie über meine offensichtliche Lüge hinweg. In Wirklichkeit war mein Liebesleben ein einziger Trümmerhaufen, doch einer Klasse japanischer Teenager das Gefühl erbärmlichster Einsamkeit und Verzweiflung zu schildern, schien mir bei der ersten Begegnung doch ein bisschen übertrieben.

In der Zwischenzeit hatte sich in einer Gruppe aus vier halbstarken, kahl rasierten Jungs ganz hinten im Raum unkontrollierbares Gekicher ausgebreitet. Einer von ihnen hob die Hand und fragte: »Sind Sie einen großen Schwanz?«

Das Lachen nahm an Lautstärke noch zu, und Kengo sah unerfreut, aber auch wenig überrascht drein, angesichts der Richtung, die diese Fragerunde nun nahm. Ich lächelte und winkte ab, musste aber tief in mir drinnen zugeben, dass das genau die Art von beschissener Frage war, die wir zu meiner Schulzeit auch gestellt hätten, um unseren Sprachassistenten in Verlegenheit zu bringen. Hier schloss sich also der Kreis.

Insgesamt hatte ich rund dreißig Klassen mit Schülerinnen und Schülern zwischen sechzehn und achtzehn Jahren, und im Verlauf von zwei Wochen hatte ich alle einmal durch und, so hoffte ich, unschätzbares Wissen über die englische Sprache vermittelt.

In der ersten Woche lernte ich ungefähr sechzehn Klassen kennen und entwickelte bald schon beim Betreten des Klassenraums ein Gespür dafür, wie aufgeschmissen ich war. Die besten Klassen würden augenblicklich in Applaus und Jubelrufe ausbrechen. Sie wussten, dass die Gegenwart eines albernen Ausländers hieß, dass die Stunde ein lockerer Spaß werden würde – eine willkommene Ablenkung von den ermüdenden Schulbuchaufgaben, die ansonsten ihren Unterricht beherrschten. Am anderen Ende des Spektrums waren jene Klassen, die in absolutes Schweigen verfielen, sobald ich den Raum betrat. Es war, als hätte man die Luft aus dem Zimmer gesaugt, abgesehen von dem kalten Lufthauch, der jedes Mal durch den Raum zog, wenn ich mich um einen Dialog bemühte. Vor diesen Klassen fürchtete ich mich regelrecht, wenn die Schülerinnen und Schüler den Mund hielten und die ganze Zeit schweigend im Unterricht saßen. Man konnte die einfachste

Frage stellen, aber niemand meldete sich. Es schien, als wäre eine Reaktion auf mich gleichbedeutend mit einem Todesurteil. Dabei waren es nicht allein die Schüler, die die Stimmung beeinflussten. Wie angenehm die Stunden für die Schüler sowie für mich waren, hing in großem Maße auch von dem Lehrer ab, dem ich zugeteilt worden war. Nach meinen ersten Unterrichtswochen erkannte ich, wie unterschiedlich die Unterrichtsstile zwischen Japan und meinen Erfahrungen in Großbritannien waren. In einer japanischen Schulstunde gab es viel weniger Diskussionen, sondern sie bestand meist aus einem diktierten Lehrervortrag, der fast die gesamten fünfzig Minuten einnahm. Schlafende Schüler auf ihren Tischen waren kein seltener Anblick, und sofern sie nicht schnarchten, ließen die Lehrer sie häufig einfach gewähren.

Außerdem wurde viel mehr die Gruppendynamik betont als das Individuum herausgestellt. Wenn ich eine Frage stellte und einen bestimmten Schüler dazu aufrief, würde er in neun von zehn Fällen vor Schreck erstarren. Doch bevor sie noch Zeit hatten zu antworten, ermutigte der Lehrer die umsitzenden Schüler und Schülerinnen, bei der Antwort zu helfen. Was aus japanischer Perspektive absolut Sinn ergab. Ein beliebtes Sprichwort, das man mir erklärte, dürfte das versinnbildlichen: »Ein einzelner Pfeil lässt sich leicht zerbrechen, aber nicht zehn in einem Bündel.« Den Japanern ist die Zusammenarbeit als Kollektiv sehr wichtig. Als Engländer empfand ich diese Methode nicht so sehr als Teambuilding-Maßnahme denn vielmehr als Methode, die Schülerinnen und Schüler ihrer eigenen Mündigkeit zu berauben, und das fiel mir immer deutlicher auf, je länger ich im japanischen Bildungssystem arbeitete. Die Schulen produzieren Modellbürger, die den Regeln folgen und nur selten Autoritäten infrage stellen, und sie unterbinden jeden regelverletzenden, unternehmerischen Geist.

Mein Lieblingslehrer war Kengo. Er gehörte zu den wenigen Englischlehrern, die sowohl die Sprache flüssig sprachen als auch gern unterrichteten. So wurde die Zusammenarbeit mit ihm zu einer reinen Freude, und schnell war klar, dass er den strahlenden Mittelpunkt der Fachschaft bildete.

Zusammen mit Komako zu unterrichten, der ich im Gegenzug für KitKats Staatsgeheimnisse verriet, war etwas ganz anderes. Es war nicht schwer zu erkennen, dass sie nicht nur von den Schülern nicht gemocht wurde, sondern dass die Abneigung auf Gegenseitigkeit beruhte. Die etwa vierzig Jahre als Lehrerin hatten Komako ausgelaugt, oder vielleicht teilten die Schüler einfach nicht ihre Begeisterung für das Liebesleben von Osama bin Laden.

Wie dem auch sei, wenn wir ein Klassenzimmer betraten, herrschte Chaos. Ganz gleich, wie laut sie brüllte, ihre Versuche, die Klasse zu kontrollieren, scheiterten. Die Schülerinnen sprachen einfach weiter und ignorierten ihre Bemühungen zu unterrichten. Meine Stunden mit Komako liefen meist so ab, dass ich neben ihr stand und zusah, wie sich der Wahnsinn ausbreitete.

Der Unterricht mit Saitō war etwas erträglicher, doch schon in der ersten Stunde wurde deutlich, dass sie kein Englisch konnte. Ich verbrachte schließlich mehr Zeit damit, ihr Englisch beizubringen als den Schülerinnen und Schülern. Offenbar waren zu Zeiten ihrer Ausbildung die Anforderungen für einen Englischlehrer in Japan nicht nur niedrig, sondern vielmehr gar nicht vorhanden gewesen. Man brauchte nur eine Handvoll schriftlicher Prüfungen abzulegen und musste keinerlei Sprachpraxis vorweisen.

In einer unserer ersten gemeinsamen Stunden schrieb sie an die Tafel: »Chris ist ein London«, und ich musste das eilig korrigieren, bevor die Schülerinnen das in ihr Heft übernahmen. Glücklicherweise nahm sie solche Eingriffe dankbar an und es kam nie zu der unangenehmen Lehrer-Sprachassistent-Dynamik, vor der man mich an den Einführungstagen in Tokio gewarnt hatte. Ich war dankbar für Saitōs Bereitschaft, sich verbessern zu lassen, doch ich fragte mich, wie viel man in ihrem Unterricht lernen konnte.

Doch selbst wenn die mündlichen Sprachkenntnisse eines Lehrers nicht sehr fortgeschritten waren, konnte der Unterricht eine Menge Spaß machen.

Einer der eher unberechenbaren Lehrer war Sasaki, ein schüchterner Mann in mittleren Jahren, der die Zeit zwischen den Unterrichtsstunden damit verbrachte, wie ein Schlot zu rauchen, und dessen getönte Brille sowie sein angegrauter Wuschelkopf ihn älter wirken ließen, als er tatsächlich war. Sein unbeholfenes Slapstick-Auftreten machte ihn zu Japans Antwort auf Mr. Bean. Wie Saitō war er sich schmerzlich bewusst, dass seine Englisch-Fähigkeiten eine Katastrophe waren. Er wusste es. Die Klasse wusste es. Und nach dreißig Sekunden in meiner ersten Stunde mit ihm wusste ich es auch.

Da er sich für sein grauenhaftes Englisch schämte, sprach er ausschließlich genuschelt mit mir. Er klang stets, als hätte er eine unsichtbare Hand vor dem Mund. Unsere gedämpften Gespräche auf dem Weg zum Unterricht gerieten deshalb oft sehr schnell in eine Sackgasse.

»Nun, Sasaki-sensei, hatten Sie ein angenehmes Wochenende?«

Er nickte begeistert. »Ja, ich liebe Wochenende sehr.«

»Haben Sie etwas Interessantes gemacht?«, hakte ich im verzweifelten Wunsch nach, unser Gespräch wenigstens bis zum Erreichen des Klassenzimmers ausdehnen zu können.

»Ja, interessantes Wochenende!«, antwortete er mit einem Lächeln und sah dann in die andere Richtung, womit unser aufschlussreicher Small Talk zu einem abrupten Ende kam.

Doch trotz seiner bescheidenen Englischkenntnisse genossen die Schülerinnen und Schüler seinen Unterricht genauso wie ich. Wir ließen uns von seiner irren Comedy-Performance hinreißen. So gut wie jedes Mal, wenn wir das Klassenzimmer betraten, schaffte er es, zur großen Freude aller Anwesenden mindestens einen Gegenstand fallen zu lassen, von der Kreide über Bücher bis hin zu seiner Brille. Soweit ich das beurteilen konnte, geschah das nicht absichtlich. Bei einer Gelegenheit fiel sein Autoschlüssel herunter und unter dem Gekicher der Schülerinnen und Schüler tastete er auf dem Boden nach ihm herum. Und das war nur der Auftakt zu fünfzig Minuten körperlicher Komik.

»Gut! Jetzt! Hier. Das ist ein Chris-sensei!«

Er ruderte mit den Armen so etwa in meine Richtung, und die Klasse applaudierte und jubelte erleichtert auf.

»Okay. Kapitel zwei. Lesen. Jetzt!«

Er nahm sich das Schulbuch und blätterte hektisch darin herum. Ich muss zugeben, sogar ich fand ihn fesselnd.

»Chris-sensei. Lesen. Sie jetzt! Los!« Das war mein Stichwort.

Ich las das Kapitel laut vor, wie ein menschliches Tonband. Die bizarre Passage handelte von einem Mann, der Dinge in seinem Schlafzimmer verteilt – die Idee dahinter war, Präpositionen wie »auf«, »in« und »unter« zu vermitteln. Am Ende des Kapitels wollte Sasaki, dass wir dieses Konzept im echten Leben anhand zweier eher fragwürdiger Bestandteile demonstrierten: seinem Schreibtisch – und mir.

Er rief »Wo ist Chris-sensei?«, und die ganze Klasse sollte antworten, wo ich mich im Verhältnis zum Schreibtisch befand. Eine atemberaubend spannende Aufgabe.

Zunächst versteckte ich mich unter dem Tisch. Ein leichter Einstieg.

»Wo ist Chris-sensei?«

»UNTER dem Tisch«, brüllte die Klasse.

Dann wies er mich mit Gesten an, in den winzigen Unterschrank seines Schreibtischs zu klettern und drückte hinter mir die Tür zu, als müsse er eilig eine Leiche verstecken.

»Wo ist Chris-sensei?«

»IM Tisch!«, rief die Klasse.

Er öffnete die Tür, und ich kullerte auf den Boden hinaus. In diesem Moment fragte ich mich, wie es sein konnte, dass ich 30.000 britische Pfund an Studiengebühren gezahlt hatte, nur um hier zu landen.

Schließlich forderte Sasaki mich auf, auf den schmalen Tisch zu klettern, was ich für gar keine gute Idee hielt.

»Ist das okay, Sasaki-sensei?«, wollte ich wissen, während ich noch wackelig auf dem Tisch kniete.

»Ja, ja! Sie gehen nun hoch!«

Langsam erhob ich mich, und der Holztisch wankte und knarrte unter den achtzig Kilogramm – ein Gewicht, für das der Schreibtisch sicher nicht gebaut worden war. Ich machte mir Sorgen, welche Folgen es für den Arbeitsschutz haben würde, sollte der Tisch einstürzen.

Wie ein wellenreitender Surfer stand ich schließlich aufrecht und ragte über die begeisterten Zuschauer im Klassenzimmer hinaus. Ich konnte mir die nächste Antwort schon denken.

»Wo ist Chris-sensei jetzt?« *IM verdammten Krankenhaus.*

Eine meiner liebsten Lehrerinnen war auch eine der schwierigsten. Naoko sprach nach einigen Jahren in den USA sehr gutes Englisch, mit einem leichten amerikanischen Akzent. Die schmächtige Frau Ende vierzig nutzte einen auffallend violetten Lippenstift, der zu ihrer ruhelosen, chaotischen Energie passte. Es wirkte immer so, als habe sie sich einen dreifachen Espresso genehmigt, bevor sie den Unterricht begann.

In einer unserer ersten gemeinsamen Stunden brachte sie mich unnötigerweise in eine erniedrigende Situation, bei der ich am liebsten aus dem Klassenzimmer geflohen wäre. An jenem Morgen kam sie mit einem Stapel Bücher an meinen Schreibtisch.

»Kommen Sie, Chris-sensei, es geht los!« Merkwürdigerweise neigte sie trotz ihrer ausgezeichneten Fremdsprachenkenntnis dazu, alles, was ich sagte, falsch zu verstehen, so als würde sie immer ausschließlich auf die letzten Worte meines Satzes achten.

»Haben Sie etwas Schönes unternommen am Wochenende, Chris-sensei?«, wollte sie auf dem Weg zum Unterricht wissen.

»Ich habe am Wochenende nach einer Möglichkeit gesucht, mir ein Auto zu mieten. Ich bräuchte wirklich mal eines.«

»Wow, das hört sich toll an! Und wohin sind Sie gefahren?«

»Äh …«

Im Unterricht ging es darum, die Schülerinnen und Schüler mit einfachen Sätzen dazu zu bringen, über ihre Wünsche für die Zukunft zu sprechen, nach dem Beispiel: »Nach der Schule möchte ich Feuerwehrmann werden.«

Natürlich hatten die meisten von ihnen noch keine Ahnung, was sie werden wollten, weshalb Naoko mich fragte, was ich als Kind hatte werden wollen, um sie zu eigenen Ideen zu ermutigen. Das war ein Kinderspiel für mich. Als großer Fan von *Muppets – Die Schatzinsel* hatte ich immer ein verwegener Pirat werden wollen. Bis heute ist das ein Ziel, auf das ich hinarbeite.

»Nun, Naoko-sensei, als ich kleiner war, wollte ich Pirat werden!« Mit der beliebten Manga-Serie *One Piece* im Hinterkopf nahm ich an, dass das bei der Klasse gut ankommen würde.

Kaum hatte ich ausgesprochen, warf Naoko mir einen bösen Blick zu, als hätte ich vor den Schülern ein Schimpfwort benutzt.

»Oh Gott! Pirat? Aber, Chris-sensei, warum wollen Sie andere Menschen *töten* und *vergewaltigen?*«

»Äh ... nun ...« Mir war, als hätte ich eine Ohrfeige kassiert.

Ich wandte mich in Richtung Klasse. Vierzig Augenpaare waren auf mich gerichtet. Bestürzt und mit offen stehendem Mund wusste ich nicht genau, wie ich mich verteidigen sollte gegen eine solch anzügliche Unterstellung. Ich hatte keine Ahnung, welche Version von *Muppets – Die Schatzinsel* Naoko gesehen hatte, aber die Sache hier hatte sehr schnell eine unangenehme Wendung genommen.

Gott sei Dank, atmete ich erleichtert auf, als ich bemerkte, dass die Klasse keine Ahnung hatte, wovon Naoko da sprach. Nun musste ich nur noch meine Motive erklären.

»Nun, Naoko-sensei, ich liebe Abenteuer und das Reisen rund um die Welt, auf der Suche nach Schätzen.«

Sie hielt einen Moment inne, und aus ihrem schockierten Gesichtsausdruck wurde ein Lächeln. Sie nickte zustimmend.

»Ach, verstehe. Stimmt, das klingt wirklich gut.«

Und damit wechselte sie zu ihrem normalen, lebhaften Ich zurück, und wir haben die Sache mit keiner Silbe mehr erwähnt.

Von diesem Tag an habe ich nie wieder in einem Klassenzimmer das Gespräch auf Piraten gebracht. Vor allem nicht, wenn Naoko in der Nähe war.

6. Sake, onegaishimasu!

Oktober 2012

Während mein amerikanischer Kollege Mark schon fast zwei Monate lang mit seinem angeberischen neuen Kei-Car durch die Reisfelder fuhr, hatte ich noch keinen fahrbaren Untersatz für mich ergattert. Was die Situation nicht gerade erleichterte, war der Umstand, dass ich mit einer überzogenen Kreditkarte nach Japan eingereist war und ein Schuldenberg aus Studienkrediten wie ein Damoklesschwert über mir hing.

Nicht einmal ein günstiges Auto kam für mich infrage: Sogar ein billiges Kei-Car kostete 400.000 Yen (rund 2500 Euro), in etwa zwei Monatsgehälter. Zum Glück warf mir jemand einen Rettungsanker zu.

Ich war nicht der einzige ausländische Lehrer an der Sakata Senior High School – bei derart vielen Schülern brauchte man zwei Englischlehrer, um den Bedarf decken zu können.

Der Neuseeländer Roy sah aus wie eine gut aussehende Version des DC-Comics-Helden Bane. Er lebte nun schon vier Jahre in Sakata, und da das JET-Programm auf maximal fünf Jahre ausgelegt war, würde er, drei Jahre älter als ich, in einem Jahr nach Hause fliegen. Sein Abschiedsgeschenk für mich sollte sein geliebter Toyota Starlet werden – ein dunkelgrünes, klappriges Auto, das 1996 zugelassen worden war und wie durch ein Wunder noch immer fuhr. Als Sonderzubehör kamen eine kaputte Klimaanlage, Fenster, die man zwar nach unten kurbeln konnte, aber nicht mehr nach oben, sowie durch Brandlöcher verzierte Sitze hinzu. Nicht unbedingt mein Traumauto, aber es war umsonst. Wie hätte ich da Nein sagen können?

In diesem Auto fuhr Roy uns allmorgendlich zur Schule: eine Melvius-Zigarette im Mund, das Lenkrad in der einen Hand, in der anderen einen billigen Kaffee aus dem Automaten. Sein schmackhaftes Frühstück jeden Tag.

Es hatte eine Weile gedauert, bis ich meinen JET-Kollegen persönlich kennenlernte. Gegen Ende meiner ersten Arbeitswoche in der Schule saß ich gerade an meinem Tisch, als wie aus dem Nichts ein Neuseeländer im Lehrerzimmer auftauchte. Nachdem ich die ganze Woche damit zu kämpfen gehabt hatte, der einzige Ausländer hier zu sein, fragte ich mich, ob man Roy irgendwo in einen Schrank gesperrt hatte. (Er war nur in Tokio gewesen, wie ich schließlich erfuhr.) Wir verstanden uns gut, konnten über britisches Fernsehen und nerdige Filmzitate kommunizieren und feierten unsere erste Begegnung mit einem Sixpack Asahi-Bier in meiner Wohnung.

Als ich bei den folgenden JET-Treffen am Wochenende Roy erwähnte, entdeckte ich, dass er eine Art Mysterium war, da er während seiner gesamten Zeit in Japan alles darangesetzt hatte, anderen Ausländern aus der JET-Community aus dem Weg zu gehen. Einen Großteil seiner Abende verbrachte er in einem *izakaya* in der Stadt, wo er eingehüllt in Zigarettenrauch ein Bier nach dem anderen trank. Er behauptete, die anderen JETs nicht zu hassen, was er aber sicher doch tat, wobei sein Rückzug auch damit zu tun gehabt haben dürfte, dass er während seiner Zeit in Yamagata viele ausländische Lehrer hatte kommen und auch wieder gehen sehen, sodass er keinen Sinn mehr darin sah, sich mit Menschen anzufreunden, die ohnehin bald wieder verschwunden waren.

Trotz seiner Einsamer-Wolf-Persönlichkeit galt Roy unter den JETs in Yamagata als Legende, hatte er doch den anspruchsvollen Kanji-Kentei bestanden, einen Sprachtest, für den man über dreitausend Kanji-Zeichen beherrschen musste. Nur eine Handvoll Nicht-Japaner landesweit hatten das geschafft. Im Alltag nutzt man bereits mehr als 2200 Kanji-Zeichen, doch er war noch einen Schritt weitergegangen und hatte selbst die gelernt, die meist nur in den Übungsbüchern vorkommen. Es war für ihn zu einer Art Spiel geworden. Dabei war die Prüfung so schwierig, dass sogar die meisten Japanisch-Muttersprachler nicht wagten, sie abzulegen. Nachdem Roy bestanden hatte, war er der Stolz der Schule und wurde von jenen Ausländern aufgesucht, die ebenfalls Japanisch lernen wollten. Sie wollten hinter sein Geheimnis kommen. Er hingegen wollte nur rauchen und Asahi trinken.

Mit Roy zusammenzuarbeiten brachte Vor- und Nachteile mit sich. Es war großartig, einen Mentor zu haben, der mir zeigen konnte, wo es langging, aber seine Japanischkenntnisse beschämten mich. Wo ich nur mühsam »Ich mag Katzen« formulieren konnte, konnte er ganz allein auf Japanisch unterrichten. Viele Lehrerinnen und Lehrer sahen ihn als ihresgleichen an. Sein etwas ungehobeltes Auftreten verbarg einen Mann, der gut war in dem, was er tat, und respektiert wurde.

Obwohl ich in Roys Schatten stand, war das Leben an einer japanischen Schule durch die Anwesenheit eines anderen Ausländers weit weniger einschüchternd – auch wenn sein starker neuseeländischer Akzent bedeutete, dass er genauso schlecht zu verstehen war wie die Japaner. Wenn mich bei einer Schulversammlung in der Sporthalle 1200 Japanerinnen und Japaner umgaben, fühlte ich mich manchmal unwohl, weil ich das einzige nicht japanische Gesicht in der Schule war. Wenn ich dann den schnodderigen Roy entdeckte, der aus einer Raucherpause zurückkam, spürte ich Erleichterung.

Mein erster Winter in Japan rückte näher, und ich machte mich auf den furchtbaren Schneefall gefasst, vor dem man mich gewarnt hatte. Da ich keine anderen Freunde und auch sonst nichts Besseres zu tun hatte, schlichen sich zusammen mit Roy einige üble Angewohnheiten ein. Da er uns unter der Woche nach der Arbeit nach Hause fuhr, warf er mir an fast jedem Abend einen schelmischen Blick zu.

»Mar?«, fragte er dann.

Ich zögerte nie. »Na klar.«

Roy hatte einen Weg gefunden, die tägliche Auseinandersetzung mit zweihundert Teenagern zu verarbeiten, die aus schlecht gemachten Schulbüchern vorlasen. Zu diesem Gegenmittel greifen auch viele japanische Geschäftsmänner, die in einem Klima aus irrsinnigen Arbeitsbedingungen gefangen sind, in dem das Konzept einer Work-Life-Balance völlig unbekannt ist.

Alkohol.

Man schätzt die Zahl der Bars und Restaurants in Tokio auf rund 30.000 – mehr als in jeder anderen Stadt der Welt – und so kann man guten Gewissens behaupten, dass Japan eine blühende Trinkkultur hat. Es ist weitverbreitet, dass man nach der Arbeit in ein *izakaya* einkehrt, um bis zur Bewusstlosigkeit zu essen, zu trinken und zu rauchen, bevor man dann frühmorgens nach Hause torkelt.

Als Sprachassistent zu arbeiten war nun nicht ganz so aufreibend, es war aber auch nicht der dynamischste Job der Welt, und so half manchmal die Aussicht auf den Abend durch den Tag. Für uns bestand diese Aussicht im *izakaya* namens Mar, bequem in der Nachbarschaft gelegen.

Izakayas (居酒屋), wörtlich »verweilen, Sake, Geschäft«, gehören zu den größten Vergnügungen am Leben in Japan. Oft sind es winzige Läden, sodass man Ellenbogen an Ellenbogen mit Fremden sitzt, mit denen man am Ende des Abends das eine oder andere Bier getrunken hat. Was einem zuerst an einem *izakaya* auffällt, ist, dass sie meist keine Fenster haben oder zumindest von außen nicht einsehbar sind. Obgleich das eher an einen Sektentreffpunkt als an eine Kneipe denken lässt, ist es, berücksichtigt man die alkoholbedingten Ausfälle, die sich darin ereignen, doch nur natürlich, dass man die Kunden vor den neugierigen Blicken der Passanten beschützen will. In diesen Räumen lassen die Männer nach einem Arbeitstag mit unvergleichlich strenger Höflichkeit hinter ihre Fassade blicken.

Unser Glück war, dass sich das *izakaya* in unserer Nähe als eines der besten in der Stadt herausstellte, mit billigem, köstlichem Essen. Setzte man einen Fuß hinein, betrat man eine hedonistische Blase. Dem Glanz der goldenen Lichter gelang es jedes Mal aufs Neue, uns vor den kalten Winden zu retten, die als Vorboten des Winters durch Sakata zogen. Durch die Holztheke und den Petroleumofen am Eingang bekam das Mar eine unglaublich gemütliche Atmosphäre, die einen dazu verleitete, noch etwas länger zu bleiben und seinen Gehaltsscheck zu vernichten.

Öffnete man die Schiebetür, wurde man von den Mitarbeitern begrüßt und in einen von zwei Bereichen geführt: den mit Tatami-Matten ausgelegten Raum rechts, der groß genug war für vier niedrige Tische; oder links an die Theke, deren sechs Stühle alle Richtung der winzigen Küche ausgerichtet waren. Wenn möglich, entschieden wir uns immer für die Theke, wo wir dicht aneinandergedrängt in einer endlosen Abfolge das aßen, was Roy ausgesucht hatte. Schließlich war er derjenige von uns, der die Speisekarte lesen konnte.

Schnell lernte ich, dass jeder, ganz egal, was man *eigentlich* trinken möchte, mit einem *namabīru* anfängt – einem Bier vom Fass. Das ist ein ungeschriebenes Gesetz der japanischen Etikette. Die Marke spielt dabei keine Rolle, solange es Fassbier ist. Ob nun eine Betriebsfeier oder eine Party unter Freunden, nur sehr selten nimmt jemand etwas anderes, und der Grund dafür ist, dass es als erste Bestellung nicht allzu kompliziert ist und man so schnell jedermann mit einem Getränk versorgen kann. Obwohl ich kein großer Asahi-Fan war, fügte ich mich und zwang mich dazu, das Bier zu mögen. Während man in Europa als Snacks in einer Kneipe vielleicht Erdnüsse oder Chips bekommt, so ist die übliche Begleitung für das Bier in Japan *edamame*, Sojabohnen mit Salz. Ist gesünder und genauso knackig und köstlich wie die Snacks im Westen und erspart einem zudem noch die fettigen Finger.

Dieser Gesundheitsaspekt wird jedoch von der japanischen Rauchkultur zunichtegemacht. Da Rauchen in Innenräumen erlaubt ist – zu Roys großer Freude –, konnte er sich seiner zweiten Packung Zigaretten des Tages widmen, während wir uns durch die französisch und italienisch inspirierte Auswahl an Fisch, Pizza und Nudeln futterten. Die Rauchwolken verliehen dem Raum einen glamourösen Schleier, der allerdings von dem üblen Gestank nach Tabak ruiniert wurde. Rauchen ist in der japanischen Kultur so fest verankert, dass hin und wieder Mitarbeiterinnen von Tabakunternehmen mit neuen Menthol-Zigaretten durch die *izakayas* zogen und Kunden kostenlose Probierpackungen schenkten. Es ist verrückt: In einer Welt, die sich zunehmend von der Tabakindustrie distanziert, gibt Japan sich ihr völlig hin.

Leider dauerte es nicht lange, bis ich mich anschloss. Ich wusste, die Gesundheits-Jahresendabrechnung würde düster aussehen, nachdem ich die Hälfte meiner Woche essend, trinkend und rauchend in einer japanischen Kneipe verbrachte, doch für drei oder vier Stunden am Stück gelang es mir hervorragend, mir selbst einzureden, das alles geschehe doch nur aus Gründen der »Bildung«. Vollständig in die Kultur einzutauchen ist doch immer der geeignetste Weg, ein neues Land kennenzulernen.

Roy war ein wandelndes, sprechendes, rauchendes Lexikon über alles, was mit Japan zu tun hatte, und während ich neben ihm am Tresen saß und mich mit ihm und den beiden Männern, denen das *izakaya* gehörte, unterhielt, schnappte ich bald einige der wichtigsten japanischen Phrasen auf.

Am besten war jedoch, dass das Auswärtsessen in Japan vergleichsweise billig war, vor allem auch da man kein Trinkgeld gibt. Hier gilt es als beinahe unhöflich, noch etwas aufzurunden. Japaner sind überzeugt, dass das Personal immer und jederzeit sein absolut Bestes geben muss, und wer versucht, etwas Geld für die Mitarbeiter liegen zu lassen, der wird miterleben, wie ihm der Kellner auf die Straße nachläuft und mit dem Wechselgeld fuchtelt. Der Service in Japan gehört zu den besten weltweit, und es ist eine Schande, dass man das Personal von Bars und Restaurants nicht dafür belohnen kann.

Wobei die meisten japanischen Bars und Restaurants zum Ausgleich eine Art Sitzplatzgebühr erheben, die quasi als Vorspeise getarnt daherkommt, die *otoshi*. Diese kleine Knabberei wird in dem Moment serviert, in dem man sich setzt und fügt der Rechnung meist 400 bis 500 Yen hinzu (rund 2 bis 3 Euro). In einer billigeren Kneipe ersetzt das im Grunde das Trinkgeld.

An den Abenden, an denen wir in der Bar auftauchten, war es faszinierend zu sehen, wie die Japaner wirklich waren. Alkohol ist hier nichts anderes als ein Zaubertrank. In dem Moment, in dem ein Gast den ersten Schluck gezapftes Bier getrunken hat, wird er augenblicklich lockerer und spricht Gedanken und Meinungen aus, die er den ganzen Arbeitstag über für sich behalten hat. Manche sprechen daher von *nominikēshon*, bei dem man das englische Wort »communication« elegant mit dem japanischen Wort für trinken, *nomu* (飲む), verschmilzt.

Japan hat eine strenge Sozialstruktur und kennt ausschließlich unnachgiebige Hierarchien in der Arbeitswelt, sodass sich für den Angestellten einer Firma erst bei einem Feierabenddrink die Möglichkeit ergibt, seine wahre Meinung über seinen Chef zu äußern. Dieses furchtbare Projekt, zu dem der Vorgesetzte im Büro die Mitarbeitenden zwingt, wird nach drei Bier zum Gegenstand heißer Diskussionen. Alkohol ist das soziale Schmiermittel, das alles freilässt, weshalb Trinkpartys, *nomikai* (飲み会), auch bewusst gefördert werden. Das war etwas, das ich am eigenen Leib erfahren sollte.

Die Gäste, die neben mir am Tresen saßen, waren hervorragende Gelegenheiten für mich, die frisch gelernten japanischen Sätze auszuprobieren. Das Problem dabei: Nach zwei Bier packen die meisten Japaner die englischen Sprachkenntnisse aus, die sie den ganzen Tag verheimlicht hatten, weshalb ich so gut wie nie Japanisch mit ihnen sprach.

An einem meiner ersten Abende im Mar feierten in der Kneipe ein paar Jungs, dass sie endlich zwanzig geworden waren und damit das Alter für legalen Alkoholkonsum erreicht hatten. Als sie in ihrer verschlafenen Stadt auf einen Engländer trafen, bemühten sie sich augenblicklich um ein Gespräch in gebrochenem Englisch. Zu diesem Zeitpunkt hatte ich mich bereits daran gewöhnt, als einer der wenigen Ausländer in einem Raum voll Japaner oft das Zentrum der Aufmerksamkeit zu sein. Andere Ausländer in Japan nennen das den »Ausländer-Rockstar-Status«, und obwohl es nicht wenige Tage gegeben hatte, an denen ich für mehr Anonymität sogar Geld geboten hätte, hatte diese Eigenschaft auch ihre positiven Seiten.

»Trinken Sie japanischen Sake?«, wollte einer der jungen Männer eifrig von mir wissen.

Ich schüttelte den Kopf. Ich hatte in England wohl mal meine Lippe eingetaucht, aber nie einen richtigen Schluck getrunken.

»Oh – Sie müssen versuchen. *Sake onegaishimasu!*« Er winkte den Barmann heran.

Augenblicke später stand ein weißer Keramikkrug mit Sake vor uns, dazu drei hölzerne, rechteckige *masu*-Becher. Für das ungeübte Auge hätte die durchsichtige Flüssigkeit im Krug auch Wasser sein können.

»Kumpel, du solltest vorsichtig sein bei dem Zeug«, kicherte Roy und nippte an seinem Asahi. Der Mann trank wie ein Loch, aber selten etwas anderes als Bier. Ich war gerade dabei zu lernen, warum.

Mein neuer Freund goss den Sake in den polierten Holzbecher und nach einem kurzen »kanpai!« nahmen wir alle einen Schluck. Da ich Schlimmes erwartet hatte, war ich von dem feinen Geschmack angenehm überrascht. Wer noch nie Sake getrunken hat, kann ihn sich wie einen mittelsüßen Weißwein vorstellen, der ein angenehmes Kratzen im Hals hinterlässt, ähnlich wie Wodka oder Gin. Wobei Sake nicht so stark ist und meist um die 14 Prozent Alkohol hat, was ihn gefährlich trinkbar macht.

Ich hatte mein *masu* kaum abgestellt, als mein heiterer Wohltäter mir ein zweites Mal eingoss.

»*Dō?* Guter Geschmack?«

»Wunderbar!« Ich strahlte und nahm einen kräftigen Schluck.

Keine drei Minuten später war der Krug leer und eine zweite Ladung zu uns auf dem Weg. Da ich zuvor nie wirklich mit Sake in Berührung gekommen war, zögerte ich auch bei der nächsten Flasche nicht lange, ging ich doch davon aus, dass man von dem im Grunde nach aromatisiertem Wasser schmeckenden Getränk unmöglich betrunken werden konnte.

Nach 25 Minuten – wir hatten weitergetrunken und uns über britische Kultur unterhalten, was in Japan unweigerlich auf Harry Potter hinausläuft – drehte ich mich zu Roy um, und der Raum begann sich zu drehen.

»Oh, Scheiße.«

»Ich habe dich gewarnt, Kumpel«, lachte Roy, als ich den Kopf in die Hände stützte.

In der Zwischenzeit war einer der Japaner, der tapfer versucht hatte, das waghalsige Sake-Spiel mit vollem Einsatz mitzuspielen, auf der Toilette verschwunden. Ich musste kein erfahrener Sake-Trinker sein, um zu wissen, dass dort etwas wirklich Übles geschehen würde. Sein Freund saß ruhig auf dem Stuhl, betrachtete die Küchentheke und schwankte leicht hin und her. Wäre ein Windzug durch die Tür gekommen, er hätte ihn wohl vom Sitz geworfen.

»Schluss, aus. Es wird Zeit zu gehen, Kumpel.« Roy feixte wieder, half mir auf und wir taumelten nach draußen. Als wir an der Toilette vorbeikamen, hörte ich den furchtbaren Soundtrack von starkem Erbrechen. Mein neuer Freund hatte das Alter für legalen Alkoholgenuss zweifelsohne auf sehr stilvolle Art erreicht.

7. Wenn der Unterricht schiefgeht
Oktober 2012

Eines Morgens erhielt ich in der Schule die überraschende E-Mail einer Japanerin namens Noriko. Sie erklärte, einen *eikaiwa*, einen Konversationskurs Englisch zu leiten, der jeden Montagabend um 19 Uhr stattfand. Einmal pro Woche würde ein Dutzend Erwachsene im Gemeindesaal zusammenkommen, um Englisch zu üben, und es stellte sich heraus, dass nach dem Wegzug meines Vorgängers an der Sakata Senior High School ich nun den Anspruch auf das Erbe des *eikaiwa*-Throns geltend machen konnte. Es sei Tradition, dass die JETs in Sakata diese Treffen leiteten, wofür sie im Gegenzug hin und wieder von den Teilnehmern zu Dinnerpartys eingeladen würden.

Obgleich das JET-Programm die Austauschlehrer dazu ermutigt, sich in die örtliche Gemeinschaft einzufügen, ist es verboten, gegen Bezahlung weitere Beschäftigungen anzunehmen. Dieser *eikaiwa*-Job schien daher ein passender Ersatz: Ich investierte Zeit für die Menschen vor Ort, und die gelegentlichen Abendeinladungen und die Freude, Erwachsene zu unterrichten, die tatsächlich auch Englisch lernen wollten, wären meine Entschädigung dafür.

Ich antwortete Noriko, dass ich ihren Kurs gern übernehmen würde. Und so verließ ich eines Montags Mitte September meine Wohnung, damit Noriko mich in ihrem leuchtend pinken Suzuki Wagon zum Unterricht bringen konnte.

Noriko schien um die fünfzig zu sein, hatte erstaunlich kurze Haare und trug eine helllila Brille. Mit einem mütterlichen Lächeln winkte sie mich in ihr Auto. Noch während ich in den Wagen einer völlig Fremden stieg, fragte ich mich, worauf ich mich hier wohl eingelassen hatte.

Die Fahrt dauerte fünf Minuten, was Noriko ausreichend Zeit gab, meinen Hintergrund abzuklopfen.

»Oh, wow, England! Unser letzter Lehrer kam aus Kanada, und der vor ihm aus Australien. So viele Länder!« Sie leckte sich erfreut über die Lippen, als würde sie meine Vorgänger in einen Topf stecken und sie lebendig kochen. Stand dasselbe Schicksal auch mir bevor?

Ich hatte den Eindruck, Noriko liebte es zu reden, und so dominierte sie das Gespräch fast während der gesamten Fahrt, wobei sie vor allem davon schwärmte, wie toll die früheren Lehrer gewesen seien. Offenbar hatte einer von ihnen mit Namen Aidan seine Gitarre in den Unterricht mitgenommen und seinen Schülerinnen und Schülern ein Ständchen gebracht.

»Wir alle haben Aidan geliebt. Er war ganz besonders.«

Fantastisch. Ich hatte noch keinen Fuß in den Klassenraum gesetzt, und schon jetzt lag die Messlatte durch so einen Depp mit seiner Gitarre unfassbar hoch. Wenigstens konnte ich beatboxen. Damit würde ich es Aidan schon zeigen.

Das *eikaiwa* fand in einem Gemeindesaal am Stadtrand statt. Neben der örtlichen Eislaufhalle erhob sich das ausdruckslose Gebäude, das überhaupt keinen Charakter gehabt hätte, hätte man ihm nicht *kawara* aufs Dach gelegt. Beim Eintreten wurde ich von dem starken, moderigen Gestank Hunderter Schuhe überwältigt, begleitet vom bitteren Duft nach Matcha-Tee.

Daher stand fest, dass ich auf unserem Weg durch die Gänge des Hauses auch einem Teezeremonie-Club begegnen würde, der in einem der vollgepackten Gemeinderäume heißen grünen Tee ausschenkte.

Am Ende des Korridors führte Noriko mich in einen deutlich weniger gut besuchten Raum, in dem sich zehn Erwachsene zwischen zwanzig und siebzig leise unterhielten. Sie saßen an in U-Form aufgestellten Tischen, in der Mitte ein großes Whiteboard.

Kaum hatten wir den Raum betreten, verstummten die Gespräche, und ich verspürte den wohlbekannten Eindruck, im Scheinwerferlicht der Aufmerksamkeit aller zu stehen, die mich von oben bis unten musterten. In der Gruppe gab es nur zwei Männer.

Das passte zu dem, was ich schon in der Schule bemerkt hatte: Die Englischklassen waren bei Mädchen deutlich beliebter als bei Jungs. So ganz habe ich nie verstanden, warum eigentlich, aber ich vermutete, dass japanische Männer mehr Probleme damit haben, sich beim Erlernen einer neuen Fremdsprache dumm anzustellen. Dazu kommt, das Englisch häufig als eher weiches, fast mädchenhaftes Fach angesehen wird. Von Jungs erwartete man, Baseball zu spielen und Holz zu schnitzen und nicht, dass sie eine Sprache lernten, die von einer Milliarde Menschen verstanden wird. Dieses unübersehbar antiquierte Geschlechterverständnis ist in der japanischen Gesellschaft noch weitverbreitet.

»*Konbanwa!* Guten Abend!«, riefen sie und verbeugten sich unisono.

»Es freut mich sehr, Sie alle kennenzulernen!« Ich war erleichtert über den herzlichen Empfang.

»Guten Abend zusammen. Dies ist Chris-sensei. Er ist unser neuer Lehrer aus England.«

Ein paar der weiblichen Anwesenden winkten mir zu.

»Chris-sensei, warum sind Sie nach Japan gekommen?« Noriko gab den Startschuss für die Fragerunde meiner ersten Unterrichtsstunde. Wenigstens würden diese Fragen reifer sein als das, was meine High-School-Schüler hatten wissen wollen.

»Bestimmt, weil Sie die japanischen Frauen mögen?«

Oder auch nicht. Zumindest fragten sie nicht, ob ich ein großer Schwanz sei.

Es ist wichtig zu wissen, dass man, sobald man längere Zeit in Japan verbringt, sich der Gefahr aussetzt, täglich immer dieselbe Frage beantworten zu müssen. *Warum sind Sie nach Japan gekommen?*

Ich hasste diese Frage. Es gab in der Regel nur zwei akzeptable Antworten: »Ich liebe Karate« oder »Ich beschäftige mich am liebsten mit Anime und Manga«. Diese einfachen, vorhersehbaren Antworten befriedigen jeden, von neugierigen Schülern bis hin zu naseweisen alten Damen.

Ich aber konnte keine einfache Antwort bieten. Wie sollte ich erklären, dass das zufällige Gespräch mit einem mittelalten Pärchen in einem Flugzeug mich auf diesen lebensverändernden Weg geschickt hatte? Während ich vor meinem schweigenden Publikum in der muffigen Stadthalle stand, kramte ich nach einer hinnehmbaren Antwort.

»Ich liebe *The Last Samurai*.«

»Ah, Tom Cruise und Ken Watanabe!«, rief Noriko erfreut. »Sehr gut aussehende Männer.«

Die meisten anderen Damen nickten zustimmend.

Nur einer der Männer war mit meiner Antwort nicht zufrieden.

»Vielleicht machen Sie auch einen Kampfsport?«

Wieder waren alle Augen auf mich gerichtet.

»Noch nicht. Aber ich würde gern Aikidō lernen.«

Das rettete die Situation. Der Mann schenkte mir das zustimmende Nicken. Gott sei Dank, ich durfte weitermachen ...

Und so kam es, dass ich jeden Montag nach der Schule einen bunten Haufen Erwachsener unterrichtete, die durchaus die Einzigen in der Stadt gewesen sein dürften, die bis zu einem gewissen Grad flüssig Englisch beherrschten.

Der Mann, der sich genauer nach meinem Interesse an Japan erkundigt hatte, wurde bald zu meinem Lieblingsschüler. Groß, sportlich und etwa vierzig Jahre alt, arbeitete Shotaro für ein IT93Hardware-Unternehmen und reiste häufig zwischen Tokio und Sakata hin und her. Seine Anwesenheit half mir, meine geistige Gesundheit zu bewahren, wenn ich mich mit den älteren Mitgliedern der Gruppe auseinandersetzen musste, insbesondere wenn ich versuchte, ihre überholten Vorstellungen von der Welt zu hinterfragen.

Bei einer dieser Gelegenheiten – wir sprachen gerade über die Sperrzone in Fukushima, in der es zu einer Reihe von Einbrüchen in die leerstehenden Häuser der Evakuierten gekommen war – erklärten die älteren Teilnehmer, dass es »die Chinesen oder Koreaner« gewesen sein müssten, denn Japaner würden nie ein Verbrechen begehen.

Shotaro warf mir einen ernsten Blick zu und schüttelte den Kopf. Offenbar war er diese Art von Kommentaren bereits gewohnt. (Ein auf frischer Tat ertapptes Räuberpaar waren zwei Japaner aus Hiroshima.)

Eines Abends schlug ich der Gruppe als kreative Übung vor, sie sollten eine neue Kaffeesorte erfinden, die man beim FamilyMart verkaufen könnte.

Der ansonsten meist ruhige Shotaro stürzte sich in die Aufgabe und arbeitete viel länger als seine Mitstreiter an einem Poster für seine neue Marke, die er anschließend der Gruppe mit ansteckender Begeisterung präsentierte.

»Das ist meine Premiummarke, Luxpresso. Der Kaffee hat den besten Geschmack aller Sorten im Supermarkt.« Der Rest der Klasse war ebenso beeindruckt wie ich.

Der Höhepunkt des *eikaiwa* jeden Monats waren die Hauspartys, die Naoko oder eine der anderen älteren Damen der Gruppe veranstalteten. Wir trafen uns alle und brachten selbst gebackenen Kuchen und Snacks mit, die wir dann genüsslich verspeisten. Das war nicht nur eine deutlich bessere Kulisse als die sterile Stadthalle, sondern die Einladung in die Wohnung der Kursteilnehmerinnen gab mir auch das Gefühl, in die örtliche Gemeinschaft integriert zu sein. Mit einem Mal war ich nicht mehr der geisterhafte Fremde, der allein durch die Straßen zog, sondern eher ein Teil der Gemeinschaft.

Dabei war die *eikaiwa*-Truppe nicht frei von Drama. Hin und wieder bat uns Reina, eine ältere Teilnehmerin, zu einer »geheimen« Feier zu sich, wobei Naoko bewusst nicht eingeladen wurde.

»Sie behandelt diesen *eikaiwa* wie ihren persönlichen Machtbereich«, beschwerte sich Reina. »Warum ist sie der Chef?«

Ich saß dabei, nickte unverbindlich und steckte mir ein weiteres Stück Schokokuchen in den Mund.

Englisch ist ein furchtbar unbeliebtes Schulfach in Japan. Auf einem JET-Seminar wurde uns berichtet, nur vierzig Prozent der Schülerinnen und Schüler mochten Englisch; man hält die Sprache für kompliziert und schlussendlich nutzlos. Ich kämpfte in der Provinz einen besonders aussichtslosen Kampf, tendierte hier die Wahrscheinlichkeit, Englisch sprechen oder verstehen zu müssen, doch gegen null. Daher konnte ich durchaus verstehen, dass meine Klassen sich fragten, warum um Himmels willen sie diese Fähigkeiten erlernen mussten.

Die Erwachsenen meines *eikaiwa*-Kurses waren da die Ausnahme. Viele von ihnen waren häufig außerhalb Japans gereist, andere suchten ein neues Hobby, da sie nach der Pensionierung nun mehr Zeit zur Verfügung hatten, und alle machten sich begeistert und engagiert an die Sache.

Dass ich jeden Montagabend vor motivierten Sprachschülern stehen konnte, rettete mich durch die Woche und verhalf mir zu ausreichend Energie in meinem Kampf mit den eher teilnahmslosen Teenagern. In der Sakata Senior High bekam ich die Sache immer mehr in den Griff und entwickelte eine Art Routine. Im ersten Monat war ich von Klassenzimmer zu Klassenzimmer gewandelt und hatte immer und immer wieder meine *jiko shōkai*-Runde abgeliefert, um jedes Mal wegen meines Alters geärgert zu werden, doch im Herbst war ich dann so weit und konnte tatsächlich unterrichten. Zum Glück hatte ich keine Angst mehr vor dem Betreten des Raums und davor, vierzig Schülerinnen und Schüler in meinen Bann zu ziehen. Ich wage zu behaupten, dass ich mich vielleicht sogar an dieser Macht berauschte.

Obgleich die Disziplin in japanischen Klassenzimmern ziemlich gut ist, saß doch in jeder Klasse ein Störenfried, und im Laufe der Wochen wurde ich immer kreativer dabei, sie einzufangen.

Einmal verlor ich die Geduld mit einem Jungen, der scheinbar nie aufhörte zu quatschen. Eines Tages schleuderte ich das Schulbuch beiseite und schrieb das Wort »Supercalifragilisticexpialigetisch« an die Tafel. Wieder an meine verblüfften Schülerinnen und Schüler gewandt, rief ich den Ruhestörer nach vorn und sagte ihm in aller Eile das Wort einmal vor. Der Junge sah erschrocken drein, als ich rief: »Du bist dran!«

Ein ausgezeichnetes Beispiel für feinste britische Bestrafung.

Ich lehnte mich im Stuhl zurück, um mich an seiner Qual zu erfreuen. Dabei klopfte ich mir im Geiste auf die Schulter für diesen neuartigen Zugang zur Disziplinierung. Doch gerade als ich glaubte, ihm beigekommen zu sein, sprach der vorlaute Junge das Wort fehlerlos nach, was mich stark beeindruckte. Die Klasse brach anschließend in lauten Applaus und Gelächter aus. Ich gebe es nicht gern zu, aber ich schloss mich ihnen an.

Er kehrte zu seinem Platz zurück, nun als triumphierender Held.

Obwohl ich dachte, dass ich nun erledigt sei, da mein Schnellschuss beim Publikum durchgefallen war, schien ich mir an diesem Tag doch etwas Respekt erarbeitet zu haben. Von da an störte das Wunderkind namens Keita niemals mehr meinen Unterricht, und wir wurden gute Freunde. Er kam sogar ab und an ins Lehrerzimmer, um bei Small Talk mit mir sein Englisch zu üben.

Man sollte niemals die Kraft von Mary Poppins unterschätzen.

Doch solche Durchbrüche waren selten. Die meiste Zeit kämpfte ich gegen den langweiligen Lehrplan und die uninspirierenden Materialien an, die man mir zur Verfügung stellte. Nach einigen Wochen verstand ich, warum Englisch so unbeliebt war. Die japanischen Englisch-Schulbücher waren nichts weniger als eine Katastrophe und wurden von den Lehrerinnen und Lehrern, die ich begleitete, wenig inspirierend eingesetzt.

Fast jedes Kapitel lieferte eine deutliche Antikriegs-Botschaft, was ermutigend war, aber nichts mit praktischem Alltagsenglisch zu tun hatte. Eine der ersten Geschichten, die ich meiner Klasse vorlas, handelte von Mosha, einem Elefanten in Myanmar, der auf eine Landmine getreten war und dabei ein Bein verloren hatte. Während ich die grauenhafte Geschichte erläuterte, wie Ärzte das Bein des Elefanten amputierten und es durch eine Prothese ersetzten, sah ich mich im Raum um und überlegte, wie oft die vor sich hindösenden Sechzehnjährigen wohl den Begriff »Prothese« brauchen würden, sollten sie überhaupt jemals eine Reise in ein englischsprachiges Land unternehmen.

Neben den Nischen-Geschichten fiel mir auf, dass die von japanischen Lehrern verfassten Schulbücher voller Fehler waren. Ein Kapitel mit der lustigen Überschrift »Fußbälle nach Afghanistan« erzählte von einer japanischen Schule, die unermüdlich 500 Fußbälle genäht und sie dann in das kriegsversehrte Land geschickt hatte. Kein Zweifel, das war es, was die von Raketen zerstörten Städte Afghanistans am dringendsten brauchten.

Die Geschichte erreichte ihren Höhepunkt, als afghanische Kinder die 500 Bälle erhielten. Vor vierzig Kindern las ich vor: »Und als man sie den Kindern zeigte, leuchteten ihre Augen auf. Es fühlte sich an WIE MAGGI.«

Wie Maggi.

Ich brach in schallendes Gelächter aus und die ganze Klasse kicherte, auch wenn sie nicht genau wussten, warum ich lachte.

Es war ein bisschen peinlich, doch später beschwerte ich mich bei Kengo über die Qualität der Schulbücher.

»Weißt du, Chris-sensei, meine Freunde und ich haben viele Schulbücher geschrieben.«

Oh Mist.

Plötzlich ergaben all diese Geschichten einen Sinn: Kengos Antikriegshaltung fand sich in den Büchern wieder. Doch so gut gemeint diese Bemühungen auch waren, es war eine Schande, dass die Texte nicht von einem Muttersprachler Korrektur gelesen worden waren.

Allerdings waren nicht nur die Bücher grottenschlecht. Die Lehrerinnen und Lehrer trugen ihren Teil dazu bei, den Unterricht so ineffektiv werden zu lassen.

Einmal hielt Komako es für eine »lustige« Idee, dass ich Vokabeln pantomimisch darstellte. Die Klasse sollte dann das Wort auf Japanisch rufen, das sie erkannt hatte. Mir war nicht klar, wie das ihr Verständnis des Englischen fördern sollte, wollte vor der versammelten Schülerschaft aber nicht den großen Plan der Lehrerin infrage stellen. Es ging recht gut los, als ich Verben wie »sich unterhalten« oder »zittern« spielte. Dann allerdings kamen wir zu Worten wie »Nachwelt« und »Entkräftigung«, wo die Sache ins Stocken geriet. Ich hatte ja kaum eine Ahnung, wie ich diese Begriffe auf Englisch hätte definieren sollen, geschweige denn, wie ich sie pantomimisch darstellen konnte.

»Nun los, Chris-sensei. Bitte strengen Sie sich mehr an«, forderte Komako mich auf.

Vierzig entnervte Schülerinnen und Schüler riefen bei ihren Rateversuchen praktisch jedes Wort in den Raum, das sie im Wörterbuch fanden, während ich mich fragte, was das hier sollte.

Die Einschränkungen des japanischen Bildungssystems frustrierten mich zunehmend, und ich verbrachte meine freie Zeit mit der Suche nach kreativeren Ideen, die Jugendlichen zur Mitarbeit zu motivieren. Naoko war eine der wenigen Lehrerinnen, die mir ein gewisses Maß an Freiheit erlaubten. Sie ließ mich alles machen, was ich wollte – solange es Songs ihrer geliebten Beatles enthielt.

Also griff ich für eine Stunde auf den echt irrsinnigen Song *I am the Walrus* zurück, um eine Hörübung daraus zu machen. Ich druckte den Text aus, löschte die wichtigsten Worte und bat die Klasse, beim Hören die Lücken zu füllen.

Ich konnte hören, wie ihre kleinen Gehirne implodierten, und auch Naoko schien nicht sonderlich beeindruckt.

»Chris-sensei, was ist der Eiermann? Wer sind die Eiermänner?«

»Er ist das Walross«, beharrte ich.

»Ich verstehe es nicht.« Sie stampfte vor Frust mit dem Fuß auf und bestand von diesem Tag an darauf, dass wir bei ihrer offiziell genehmigten Liste von Beatles-Liedern blieben.

Wobei *Hey Jude* abzuspielen immer noch mehr Spaß machte als immer und immer wieder »Chris möchte gerne Hühnchen essen« zu wiederholen.

Je sicherer ich in meiner Rolle wurde und je mehr ich an Souveränität gewann, umso mehr schätzte ich meine Schülerinnen und Schüler und freundete mich mit vielen von ihnen an, vor allem mit jenen, die gerne Englisch lernten. Ein Mädchen namens Rina legte mir häufig Geschenke auf den Tisch. Nachdem ich spaßeshalber einmal erwähnte, ich hätte als Kind James Bond werden wollen, mir aber meinen Traum nie erfüllen können, lag einige Tage später ein *Skyfall*-Poster auf dem Tisch.

»Geben Sie niemals Ihre Träume auf. In Erinnerung – Rina.«

Ich musste lachen, als ich ihren Zettel las. Ein wunderbarer Moment: Ein japanisches Schulmädchen ermutigt seinen Lehrer dazu, britischer Spion zu werden. Ich hoffe sehr, dass ich sie eines Tages stolz machen kann.

Trotz zwischenzeitlicher Erfolge sorgte die Sprachbarriere zwischen den Schülern und mir für ständig wiederkehrenden Frust. Die Mehrheit unter ihnen fand mich einschüchternd und vermied es, mit mir zu reden: Da sie genau wussten, dass ich kein Japanisch konnte, waren sie gezwungen, Englisch mit mir zu sprechen.

In vielerlei Hinsicht war das genau das Ziel des JET-Programms. Der Plan bestand nie daraus, die besten Englischlehrerinnen und -lehrer der Welt auszusenden (natürlich nicht: Ich hatte es ja auch irgendwie in das Programm geschafft). Die Idee war, den Jugendlichen eine Möglichkeit zu verschaffen, die Fremdsprache mit einem Muttersprachler zu üben.

Und obwohl ich mein Bestes gab, um den Unterricht anregend zu gestalten, ging die Sache einmal auch gehörig schief.

Während einer Stunde mit Naoko sprachen wir mit den Schülern über britische Kultur und das Thema der immer wieder geschmähten englischen Küche.

Ich hatte Fotos von zwanzig beliebten britischen Gerichten und Desserts ausgedruckt, von »toad in the hole« und »bangers and mash« über ein englisches Frühstück bis hin zur »treacle tart«.

Ziel sollte sein, dass die Schülerinnen die Fotos den richtigen Namen der Gerichte zuordneten.

Ich teilte die Klasse in zehn Gruppen à vier Schüler auf, dann konnte das Rennen beginnen: Das Team, das als Erstes fertig war, sollte den großen Preis bekommen, eine Schachtel Cadbury's Schokolade.

Zunächst lief alles glatt. Die Aussicht auf ausländische Schokolade sorgte jedes Mal mit absoluter Gewissheit dafür, dass sich die Klasse besonders anstrengte – wobei mir dieses Mal der tödliche Fehler unterlief, den Pudding »spotted dick« mit aufzunehmen. Der gedämpfte Pudding, mit Trockenfrüchten gefüllt und mit Custard serviert, ist bei Millionen Briten äußerst beliebt, meine japanischen Schülerinnen legten jedoch nur Wert auf einen bestimmten Teil des Namens. Die missverständliche Anspielung auf den »Schwanz« brachte den gesamten Klassenraum zum Kichern.

Eine Gruppe aus vier Mädchen gewann, und unter lautem Freudengeschrei überreichte ich ihnen die Süßigkeiten.

Und dann gab es dann noch einen Zusatzpreis – einen Riegel Hershey's Schokolade, den ich im Laden für ausländische Lebensmittel gekauft hatte. Die Klasse jubelte, als ich ihn in die Luft hielt, als handele es sich um den Heiligen Gral.

Unter den Nachtischen auf meiner Liste befand sich auch der große Eisbecher »Knickerbocker Glory«. Viele Teams hatten ihn als Letztes identifiziert, denn der Name des Desserts verriet nicht so sehr viel, nach was sie suchen konnten. Für diese letzte Herausforderung bat ich mutige Freiwillige nach vorn: Sie sollten »Knickerbocker Glory« auswendig und korrekt an die Tafel schreiben.

Nicht weniger als sieben meldeten sich und versuchten es. Jede und jeder scheiterte unter tobendem Gelächter.

Der letzte Kandidat, ein schüchterner Junge mit Brille, der während meiner zahlreichen Unterrichtsbesuche kaum etwas gesagt hatte, stand unter hörbarem Luftschnappen auf und griff sich die Kreide. Naoko sah noch überraschter als alle anderen zu dem

Jungen, der sich ungemein bemühte und nach jedem Buchstaben eine kurze Denkpause einlegte. Man hätte die Spannung, die in der Luft lag, mit dem Messer schneiden können.

Schließlich, nach der längsten je gemessenen Minute, trat der Junge beiseite und offenbarte seine Version:

»Knicker Poker G.«

Die Klasse wusste sofort, dass das falsch war und brach erneut in Gekicher aus.

Ich schloss mich an und erklärte, »Knicker Poker G« klänge wie der Spitzname des weltbesten Pokerspielers. »Ich glaube, das wäre ein toller Name!«

Mit einem Mal ertönte ein lauter Knall, der uns alle zum Schweigen brachte.

Der Junge hatte die Schulbücher auf seinen Tisch geworfen, wodurch auch seine Stifte durch den Raum flogen. Naoko und ich wichen verblüfft den heransausenden Schreibutensilien aus.

Offenbar gefiel es ihm nicht, von der ganzen Klasse ausgelacht zu werden.

»*Sensei! Urusai!* Sie sollen den Mund halten!«, brüllte er und knallte die Bücher ein zweites Mal auf den Tisch.

Niemals hatte sich die Atmosphäre im Klassenzimmer derart schnell gewandelt.

Das Lachen verschwand, und alle Augen waren auf Naoko und mich gerichtet, ängstlich abwartend, wie wir reagieren würden.

Naoko legte ihre Hände fast wie für ein Gebet zusammen, die japanische Geste für »Entschuldigung«.

»Sumimasen«, bat sie in ernstem Ton um Verzeihung, und ich tat es ihr gleich. Der schüchterne Schüler fühlte sich ganz offensichtlich von dem Gelächter der Klasse getroffen.

Er sah weiterhin auf seinen Tisch hinab, kochend vor Wut.

Ich hatte gemischte Gefühle angesichts dieser Situation. Einerseits hatte sie deutlich gemacht, unter welch immensem Druck die Schülerinnen und Schüler standen. Fehler machen ist ein wichtiger Teil des Sprachenlernens, doch wenn das bedeutet, dass man in aller Öffentlichkeit bloßgestellt wird, warum es dann überhaupt versuchen?

Im Klassenzimmer einen Fehler zu machen bedeutet, sich dem Spott auszusetzen, und in der zerbrechlichen kollektiven Dynamik eines japanischen Klassenzimmers konnte es zu lang anhaltendem Mobbing führen, wenn man hervorstach und zum Gegenstand des Gelächters wurde. Das sollte mir schon bald klar werden. Und es war nicht schwer zu verstehen, warum die übergroße Mehrheit der Schüler sich nur zögerlich am Unterricht beteiligte.

Auf der anderen Seite aber war »Knicker Poker G« einfach wahnsinnig lustig.

Schade, dass der Junge nicht in der Lage gewesen war, über seinen Fehler zu lachen. Die anderen vor ihm hatten es versucht und waren ebenfalls gescheitert. Auch über sie war gelacht worden, doch sie waren locker damit umgegangen. Ich schwor mir, von diesem Tag an umsichtiger zu sein mit Spott im Klassenzimmer. Ich wollte, dass meine Schülerinnen und Schüler mutiger aus meinem Unterricht gingen, nicht, dass sie sich tiefer in ihr Schneckenhaus zurückzogen.

Aber vor allem hatte ich endlich einen unschlagbaren Namen für mein Online-Poker-Profil.

8. Verdammt viel Schnee

November 2012

Da nun Japans berühmter Winter vor der Tür stand, verspürte ich immer dringender den Wunsch nach einem Auto. Die Vorstellung, mich durch 1,50 Meter hohen Schnee kämpfen zu müssen, erfüllte mich doch mit Schrecken. Glücklicherweise rettete mich Kengo im Oktober, indem er mich mit einem Freund bekanntmachte, der Gebrauchtwagen vermietete.

Schon bald war ich stolzer Fahrer eines klobigen Nissan Micra, der mich monatlich 40.000 Yen (etwa 240 Euro) kostete – fast ein Viertel meines Nettogehalts. Dieser Preis trieb mir Tränen in die Augen, und doch: Dass ich somit freier wurde und aus der nach Tabak und Kaffee riechenden Fahrgemeinschaft mit Roy ausbrechen konnte, war mir das Dahinschmelzen meines Einkommens wert.

Um diese Neuigkeit zu feiern, plante ich ein Video über das Autofahren in Japan für den YouTube-Kanal, den ich gerade eingerichtet hatte. Bis hierhin hatte ich zwei Videos unter dem Namen *Abroad in Japan* gepostet, wobei der Titel eine Anspielung auf meinen Familiennamen sein sollte.

Vor meiner Abreise nach Japan hatte ich YouTube nach allen möglichen Videos über Nordjapan und die Region abgesucht, die bald mein Zuhause sein sollte. Gefunden hatte ich nur eine Handvoll YouTuber aus Tokio, die nicht viel mehr boten als Filmchen von sich selbst, wie sie um Erdbeersandwiches von FamilyMart herumschlichen. Ich dachte, das kann ich besser und beschloss, meine eigenen Videos zu drehen. Nicht nur, um meine Erfahrungen zu dokumentieren, sondern auch um die unerwartete Gelegenheit beim Schopfe zu packen, jenem Ruf zu folgen, den ich schon mein ganzes Leben lang vernahm.

1951 wurde mein Großvater David, damals an der britischen

Botschaft in Jakarta tätig, von einem dämlichen Kollegen in einem Tresorraum eingeschlossen.

Auch wenn man ihn rechtzeitig befreite, so hinterließ die Erfahrung, über Stunden in einem kleinen, undurchdringlichen Raum eingesperrt gewesen zu sein, bei ihm für den Rest des Lebens eine akute Klaustrophobie. Nachdem er zuvor als Konsul jahrelang um die Welt gereist war, brachte er es nun nicht mehr über sich, ein Flugzeug zu betreten.

Als seine jüngste Tochter – meine Tante Kate – 46 Jahre später in Vancouver heiratete, konnte er daher zu seinem Leidwesen nicht persönlich an der Feier teilnehmen. Folglich drückte man mir, dem Siebenjährigen, eine topmoderne Kamera in die Hand und forderte mich auf, die Feier für David aufzuzeichnen.

Das war der Beginn einer lebenslangen Liebe zu Kameras und dem Filmen. Mit vierzehn wollte ich Regisseur werden, mit achtzehn war ich einer der besten Schüler in meinem Schwerpunktfach Film und ein Jahr später verwarf ich all meine Träume von einer Zukunft in der Filmwelt, als mir klar wurde, dass ich im Grunde keine Chance hatte, den Einstieg in die Filmindustrie zu finden. Mir fehlten sowohl Selbstvertrauen als auch Kontakte.

Aber nun, fünfzehn Jahre, nachdem ich zum ersten Mal eine Kamera in der Hand gehalten hatte, konnte ich endlich mein Hobby des Filmemachens auf die Menschheit loslassen. Ich hatte bereits ein fürchterliches Video produziert, das zeigte, wie ich in meinem winzigen japanischen Apartment umherlaufe, und das zu meiner Überraschung trotz meiner monotonen Stimme, der üblen Kameraführung und eines leblosen Auftretens, das vermuten ließ, bei mir sei bereits die Leichenstarre eingetreten, sofort zum Hit wurde. Mit bahnbrechenden 250 Views. Da ich nur neun Freunde hatte, fühlte sich das wie ein echter Erfolg an. Ich konnte kaum glauben, dass da draußen Fremde waren, die einem Typen dabei zusehen wollten, wie er auf seiner Tatami-Matte Trübsal bläst.

Mein zweites Video über den Kulturschock war sogar noch erfolgreicher, es erreichte erstaunliche 300 Aufrufe. Ich vermutete, die Steigerung ließ sich auf das Vorschaubild des Videos zurückführen, für das ich das provokante *hentai*-Poster der nackten Frau verwendet hatte, über das ich bei meinem ersten Spaziergang durch das Stadtzentrum von Sakata gestolpert war.

Erwartungsgemäß war die Klickrate, also die Anzahl der Menschen, die auf ein Video klicken, sobald sie darauf stoßen, deutlich höher. Unglücklicherweise waren die Nutzer dann verärgert, wenn sie sich das Video ansahen, dass darin gar kein *hentai* mehr vorkam. Vielmehr waren sie dazu geködert worden, einem missgelaunten Briten zuzuschauen, der auf dem Boden seiner Wohnung saß, einen Schokoriegel aß und sich über das japanische TV-Programm beschwerte. Oscarwürdige Unterhaltung.

Mein drittes Meisterwerk sollte vom Autofahren in Japan handeln. Ein Vorteil für mich war, dass die Japaner auf der gleichen Seite fahren wie die Briten, was bedeutete, ich musste für den japanischen Führerschein nur ein paar einfache Fragen beantworten, während meine US-amerikanischen Kollegen ihn sich auf einem Verkehrsübungsplatz verdienen mussten. Gott segne den Linksverkehr. Eine der langfristigen Auswirkungen der britischen Hilfe beim Aufbau der japanischen Infrastruktur und Eisenbahn im 19. Jahrhundert.

Einer der sonderbarsten Aspekte beim Autofahren in Japan war der Versuch, die unnachgiebige Trinkkultur mit dem Bedürfnis zu versöhnen, anschließend abends noch nach Hause zu kommen, vor allem in ländlichen Gegenden, wo der öffentliche Nahverkehr kaum existierte. Während man in England bei einer Grenze von 0,08 Prozent BAK (Blutalkoholkonzentration) ein Pint trinken und dann immer noch mit dem Auto nach Hause fahren kann, ist die Situation in Japan deutlich strenger – hier sind nur 0,04 Prozent BAK erlaubt. Wer nur am Glas gerochen hat, ist bereits disqualifiziert. Das ist vermutlich aber auch besser so, da die japanische Bevölkerung offenbar empfänglicher für die Folgen von Alkohol ist – zumindest, wenn ich meinen Beobachtungen glauben darf.

Angesichts der wichtigen Rolle, die Alkohol in der japanischen Kultur spielt, in der es nicht selten vorkommt, dass Büromitarbeiter stundenlang Asahi trinken müssen, um ihren Chef zu beeindrucken, verwundert es nicht, dass der Heimweg ein wichtiges Thema ist.

Nachdem es in den 1990er- und 2000er-Jahren zu medienwirksam ausgeschlachteten Unfällen gekommen war, reduzierte Japan innerhalb eines Jahrzehnts sehr effektiv die Anzahl der Crashs nach Trunkenheit, indem man zu zwei Maßnahmen griff: Man erhöhte die Strafen für Trunkenheit am Steuer drastisch und förderte tragfähige Lösungen, von denen eine das geniale und sehr beliebte Angebot des *daikō* ist.

Meine ersten Erfahrungen mit dem einzigartigen *daikō*-Service machte ich nach einem Abend, an dem Kengo und ich uns in einem örtlichen *izakaya* noch einen Drink gönnten.

Kengo hatte mir freundlicherweise mit meinem mündlichen Japanisch geholfen und mit mir Alltagskommunikation geübt, und dabei fanden wir heraus, dass ich unter Alkoholeinfluss weniger Hemmungen beim Reden habe.

Als er vorschlug, uns zum Abendessen zu fahren, ging ich wie selbstverständlich davon aus, dass er selbst auf Alkohol verzichten würde. Diese Annahme löste sich in dem Moment in Luft auf, als er sich schon ein Bier bestellt hatte, während wir noch kaum auf dem Tatami saßen.

Meine nächste Vermutung war, er würde sein Auto dann wohl beim *izakaya* stehen lassen und am Ende des Abends mit dem Taxi nach Hause fahren.

Drei Stunden später – wir hatten eine Platte frisches, buttriges Thunfisch-Sashimi gegessen, eine Menge Bier getrunken und ich zwischen den Gängen holpriges Japanisch gesprochen – war es Zeit für den Aufbruch.

Zu meiner Verwirrung erkundigte sich Kengo: »Chris-san, soll ich Sie nach Hause bringen?«

Ich blickte auf den Tisch hinab, der mit leeren Gläsern und verspritzter Sojasauce übersät war, und überlegte, ob hier jemand kurz davor stand, seinen Job zu verlieren.

»Sind Sie sicher, dass es okay ist, noch zu fahren?«

»*Daijōbu!* Das geht in Ordnung!« Er lachte und winkte ab, als könne er damit all meine Bedenken abtun.

Er wandte sich an die Kellnerin, die im Hintergrund wartete, und rief »*Daikō onegaishimasu!*«

»*Hai!*« Sie ging zum Telefon.

Wir saßen vorn am Fenster des *izakaya*, als fünfzehn Minuten später ein schäbig aussehendes Kei-Car vor der Kneipe hielt. Wegen des Werbeschilds auf dem Dach nahm ich an, wir würden nun doch ein Taxi nehmen. Nur stand auf dem Schild, auf dem ansonsten »Taxi« zu lesen war, *daikō*, und statt einem Fahrer saßen zwei Männer vorn im Auto, beide mit roter Baseballkappe. Der Mann auf dem Beifahrersitz stieg aus, betrat das *izakaya* und die Kellnerin wies auf Kengo und mich.

Er kam zu uns, verbeugte sich freundlich und murmelte »Ihren Schlüssel, bitte!«. Der betrunkene Kengo kramte in seinen Hosentaschen danach.

Ich verstand nichts von dem, was hier vor sich ging. Als mein Kollege schließlich den Schlüssel gefunden hatte, beschrieb er dem Mann sein Auto und wo er es abgestellt hatte. Der Mann verschwand in der Nacht, und ich fragte mich, ob Kengo gerade Opfer des weltweit höflichsten Autodiebstahls geworden war.

Als wir bezahlt hatten, tauchte Kengos Toyota auf, am Steuer der Mann mit der roten Kappe.

»Sind Sie so weit, Chris-sensei? Dann los«, sagte Kengo. Er schob mich aus dem Restaurant und auf den Rücksitz seines Autos. Wenig später fuhren wir durch die Straßen Sakatas, ein völlig Fremder am Lenkrad. Es fühlte sich ein wenig wie *Grand Theft Auto* an. So verwirrt ich war, so erstaunlich ruhig blieb Kengo, weshalb ich annahm, dies müsse eine normale Situation sein.

In meiner alkoholgetrübten Benommenheit sah ich mich um und bemerkte, dass das *daikō*-Taxi von vorhin uns folgte. Der Fahrer winkte mir freundlich zu und ich nickte bestätigend, auch wenn ich keine Ahnung hatte, was eigentlich geschah.

»So, hier sind wir, Chris-san! Schlafen Sie gut, wir sehen uns morgen.«

Ich stieg aus, ohne klüger geworden zu sein und warf einen Blick auf den Fremden, der die Kontrolle über Kengos Auto hatte.

»Ähm, kommen Sie jetzt auch gut nach Hause, Kengo-sensei?«

»Aber ja, keine Sorge. Der *daikō*-Fahrer fährt mich nach Hause. Bis morgen.«

Damit schloss ich die Tür und sah zu, wie der Konvoi am Ende der Straße verschwand.

Zu meiner Verblüffung verstand ich später, dass, obwohl zum *daikō*-Service immer zwei Fahrer gehören, er nur unwesentlich teurer ist als ein Taxi. Das lag daran, dass Taxifahrer ein lizenziertes Auto für ihre Fahrten brauchten, während *daikō*-Fahrer das Auto des Kunden nutzten, und somit Lizenzgebühren, Benzin und Betriebskosten sparten.

In den meisten Ländern dürfte einem die Vorstellung, einen Fremden ans Steuer zu lassen, während man selbst betrunken auf der Rückbank liegt, zumindest seltsam, falls nicht sogar gefährlich erscheinen, in Japan hingegen ist das gesellschaftliche Vertrauen so groß, dass ein auf dem Ehrenwort basierendes System funktionieren kann. *Daikō* schien mir eine einzigartig japanische Lösung, und über die verschneiten Wintermonate sollte es zu einem Service werden, den ich immer wieder gern in Anspruch nahm.

Im Dezember 2005 wurde ein Zug der Japan Railways East, der von Akita südlich nach Niigata unterwegs war, bei der Fahrt durch Yamagata von einer kräftigen Windböe erfasst, vom Gleis gehoben und in eine schneebedeckte Hütte am Straßenrand gedrückt. Fünf Passagiere starben, 33 wurden verletzt. Dieser Unfall war ein weiterer Beweis für die rohe Gewalt der sibirischen Winde, die über das Japanische Meer hinweg auf die Westküste Japans treffen. Dies zusammen mit dem stärksten Schneefall weltweit erklärt anschaulich, dass man den Winter in Japan nicht auf die leichte Schulter nehmen sollte.

Ich war auch von Roy vor dem gewarnt worden, was bevorstand, hatte es aber mit einem Lachen arrogant abgetan.

»Komm schon, ich weiß durchaus, was Schnee ist.«

Liebes Publikum, ich wusste es nicht.

Anfang Dezember wachte ich an einem Tag mitten in der Woche um sieben Uhr auf und zog meine *shōji*-Tür beiseite. Normalerweise ging mein Fenster auf einen intensiv genutzten Autoparkplatz hinaus, doch an diesem Morgen waren die üblichen zwei Dutzend Autos von einer dicken Lage Schnee bedeckt. In nur einer Nacht hatte es fast sechzig Zentimeter geschneit.

Es dauerte nicht lange, da war aus dem Parkplatz eine Ausgrabungsstätte geworden. Als wäre es eine Szene aus *Indiana Jones: Jäger des verlorenen Schatzes*, nur dass die Ausgräber statt nach der Bundeslade nach Toyotas suchten.

Auf meinem Weg nach draußen entdeckte ich, dass im Wohnblock für diesen Zweck erfreulicherweise ein halbes Dutzend Schneeschaufeln bereitstand. Ich griff mir eine und warf den pulverartigen Schnee zur Seite, verblüfft, wie viel in dieser einen Nacht gefallen war. Die Stimme des japanischen Betreuers, der mich nach Yamagata gebracht hatte, klang mir im Ohr.

Im Winter auf diesen Berg viel Schnee.

Verdammt viel Schnee, in der Tat.

Nach fast einer halben Stunde unablässigen Schaufelns war der Nissan schließlich wieder vollständig zu sehen und die Reifen freigelegt. Ich hatte ausreichend Schnee vom Dach entfernt, um nicht nur einen einsamen Schneemann zu bauen, sondern gleich eine ganze Infanterieeinheit. Gerade als ich fertig war, tauchte Roy an der Ecke auf, die übliche Morgenzigarette im Mund.

»Ich habe dich gewarnt«, grinste er selbstgefällig.

»Ja, ja. Viel Spaß dann mit *deinem* Auto, Kumpel.« Zumindest konnte ich ihm mit ein bisschen Schadenfreude dabei zusehen, wie er nun sein Auto ausgraben musste.

Denkste.

Roy staubte die Fahrertür ein wenig ab und machte ein Stückchen Windschutzscheibe direkt vor dem Lenkrad frei. Dann öffnete er die Tür und zwängte sich hinein. Er ließ den Motor an und fuhr mit Schwung rückwärts aus dem Schneeberg, der seinen Toyota Starlet begraben hatte.

In fünf Sekunden hatte er geschafft, wofür ich Ewigkeiten gebraucht hatte, und mit einem schelmischen Lachen und einem Rauchkringel trat er aufs Gaspedal, um siegreich vom Parkplatz zu fahren.

Was für ein verdammter Mistkerl.

Es hätte mich nicht überraschen dürfen, wie schlimm der Schnee war. Hätte ich meine Hausaufgaben erledigt, hätte ich entdeckt, dass zwei der größeren Städte im Norden Japans, Aomori und Sapporo, als die schneereichsten Großstädte der Welt gelten.

In Aomori City, das etwa 250 Kilometer nördlich von Sakata liegt, fielen in einem Winter erschreckende acht Meter Schnee. Die gute Nachricht: Anders als Großbritannien, wo ich daran gewöhnt war, dass schlechtes Wetter einen Riesenschlamassel an Zugausfällen mit sich brachte, war Japan darauf vorbereitet. Als ich an diesem Morgen zur Schule fuhr, beobachtete ich nicht weniger als ein Dutzend Schneepflüge, die sich methodisch durch die gesamte Nachbarschaft arbeiteten. Da viele Landwirte und Erntehelfer in den Wintermonaten arbeitslos waren, hatte Japan den genialen Einfall umgesetzt, sie als Schneepflugfahrer abzukommandieren. So konnte eine Armee aus Bauern trotz des heftigen Schneefalls das Blatt wenden und das gesellschaftliche Leben aufrechterhalten.

Ich persönlich hingegen hatte das Gefühl, die Schlacht zu verlieren. In den folgenden Wochen wurde jeder Weg nach draußen zu einem unablässigen Kampf gegen Schneestürme und Schneeschippen zum Alltag. Das Auto frei schippen. Den Hauseingang frei schippen. Mir selbst ein ganz tiefes Loch frei schippen, in dem ich die kommenden Monate über Winterschlaf halten konnte.

Ganz egal, wie oft ich mein Auto freilegte, am nächsten Morgen war es wieder verschwunden.

Es war nicht ungewöhnlich, dass die Temperatur so schnell fiel, dass der Scheibenwischer an der Frontscheibe festfror, während man ihn nutzte. Die größten Schneeflocken, die ich je gesehen habe, klemmten an den Wischern und setzten sie außer Betrieb, sodass ich immer wieder das Auto anhalten, aussteigen und sie vom Schnee befreien musste.

Der Höhepunkt war an einem Dezembermorgen erreicht, als ich mit meinem Nissan den Berg hinauf zur Schule fuhr. Die Reifen blieben in einem Schlagloch hängen, das mit Schnee und Eis gefüllt war, woraufhin das Auto erst stockte und dann so weit rutschte, dass es perfekt und vollständig die Einfahrt zur Sakata Senior High blockierte.

Ich hatte zwar schon einige Wochen zuvor auf Winterreifen gewechselt, doch im Gegensatz zu vielen anderen Autos hier hatte meines keinen Allradantrieb. Während die Reifen durchdrehten und ich spürte, wie das Auto immer tiefer im Schnee versank, wuchs meine erschreckende Hilflosigkeit. Ich würde nicht nur selbst zu spät zum Unterricht kommen, sondern auch die Hälfte der Mitarbeiter hing in der immer länger werdenden Schlange hinter mir fest.

Es war zutiefst beschämend für mich zu erkennen, dass ich für alle sichtbar war – die Schülerinnen und Schüler gingen neben dem Auto den Bürgersteig entlang und kämpften sich selbst durch den Schneesturm. Einige waren höflich und taten so, als würden sie mich nicht sehen, doch eine besondere Gruppe von Jungs zeigte auf mich und lachte widerwärtig, bevor sie ins Warme flüchtete. Ich merkte mir ihre dummen Gesichter; meine Rache würde schnell und grausam sein, wenn die Zeit für die Benotung ihrer Jahresabschlussklausuren gekommen war.

Der Fahrer im Auto hinter mir schien ein ernst dreinblickender Mann mittleren Alters zu sein.

Großartig. Er war bestimmt total begeistert angesichts der

Aussicht, dem dämlichen Ausländer helfen zu müssen, der dafür sorgte, dass er zu spät zur Arbeit kam.

Ich öffnete die Tür und kletterte in die eisige Kälte hinaus, um meinem Hintermann ein gequältes Daumen-hoch-Zeichen zu geben. Zu meiner Erleichterung stieg er ohne weiteres Nachdenken aus und stapfte durch den Schnee, um mich anzuschieben.

»*Sumimasen! Sumimasen!* Es tut mir so leid!«, rief ich durch die Geräusche der laufenden Motoren und der starken Winde.

»*Iie, iie!* Nein, nein, alles in Ordnung!«, gab er zurück, trat hinter den Nissan und begann zu schieben.

Kurz darauf schloss sich ihm ein junger Mann an, dann eine Verwaltungsmitarbeiterin der Schule.

Nach einer feierlichen Verbeugung vor meinem Helferteam stieg ich wieder ins Auto, um zu versuchen, mich im wahrsten Sinne des Wortes aus dem Loch zu befreien, in das ich mich hineinmanövriert hatte.

Auf vier schoben sie und ich gab Gas.

»Ichi, ni, san, SHI!«, riefen meine Helfer und legten sich ins Zeug. Als ich spürte, wie die Reifen wieder griffen und das Fahrzeug erfolgreich einen Satz nach vorn machte, winkte ich triumphierend der jubelnden Gruppe durch die Heckscheibe zu. Ich hatte meinen ersten echten Zusammenprall mit Japans brutalem Schneefall überlebt.

»Du bist heute spät dran«, bemerkte Roy, als ich neben ihm auf meinen Stuhl im Lehrerzimmer sackte.

»Ja, am Berg zur Schule ist irgendein Auto stecken geblieben«, nuschelte ich in mich hinein.

Nach diesem Tag hatte ich solche Angst vor einer Wiederholung dieser Situation, dass ich es fast den gesamten Winter über vermied, mit dem Auto zur Arbeit zu fahren.

Der Pkw, nach dem ich mich so sehr gesehnt hatte, verbrachte damit ironischerweise den Großteil der Woche als gigantischer Schneemann auf dem Parkplatz meines Wohngebäudes. Die Erfahrung war so traumatisch gewesen, dass ich lieber 25 Minuten durch den Schneesturm stapfte, als eine Wiederholung zu riskieren. Jedes Mal, wenn Roy oder Nishiyama fragten, warum um alles in der Welt ich bei Temperaturen unter dem Gefrierpunkt zu Fuß ging, behauptete ich, auf meine Gesundheit und Fitness achten zu wollen.

Da es draußen mit jedem Tag ungemütlicher wurde, verbrachte ich zunehmend mehr Zeit in meiner Wohnung, vergraben unter meinem beheizbaren *kotatsu*-Tisch und einer Decke über meiner unteren Körperhälfte. Da es kaum Platz in meiner Wohnung gab, um herumzulaufen, war es durch die winzige Wohnfläche wunderbar gemütlich.

Traditionelle japanische Häuser und Wohnungen sind berüchtigt für ihre Unzulänglichkeit in Sachen Isolierung und Heizung. Wer hätte es gedacht, aber Schiebetüren aus Papier sind nicht gerade geeignet, eiskalte Temperaturen abzuhalten. Während bei uns die meisten Häuser Heizungskörper haben, verlässt man sich in japanischen Wohnungen zumeist auf Petroleumheizungen und den *kotatsu*, und Apartments wie meines nutzen die Heizungsfunktion der Klimaanlage. Die trockene, heiße Luft verwandelt jeden Raum in eine Wüste.

Auf der weichen Tatami-Matte sitzend, unter einer warmen Decke über den Tisch gebeugt, nutzte ich jede freie Stunde des Tages. Wenn ich mich schon wie ein Bär zum Winterschlaf in meine Höhle zurückzog, wollte ich keine Sekunde verschwenden. Ich hatte mir zum Ziel gesetzt, mich im kommenden Frühjahr auf Japanisch unterhalten zu können, und mit jedem Tag, der verging, wurde mir deutlicher, was für eine gewaltige Aufgabe da vor mir lag.

9. Die unmögliche Sprache
November 2012

Zweitausend Kanji-Zeichen.

Drei Schriftsysteme.

Dreitausend Alltagsvokabeln zum Auswendiglernen.

Mir dämmerte, wie undurchführbar mein Vorhaben war, eine der schwierigsten Sprachen der Welt zu erlernen. Einmal abgesehen von der schieren Menge an Dingen, die man sich merken musste, war da noch die derart fremdartige Grammatik, dass ich vermutete, die japanische Sprache sei mit dem Ziel entworfen worden, das Gehirn eines Englisch-Muttersprachlers zu blockieren.

Ich hatte Deutsch und Spanisch in der Schule angefangen und war an beiden kläglich gescheitert, weshalb ich mir in meinem Pessimismus einredete, meine grauen Zellen seien einfach nicht dafür gemacht, eine zweite Sprache zu beherrschen. Die Vorstellung, dass ich eine Fremdsprache meistern könnte, war schlicht lächerlich.

Man muss nicht Japanisch können, um sich für das JET-Programm zu bewerben – der ganze Zweck des Unternehmens besteht ja nur darin, Englisch zu sprechen – und ungefähr fünfzig Prozent der ausländischen Lehrer, die ich traf, hatten nicht einmal Grundkenntnisse der Sprache. Manche hatten auch gar nicht vor, sie zu lernen, zumal der Plan meist darin bestand, ein, zwei Jahre in Japan zu leben und dann nach Hause zurückzukehren. Auch wenn ich keine Ahnung hatte, dass ich länger als drei Jahre in Japan bleiben würde, so hatte ich doch immerhin vor, die Sprache, so gut es eben ging, zu lernen. Die Vorstellung, in einem fremden Land zu leben und zu arbeiten, ohne mich wenigstens zu bemühen, in die Kultur und Sprache einzutauchen, kam mir respektlos vor, auch wenn es nicht von uns erwartet wurde.

Davon abgesehen bot sich hier die Chance, mir selbst zu beweisen, dass ich kein völliger Versager war. Japanisch zu lernen sollte mein Selbsthilfekurs sein und mir helfen, etwas für mein unterirdisch schlechtes Gedächtnis zu tun. Ein Problem, das mich schon mein ganzes Leben umgetrieben hatte. Wobei dies insbesondere in den Monaten vor meinem Japanaufenthalt meine Motivation gewesen war – jetzt, nach einigen Monaten vor Ort, wollte ich die Sprache vor allem deshalb beherrschen, um das erdrückende Gefühl loszuwerden, alltagsuntauglich zu sein.

Im Schulgebäude kamen Schülerinnen und Schüler auf mich zu und riefen auf Japanisch: »Chris-sensei! ***** ***** **** ***.«
Ich stand betreten daneben und tat so, als wüsste ich, was sie sagten, und unterstrich das mit einem gelegentlichen Nicken. Viele Kolleginnen und Kollegen gingen mir weiterhin aus dem Weg und verschwanden in irgendwelchen Türen, wenn ich in ihre Nähe kam. Sie konnten die Vorstellung nicht ertragen, mit mir Englisch sprechen zu müssen.

Da ich nicht in der Lage war, mit Schülern und Kolleginnen zu kommunizieren oder alltägliche Aufgaben wie Banktermine oder das Bezahlen der Telefonrechnung anzugehen – ich beherrschte ja nicht einmal meine Mikrowelle –, fühlte ich mich wie gelähmt und meiner Selbstständigkeit beraubt. Ich war vollständig von Freunden wie Roy oder Kengo abhängig, doch jedes Mal, wenn ich sie um Hilfe bitten musste, fühlte ich mich schuldig, weil ich ihnen zur Last fiel.

Am schlimmsten war noch, dass meine mangelnden Sprachkenntnisse dazu führten, dass ich unwillentlich gegen das Gesetz verstieß.

Ich hatte kürzlich einen Ausflug zu den berühmten Schneeaffen unternommen, die sich rund um die heißen Quellen von Nagano in den zentraljapanischen Bergen aufhalten. Sie waren mir auch die anstrengende sechsstündige Autofahrt entlang der Ostküste auf Japans bekanntermaßen sehr teuren Autobahnen wert.

Japan liegt mit seinen geschätzt 10.000 Straßentunneln auf der entsprechenden Rangliste weltweit hinter China auf Platz zwei: In einem Land mit endlosen Bergketten und unfassbaren Schneemengen sind diese Autobahntunnel für die Durchquerung des Landes unersetzlich. Mir haben sie zwei Stunden Zeitersparnis gebracht.

Ich verließ den letzten, unendlich langen Tunnel meiner Fahrt und hielt vor der Schranke an der Mautstelle, nur um voller Panik festzustellen, dass ich versehentlich die falsche Spur gewählt hatte.

Ich stand an der Ausfahrt, die ausschließlich für Autos gedacht war, die das ETC-System nutzten, bei dem ein auf dem Armaturenbrett angebrachter Funksensor das kontaktlose Ein- und Ausfahren auf die Autobahn erlaubt. Diese Komfortstufe hatte ich noch nicht erreicht.

Nun näherte ich mich also der fest verschlossenen Schranke, bei der man nicht bar bezahlen konnte, und hinter mir baute sich bereits eine Schlange wartender Autos auf. Ich saß in der Falle. Ich schob den Kopf durchs Fenster und gestikulierte wild in meiner Notlage, begleitet von zunehmendem Gehupe. Zu meiner Erleichterung eilte ein Mann zu mir herüber, der an einer der anderen Ausfahrten kassierte. Mein Retter hatte mich erreicht.

»Genki desu ka?« Ach, er wollte wissen, ob alles in Ordnung mit mir war, und blickte besorgt auf die lange Warteschlange hinter mir.

»Äh ... ja, *genki!*« Ich zeigte ihm den unverwüstlichen Daumen hoch.

»Hai, dōzo!« Er wies auf die Schranke, die sich plötzlich öffnete und mir die Freiheit versprach.

»Arigatō gozaimasu!« Ich jubelte, als ich mit durchgedrücktem Gaspedal durch die Mautstelle fuhr. Zu meiner Freude, entkommen zu sein, mischte sich noch die Erkenntnis, dass mir der Mann die Gebühren vollständig erlassen hatte. Ein irrer Glücksfall.

Dachte ich.

Zwei Monate später saß ich gerade über einer Liste mit neuen Vokabeln, als ich sah, dass das japanische Wort für Bargeld *genkin* hieß.

Meine Gedanken schweiften zurück zu dem Vorfall an der Autobahnmautstelle. Der Mann hatte nicht gefragt, ob es mir gut geht (*genki*). Er hatte schlicht nach *genkin* gefragt, nach Bargeld!

»Haben Sie Bargeld?«, hatte er wissen wollen.

Als ich ihm den Daumen-hoch zeigte, hatte er wohl angenommen, ich hätte Geld und auf eine Stelle gewiesen, an der ich anhalten und bezahlen konnte.

Ich dagegen war einfach davongesaust und hatte den bestürzten Zolleinnehmer in einer Abgaswolke stehen lassen.

Meine Dummheit hatte mir ein paar Tausend Yen erspart, aber nicht gerade ein gutes Licht auf die Ausländer im Land geworfen. Um für meine Sünden zu büßen, spendete ich umgehend die nicht bezahlte Maut an die örtliche Katastrophenhilfe von Tōhoku.

Vor lauter Angst, ein Kleinkrimineller und zur dauerhaften Belastung meiner Kollegen zu werden, spürte ich eine zuvor nie gekannte Entschlossenheit.

Einmal auf dem Kriegspfad, stürzte ich mich mit all meiner Energie auf das Erlernen des Japanischen und entwickelte auf meinem Weg zum Ziel eine unbarmherzige Tagesroutine.

Ich stand um sieben Uhr auf, eine Stunde, bevor ich zur Schule aufbrechen musste. Auf dem Boden meiner Wohnung sitzend, beugte ich mich über den Tisch, einen Kaffee in der einen, einen Stift in der anderen Hand, und schrieb 25 Kanji-Zeichen auf. Bei einer Rate von 25 pro Tag, so hatte ich mir ausgerechnet, müsste ich in drei Monaten alle 2200 wichtigen Zeichen durchgearbeitet haben.

Die wohl höchste Hürde vor der Beherrschung der Sprache sind die japanischen Schriftzeichen, die von den chinesischen abgeleitet wurden und auf den ersten Blick wie eine recht große Schwachstelle des ganzen Systems wirken mögen. Japanische Schülerinnen und Schüler brauchen durchaus neun bis zehn Jahre fortgesetzter Übung, bis sie das Lesen und Schreiben in ihrer eigenen Muttersprache sicher beherrschen. Das lateinische Alphabet lernt man locker in einem Tag, und schon kann man durchstarten.

Die logografische Natur des Kanji führt dazu, dass ein Zeichen ein ganzes Wort oder Konzept bedeuten kann, weshalb es weniger Platz braucht. Dort, wo wir mühsam das Wort »Wasser« ausschreiben müssen, zeichnen Japaner das kleine Schriftzeichen 水. Sowohl intuitiv verständlich wie auch verwirrend ist es, dass ähnliche Worte oft aus ähnlichen Strichen bestehen. »Eis« etwa sieht so aus: 氷. Das Zeichen ist praktisch identisch mit dem für »Wasser«, nur hat es oben links einen kleinen weiteren Strich.

So etwas fand ich faszinierend, und tägliche Entdeckungen dieser Art waren es, die meine Begeisterung für die neue Sprache immer wieder anfeuerten. Mit jedem neuen Schriftzeichen, das ich beherrschte, machte ich einen Schritt nach vorn, um meine Umgebung zu verstehen. Eines Morgens, nachdem ich das Zeichen 茶 für »Tee« gelernt hatte, kam ich auf meinem Schulweg an einem Getränkeautomaten vorbei und erkannte es augenblicklich auf mehreren der Flaschen. Um das zu feiern, kaufte ich mir eine Flasche warmen, malzigen Weizentee und trank sie auf dem Weg zur Arbeit.

Auf meinem weiteren Schulweg kam ich an einem traditionellen Holzgebäude vorbei, in dessen Erdgeschoss ein älteres Ehepaar alle nur denkbaren Arten von Sake verkaufte. Das Kanji-Zeichen für Sake (酒) hatte ich mir schon früh eingeprägt, ist es doch Teil des Namens von Sakata selbst (酒田) und da ich jeden Morgen an dem Laden vorbeikam und es liebte, durch die beschlagene Scheibe auf das Meer an bunten Flaschen zu schauen, die alle mit 酒 gekennzeichnet waren. Das einzige für mich entzifferbare Zeichen stand inmitten vieler unleserlicher anderer. Ich sehnte den Tag herbei, an dem die Inhalte der Flasche nicht länger ein Geheimnis für mich sein würden.

Eines Morgens drehten sich meine 25 neuen Zeichen rund um das Thema Alkohol. Nachdem ich meine übliche Stunde damit verbracht hatte, jedes von ihnen zehnmal aufzuzeichnen, trank ich die letzten Tropfen Kaffee aus und stürzte mich ein weiteres Mal in den Schneesturm.

Als ich den Sake-Shop erreichte und wie üblich einen Blick durchs Schaufenster warf, ließ ich meine Augen über die Flaschen schweifen. Da tauchten mit einem Mal wie durch Zauberhand die Worte in meinem Kopf auf: 梅酒 – Pflaumenwein; 甘酒 – süßer Sake; にごり酒 – trüber Sake.

Nein, ich war nicht zum Alkoholiker geworden. Ich konnte endlich lesen!

Nach langer Zeit ergab der Sake-Laden endlich einen Sinn.

Um das zu feiern, stürmte ich in den Laden, kaufte mir eine Flasche süßen, frischen Pflaumenwein und nippte an ihm auf dem Weg zur Arbeit. Kleiner Scherz.

Diese Momente des Triumphs, auch wenn sie vergleichsweise winzig waren, kamen jetzt täglich vor. Ich wurde damit belohnt, dass meine ehemals unverständliche Umgebung sich mir nun langsam offenbarte und mir neue Möglichkeiten eröffnete. Die vielen Stunden unablässigen Übens zahlten sich nun doch aus. Inzwischen liebte ich meine fast meditativen Morgen auf dem Boden meiner Wohnung, an denen ich schweigend immer und immer wieder die Schriftzeichen wiederholte. Es war sicherlich besser, als zur Arbeit zu hetzen und Roys Secondhand-Zigarettenqualm einzuatmen.

Und doch: Auch wenn ich damit den Punkt erreicht hatte, an dem ich mir schon mal freudig die Lippen lecken konnte, während ich die Speisekarte einer Bar studierte, war es noch immer etwas ganz anderes, beim Kellner auf Japanisch zu bestellen.

Bevor ich mit dem Sprechen anfangen konnte, musste ich irgendwie dreitausend grundlegende Vokabeln in den Kopf bekommen. Das versuchte ich, indem ich in jeder freien Minute zwischen dem Unterricht digitale Karteikärtchen durchging und mein erlerntes Wissen von meinen Kollegen und Kolleginnen im Lehrerzimmer testen ließ. Nicht selten fühlte ich mich ein bisschen schuldig, dass ich sie während ihrer Pausen damit belästigte, aber es gab einen Lehrer, der mir während meiner drei Jahre an der Schule mehr als alle anderen helfen würde.

Chōnan war sicherlich der Verrückteste im Lehrerzimmer – ein Naturwissenschaftslehrer, der es in seinem abenteuerlichen Leben zu guten Englischkenntnissen gebracht hatte. Mit seiner knarzenden Stimme, die er den täglichen tausend Zigaretten zu verdanken hatte, die er seit dreißig Jahren rauchte, hockte er neben mir – falls er nicht gerade mit Roy eine Zigarettenpause einlegte – und stiftete Chaos.

Einen Großteil des Tages ähnelte das Lehrerzimmer einer Bibliothek – friedlich, ruhig und so still, dass meist mehr als nur einer der Kollegen auf seinem Tisch schlief. All das änderte sich in dem Moment, in dem Chōnan den Raum betrat.

Er war das Herz und die Seele des Lehrerzimmers, trug einen wirren, welligen Haarschnitt, der aussah, als wäre er gerade aus dem Windkanal gekommen, und man konnte ihn hören, schon lange bevor man ihn sah: Sein schallendes Gelächter hallte aus allen Ecken des Raums wider, was die anderen Kollegen häufig sichtbar irritierte. Dabei lachte er nie über etwas Spezielles.

»HAHA, Chris-sensei! Guten Tag!«

»Hallo, Chōnan-sensei! Was bedeutet *muzukashii*?«

»Ah, *muzukashii ne!* Das bedeutet ›schwierig‹. Also, für mich ist es *muzukashii*, mit dem Rauchen aufzuhören, HAHA!«, bellte er und sackte in einen Stuhl neben mir.

Ohne Ausnahme brachten wir uns jeden Tag 25 Minuten lang gegenseitig englische und japanische Ausdrücke bei, während er auf peinliche Art und Weise versuchte, mich mit der jungen, hübschen Schulkrankenschwester zu verkuppeln, die links von meinem Schreibtisch saß.

»Sie ist Single, Sie sind Single. Sie sollten miteinander ausgehen, HAHA!«, scherzte er.

Die Schulkrankenschwester errötete, ich sank noch tiefer in meinen Stuhl und erinnerte mich an Roys Geschichte, wie mein

JET-Vorgänger eine Panik in der Personalabteilung ausgelöst hatte, nachdem er die vorherige Schulkrankenschwester angebaggert und ihr mehrdeutige Textbotschaften geschickt hatte. Dating zwischen japanischen Lehrerinnen und Lehrern war absolut üblich, das Dating zwischen JETs und japanischem Lehrpersonal war verboten. An dieses ungeschriebene Gesetz wollte ich mich halten. Wieder zu Hause, machte ich mir gegen 17 Uhr etwas zu essen, entweder Käseomelette oder gebratenes Hühnchen – die einzigen beiden Gerichte, die ich einigermaßen vernünftig zubereiten konnte –, um dann mithilfe einer Audiokassette mein Hörverständnis zu trainieren. Wenn die japanische Westküste nicht gerade im Schnee versank, spazierte ich nachts durch die Straßen, erkundete die Stadt und ließ eine Vokabelliste in Endlosschleife laufen.

Der Tag endete dann mit Fernsehen oder einem Anime mit Untertiteln, bis ich gegen 22 Uhr duschen ging. Mich hatten Anime vorher nie interessiert, doch inzwischen war ich abhängig von einer absurden Serie mit dem Titel *GTO: Great Teacher Onizuka*, die auf einer sehr beliebten Manga-Reihe aus den 1990er-Jahren beruhte.

Alles dreht sich um den 22-jährigen Onizuka, der früher Mitglied einer Biker-Gang war und nur deshalb Lehrer wird, weil er die attraktiven Mütter seiner Schülerinnen und Schüler kennenlernen möchte. Mit diesen zweifelhaften Motiven und einem zweitklassigen Abschluss ausgestattet, wird er Klassenlehrer von Tokios schlimmsten Schülern und nutzt seine unorthodoxen Methoden, um Streit in der Schule zu schlichten, nicht selten, indem er jemanden ins Gesicht boxt. Mit ironischem Unterton und skandalös in einem Ausmaß, mit dem es die Serie außerhalb Japans vermutlich niemals ins Fernsehen schaffen würde, war *GTO* gerade deshalb so witzig für mich, da die Konflikte meinen Alltagserlebnissen verblüffend ähnelten, auch wenn ich mit weniger Schlägen auskam. Onizuka dabei zuzusehen, wie er mit Mobbing und unbeholfenen Lehrern fertigwurde, ließ in mir den Wunsch entstehen, wir hätten unseren eigenen gesetzlosen Lehrer an der Sakata Senior High.

Dank des Kanji-Schreibens am Morgen, des ganztägigen Vokabellernens und des Zuhörens, wenn Onizuka im Klassenzimmer seine ungeheuerlichen Monologe vortrug, sickerte langsam, aber sicher das Japanische in mein Gehirn. Die beste Analogie wäre wohl eine Sanduhr, bei der unaufhörlich Worte, Grammatik und Schriftzeichen in mich hineinliefen, bis sich die Sprache nach und nach in meinem Unterbewusstsein aufbaute.

Um diese neuen Fähigkeiten zu testen, musste ich ins kalte Wasser springen und meinen Kolleginnen und Kollegen meinen Fortschritt demonstrieren. Und welch bessere Möglichkeit hätte es dazu geben können, als das Chaos und die heillose Shitshow, als die sich meine erste offizielle Kollegiumsfeier erweisen sollte?

Während *enkai* (宴会) schlicht »Festmahl« oder »Arbeitsfeier« bedeutet, meint *bōnenkai* (忘年会) »Das-Jahr-vergessen-Feier«. Das war die größte und schlimmste von allen, ein jährliches Ereignis, das Anfang Dezember in ganz Japan begangen wird, um mit dem Jahr abzuschließen. Die Japaner haben zwar kein Weihnachten, aber die Zeit am Ende des Jahres rund um die Neujahrstage wird besonders gefeiert. Beim *shōgatsu* (正月) zwischen dem 1. und 3. Januar ist mehr oder weniger ganz Japan geschlossen. Die Idee hinter *bōnenkai*: Man will bei der Feier alle Schwierigkeiten und Ärgernisse des letzten Jahres vergessen, damit man unbesorgt ins neue Jahr starten kann.

Endlich war die Zeit für diese Feier gekommen. Doch für eine Party, die das Vergessen zelebriert, sollte diese Nacht erstaunlich denkwürdig werden.

10. Party Time

Dezember 2012

Im Laufe der Jahre haben wir durch jede Menge Spionagefilme gelernt, dass der sicherste Weg, um jemandem die Wahrheit zu entlocken, eine Spritze mit Thiopental ist – und schon offenbart der Betroffene seine tiefsten, dunkelsten Geheimnisse.

In Japan braucht man dazu nur zwei Gläser Bier.

»Ich denke, Nishiyama-sensei ist ein Blödmann.«

»Ach, äh, wirklich?«

Ein Englischlehrer, mit dem ich zusammenarbeitete und der in den letzten vier Monaten seine Meinung stets für sich behalten hatte, erklärte mir nun, wie sehr er jeden in der Fachschaft hasste. Es war, als säßen wir im Beichtstuhl und ich wäre sein Priester. Da wir uns aber mitten in einem teuren Festsaal befanden, zusammen mit hundert weiteren betrunkenen Kolleginnen und Kollegen, die sich alle an Asahi-Flaschen festhielten, scannte ich meine direkte Umgebung, um sicherzustellen, dass niemand Suzukis Hasstirade hören konnte.

»Er ist so faul. Ich weiß nicht, warum er die Englischfachschaft leitet. Er ist ein verdammter Idiot.«

»Oh, verstehe.« Ich wollte jede Äußerung vermeiden, die wie ein stillschweigendes Einverständnis aussehen könnte.

Aber warum um alles in der Welt erzählte er mir das alles?

Die Antwort fand ich in seinem Bierglas und dem hochroten Gesicht. Er sah aus, als hätte er seinen Kopf in einen Ketchupeimer gesteckt. Beide Indizien verrieten seine Trunkenheit.

Dabei war er nicht der erste Kollege, der mir in diesem Schauspiel namens *bōnenkai* aufgelauert hatte.

Eine Gruppe aus vier Sportlehrern Ende zwanzig waren zu Beginn des Abends an meinen Tisch gekommen, um ihr Englisch zu üben und einen aus ihrer Mitte bloßzustellen.

»Chris-sensei, mein Englisch nicht gut! Aber Sasaki-sensei hat keine Freundin«, höhnte Arashiyama, und die ganze Gruppe brach auf Sasakis Kosten in Gelächter aus. Sasaki selbst lachte gezwungen, doch auch wenn er etwas beleidigt wirkte, spielte er weiter mit.

»Er ist echt ein beschissener Typ«, erwiderte Sasaki triumphierend. Ich stand geplättet daneben und sah zu, wie sich die Selbstbeherrschung meiner Kolleginnen und Kollegen langsam in Luft auflöste. In der Zwischenzeit kamen Lehrer, die mich in den Schulfluren wie die Pest gemieden hatten, zu mir herüber, um mir Bier nachzuschenken, als wäre ich eine Berühmtheit.

Ich fand das alles rätselhaft. Der Gratis-Alkohol verwandelte meine strengen, steifen Kolleginnen und Kollegen in Pantomime-Darsteller.

Das *bōnenkai* fand im Bankettsaal des *Sakata Landmark Hotels* statt, dem höchsten Gebäude der Stadt und sicher auch dem grauenhaftesten. Aber leider gab es nur wenige Räumlichkeiten in der Gegend, die das gesamte Kollegium der Sakata Senior High fassen konnten.

Man hatte mich in dem großen Saal an einem der zehn runden Tische platziert, zu einem Dutzend anderer Kolleginnen und Kollegen, mit denen ich zum Großteil noch nie gesprochen hatte. Der einzige Lehrer, den ich tatsächlich kannte, war Suzuki, der aber zugleich genau jener Englischlehrer war, mit dem ich nie warm geworden bin.

Er war mittleren Alters, hatte spitz abstehendes Haar und sein Englisch gehörte zum besten in der Fachschaft. Und doch schien er es nur ungern einzusetzen, wenn ich in der Nähe war, als würde ein Fehler in meiner Gegenwart eine Arte Katastrophe auslösen. Folglich war es in meinem ersten Halbjahr an der Sakata Senior High jedes Mal so, dass ich ihn, kaum war der Moment unseres gemeinsamen Unterrichts gekommen, mit einem Stapel Schulbücher unter dem Arm aus dem Lehrerzimmer stürzen sah, wobei er tunlichst jeden Augenkontakt mit mir vermied. Er schien wenig vom gemeinsamen Unterrichten mit mir zu halten, und anstatt ihn darauf anzusprechen, ließ ich ihn einfach gewähren. Ich wollte nicht das Gefühl erwecken, ich würde mich in seine Klassen hineindrängeln. Außerdem bedeutete das mehr Zeit für meine Japanischstudien am Schreibtisch.

Nun saßen wir also Schulter an Schulter nebeneinander und in seinem üblichen unsicheren Tonfall schien Suzuki stotternd und sich wiederholend diese Situation aufarbeiten zu wollen.

»Chris-sensei, ich denke ... Ich denke, meine Schüler würden sich freuen, Sie einmal im Unterricht zu haben. Würden Sie ... also, würden Sie einmal mitkommen?«

»Sicher, Suzuki-sensei. Ich komme gern zu Ihnen.«

»Wie soll ich sagen ... Sie wissen schon. Das ist toll!«

War er nun nur höflich oder war das ein Versöhnungsangebot? Ich konnte es nicht sagen. Womöglich hatte er die ganze Zeit gedacht, *ich* würde *ihm* aus dem Weg gehen?

Die Sitzordnung war so gestaltet worden, dass Lehrer und Lehrerinnen aus unterschiedlichen Fachschaften miteinander ins Gespräch kommen sollten, was aber auf den ersten Blick wirkte, als sei es gescheitert. Schon gleich zu Beginn konnte ich an anderen Tischen beobachten, wie einige der Kollegen schweigend die Plätze tauschten, und es schien mir, als würde ich in den Abgrund eines langen, langweiligen Abends blicken.

Wir warteten noch auf den Schulleiter und seine Eröffnungsrede, weshalb ich der peinlichen Stille entfloh und vorgab, auf die Toilette zu müssen. In Wirklichkeit zog ich, kaum hatte ich mich in die Kabine eingeschlossen, den raffiniert verborgenen Sprachführer aus meinem Sakko und übte ein paar Sätze, als würde ich mich in letzter Minute noch für eine Prüfung vorbereiten.

»Dono kamoku o oshiete imasu ka?« Welches Fach unterrichten Sie?

Das sollte meine Eröffnung für ein Gespräch mit meinen Kolleginnen und Kollegen am Tisch sein. Doch ich konnte mir das doofe Wort *kamoku*, »Fach«, einfach nicht merken.

Kamoku. Klingt wie *kam eine Kuh* ... Ich musste mir vorstellen, dass eine Kuh in den Unterricht kam.

Das half. Dem Himmel sei Dank für den Trick mit den Wortassoziationen.

Allerdings hätte ich mir die Mühe gar nicht machen müssen. Nachdem der Direktor seine Ansprache beendet und alle ihre Gläser mit frisch eingeschenktem Fassbier in die Höhe gereckt hatten, erschallte das lauteste »KANPAI!«, das ich jemals zu Ohren bekam. Dann kippte jede und jeder das Getränk hinunter. Wie Popeye nach dem Verzehr einer Dose Spinat verwandelten sich auch die Leute im Saal augenblicklich.

Zu meinem Erstaunen fingen nun alle an zu reden. Und nicht nur das, sie fingen alle auch wie von Zauberhand an, Englisch zu sprechen.

»Chris-sensei, es ist so schön, Sie kennenzulernen. Ich bin Kumiko!« Die schüchterne Kalligrafielehrerin zu meiner Linken stellte sich in fließendem Englisch vor.

»Wie gefällt Ihnen Japan bisher, Chris-sensei?«, wollte der bullige Kendō-Lehrer am anderen Ende des Tisches wissen.

Es war, als hätte man einen Schalter umgelegt.

Schnell war klar, dass es bei einem japanischen *enkai* nur zwei Regeln gibt.

Die erste lautete, dass man sagt, was man denkt.

Von Suzuki und den anderen Kolleginnen und Kollegen, die alle ausnahmslos angeregte Gespräche führten, lernte ich, dass die alkoholgetränkte Eskapade namens *bōnenkai* die perfekte Kulisse dafür bot, all die das ganze Jahr über im Zaum gehaltenen Gedanken und Meinungen freizulassen. Es war auch deshalb besonders wichtig, sein Herz auszuschütten, da dies ja die Vergiss-das-Jahr-Feier war.

Regel Nummer zwei lautete: Gieß dir nie selbst etwas ein. Ganz egal ob Bier, Sake oder Wein, sich die Flasche zu greifen und selbst einzuschenken, war ein absolutes Tabu.

Hört man diese Regel zum ersten Mal, entwickelt man natürlich die Furcht, irgendwann am Abend ohne Getränk dazustehen.

Doch zumindest während der ersten Stunde der Party sprang stets ein benachbarter Kollege auf und füllte mein Glas erneut, wie viel Asahi ich auch trank.

In der Regel war das nicht ganz selbstlos; ich bemerkte schnell, dass Suzuki, kaum hatte er mein Glas wieder gefüllt, verschämt auf sein eigenes blickte, das ebenfalls beständig leer war.

»Entschuldigung, Suzuki-sensei, darf ich Ihnen nachschenken?« Ich nahm zum zehnten Mal in fünf Minuten die Flasche aus der Mitte des runden Tischs und füllte sein Glas auf.

»Oh wow! Danke, Danke, Chris-sensei.«

Mit der entspannten Atmosphäre, dem Lachen und Klirren der Gläser überall im Saal genoss ich das *enkai* doch deutlich mehr, als ich zunächst angenommen hatte. Es fühlte sich wie ein vorzeitiges Weihnachtswunder an, die Kolleginnen und Kollegen sich zum ersten Mal öffnen zu sehen – auch wenn Dinge geschahen, die ich lieber vergessen würde.

Irgendwann holte der stellvertretende Schulleiter Saitō einen CD-Player hervor und spielte einen Song von Japans größter Pop-Band AKB48. Sie sind im wörtlichen und übertragenen Sinne Japans größte Pop-Band, schließlich hat sie mehr als 48 Mitglieder. Er spielte ihren Song *Heavy Rotation*, ein erschreckend schlechtes Lied, das mit den englischen Worten: »I want you! I need you! I love you!« begann.

Kaum waren die ersten Töne zu hören, stürmten nicht weniger als zwanzig Lehrerinnen und Lehrer auf die Holzbühne am Kopfende des Saals und führten den Tanz aus dem Musikvideo vor, wobei sie mit ihren Händen Herzen formten und ihre Hüften derart kreisen ließen, dass ich den Anblick nie wieder aus meinem Gedächtnis löschen kann. In solchen Momenten wünschte ich, Musik wäre nie erfunden worden.

Die zweite Party war auch nicht viel besser.

Eine Firmenfeier kann in Japan drei bis vier After-Partys haben, an jeweils anderen Orten und bis spät in die Nacht hinein. Die zweite Party heißt *nijkai,* die dritte *sanjikai,* und mit jedem Mal sinkt die Anzahl der anwesenden Kolleginnen und Kollegen rapide, fast wie bei einer betrunkenen Version von *Inception*.

Die *nijkai* fand in einem *izakaya* nur drei Fußminuten vom Hotel entfernt statt, und doch verloren wir rund drei Viertel der Teilnehmer unterwegs, weshalb wir auf nur noch 25 Partygäste schrumpften.

Von hier an war von den mir vertrauten, ansonsten so beherrschten Lehrerinnen und Lehrern nur noch eine vage Erinnerung übrig. Besonders Nakamura ragte heraus, eine strenge Literaturlehrerin Ende dreißig, vor der ich mich regelrecht fürchtete, da sie im Lehrerzimmer immer so ernst aussah und nie lachte – nun verbrachte sie die ganze Zeit im *izakaya* damit, wie eine Irrsinnige lachend über den Boden zu rollen.

Und zwei Stunden später bei der *sanjikai* angekommen, der dritten und, wie sich herausstellte, letzten Station, betäubte Nakamura das verbliebene Dutzend Kollegen mit schrillem Gesang in einer Karaoke-Bar.

Bis heute lehne ich Gruppen-Karaoke ab und das liegt vermutlich an dem, was mein Trommelfell in dieser Nacht mitmachen musste. Bis dahin hatte ich mich lange gefragt, warum Karaoke im Westen nie so erfolgreich geworden ist wie in Asien. Doch als Nakamura an diesem Abend losbrüllte, wurde mir klar, dass wir Briten einfach nicht die Geduld dafür haben. Wir würden den Raum verlassen oder die Karaokemaschine zertrümmern. Es zeugt von der unglaublichen Stärke der japanischen Höflichkeit, dass niemand das Ende dieses Wahnsinns forderte, egal wie betrunken alle waren oder wie viel Blut uns aus den Ohren lief.

Nach Nakamuras Albtraum-Auftritt kam unweigerlich auch die Reihe an mich.

Obwohl ich mich anfangs weigerte, begann der Raum voller Lehrer im Vollrausch in die Hände zu klatschen und zu rufen: »Chris-sensei, Chris-sensei, Chris-sensei!«. Sie wiederholten das so lange, bis ich nachgeben musste.

Zu meinem Glück hatte ich noch ein Ass im Ärmel. Ich hatte mich erfolgreich bemüht, einen japanischen Song auswendig zu lernen, den man als Ausländer in Japan kennen sollte, nämlich *Ue o muite arukō* von Kyū Sakamoto, im Westen auch als *Sukiyaki Song* bekannt.

Im Jahr 1961 eroberte der *Sukiyaki Song* die Welt im Sturm und setzte sich an die Spitze der Billboard-Charts in den Vereinigten Staaten, obwohl er auf Japanisch gesungen wird. Erstaunlicherweise war dies das einzige Lied eines asiatischen Künstlers auf Platz 1 der *Hot 100*, bis 2020 die südkoreanischen Jungs von BTS die Charts stürmten.

Der japanische Titel lässt sich mit »Ich sehe beim Laufen nach oben« übersetzen, in Anspielung darauf, dass der Sänger in den Himmel schaut, damit ihm die Tränen nicht übers Gesicht laufen – allerdings lässt die englischsprachige Version derartige Poesie vollständig vermissen. Es klingt unglaublich, aber um dem Song einen Titel zu geben, der im Westen verfing und den man sich leicht merken konnte, taufte man ihn auf Englisch »Sukiyaki«, benannte ihn also nach einem japanischen Rindfleischfondue, das, auch wenn es wirklich köstlich ist, so rein gar nichts mit dem Lied zu tun hat.

Vergleichen wir es damit, den Beatles-Song *A Hard Day's Night* für ein asiatisch-internationales Publikum in *Fish & Chips* umzubenennen. Trotzdem funktionierte der Marketingplan, und heutzutage gilt es als Initiationsritus für ausländische Englischlehrer, den Song auswendig zu lernen und ihn vor einer Reihe beeindruckter Kollegen und Kolleginnen vorzusingen. Mir gefiel *Ue o muite arukō* sogar recht gut. Obwohl ich die Nummer sicher fünfzigmal hintereinander hatte anhören müssen, um den Text für eine Gelegenheit wie diese auswendig zu lernen, so wurde ich der kräftigen Stimme von Kyū Sakamoto jedoch nie überdrüssig.

Dessen Karriere endete tragischerweise 1985, als er den unter einem schlechten Stern stehenden Flug Japan Air Lines 123 bestieg. Auf einem Routineflug von Tokio nach Ōsaka kam es bei der Boeing 747 zum katastrophalen Ausfall eines Leitwerks, und die Maschine stürzte in den Bergen der Präfektur Gunma ab. 520 Passagiere verloren ihr Leben, darunter Kyū. Es war das Flugzeugunglück mit den meisten Todesopfern in der Geschichte der Luftfahrt.

Als ich das Lied über den Touchscreen der Karaoke-Maschine eintippte, brach mein Kollegium in Freudengeschrei aus, denn sie wussten nun, was ich singen wollte. Nun gab es kein Zurück mehr. Ich nahm einen großen Schluck Bier und machte mich daran, Kyū Sakamotos Kunstwerk unter ekstatischem, besoffenem Applaus zu ruinieren.

Als ich am folgenden Montag auf den Schulparkplatz einbog, überlegte ich, ob die vor dem Hintergrund von Alkohol und Karaoke neu entstandene Kameradschaft dauerhaften Einfluss auf die Beziehung zu meinen Kolleginnen und Kollegen haben würde. Womöglich würde mir Nakamura sogar zulächeln oder mich im Lehrerzimmer begrüßen.

Die Antwort lautete Nein.

Der vorlaute Sportlehrer schenkte mir ein gefühlloses, schweigendes Nicken auf dem Flur.

Nakamura sah absichtlich an mir vorbei.

Und der gute alte Suzuki ignorierte mich wie üblich auf seinem Weg in den Unterricht.

Die Balance war wieder hergestellt.

Als wäre überhaupt nichts geschehen.

11. Land der anschwellenden Gürtellinie

Januar 2013

»Chris-sensei, Sie haben den Cholesterinwert eines Vierzigjährigen.«

Nishiyama arbeitete sich kichernd durch meinen miserablen Gesundheitsbericht.

»Oh Gott. Das klingt nicht gut. Noch was?«

»Ihr Body-Mass-Index verrät, dass Sie fettleibig sind.«

Eigentlich war das anders geplant.

Bevor ich nach Japan ausreiste, ging ich davon aus, dass nach sechs Monaten Aufenthalt mein Körperfett wie durch ein Wunder verschwunden sein würde, vor allem weil ich mich nur noch von Sushi, Reis und eingelegtem Gemüse ernährt haben würde. Sobald ich mich an die japanische Lebensweise angepasst hätte und hinter das Geheimnis der beneidenswert niedrigen Fettleibigkeitsrate gekommen wäre, erwartete ich eine spektakuläre körperliche Veränderung, die ihresgleichen suchte.

Nun ja, ein Traum eben. In Wirklichkeit war alles sehr viel schlimmer geworden.

Im Winter hatte ich mich entweder zum Japanischlernen an meinen Schreibtisch zurückgezogen, gestärkt durch eine Portion saftiges Grillhühnchen aus dem FamilyMart, oder mit Roy trinkend und rauchend im *izakaya* gesessen, was beides den entsprechenden Tribut zollte. Meine tägliche Ernährung auf Basis von rohem Fisch und Kimchi blieb kontinuierlich im Reich der Fantasie angesiedelt, auch wenn ich tatsächlich mindestens einmal wöchentlich Sushi zu mir nahm. Eine Filiale der beliebten Fließband-Sushi-Kette Kappa Sushi lag auf meinem Heimweg, und ich machte dort nach einem langen Arbeitstag immer mal wieder halt, um ein Dutzend Tellerchen Lachs, Thunfisch und Makrele zu verzehren. Ich bin nicht ganz sicher, ob die noch gesund sind, wenn man sie in solchen Mengen verspeist.

Noch viel gefährlich näher an meiner Wohnung lag das köstliche *rāmen*-Restaurant Shinzan. Es gibt zwei Arten Brühe zu den *rāmen*-Nudeln: *kotteri* (trüb und dickflüssig) und *assari* (klar und leicht).

Kotteri ist eine reichhaltige Brühe, meist milchig und voller emulgierter Fette aus lang ausgekochten Knochen. *Assari* hingegen ist klar und feiner im Geschmack nach Gemüse und Fisch. Kurz gesagt: *kotteri* sorgt für ein größeres Schuldgefühl, ist meiner Meinung nach aber die deutlich überlegene Brühe.

Shinzans dicke Brühe war mit ihren leichten Noten nach Schweinefleisch und Fischfond extrem aromatisch. Jede Region Japans hat ihre eigene *rāmen*-Spezialität, das fängt an bei Hakatas Tonkotsu-*rāmen*, geht über Sapporos Miso- und reicht bis hin zu Toyamas geschmacksknospenzerstörenden salzigen schwarzen *rāmen*. Die üblicherweise in Sakatas Restaurants servierten *rāmen* hatten eine Basis aus Sojasauce, dazu dicke, saftige Stücke geschmortes Schweinefleisch, die großzügig darauf verteilt wurden, sowie ein zähflüssiges, in Tee gekochtes Ei daneben.

Rāmen wird oft als eines der fotogensten Gerichte der japanischen Küche bezeichnet, was vor allem an der Mischung aus leuchtend bunten Zutaten liegen dürfte, etwa dem orangefarbenen aufgeschnittenen Ei, den grünen *nori* und nicht zuletzt den gelben Nudeln sowie dem glitzernden Fett des geschmorten Schweinefleischs. Shinzans *rāmen* hingegen sahen eher aus wie eine Öllache.

Die Suppe war so dick und dunkel, dass sie Licht wie ein Schwarzes Loch absorbierte. Die Nudeln waren überhaupt nicht zu erkennen und das Schweinefleisch tauchte nur ganz leicht an der Oberfläche auf. Als man zum ersten Mal eine Schüssel davon vor mir auf den Tisch knallte und dabei etwas Brühe überschwappte, war ich etwas enttäuscht.

Aber, mein Gott, was hat sie fantastisch geschmeckt.

Nach einem Kampf gegen einen der zahlreichen Schneestürme gab es für mich keine größere Belohnung als diese fettige, dampfende Schüssel voller Nudeln, und bei dem lächerlich geringen Preis von 830 Yen (circa fünf Euro) wurde dies schnell zu einem wöchentlichen Verwöhnritual.

Aber ich verwöhnte mich nicht nur mit *rāmen*.

Fünf Minuten von Shinzan entfernt servierte ein Restaurant mit Namen *Alba* ein Katsu-Curry mit der dicksten, cremigsten Sauce der ganzen Stadt, die über eine üppige Portion in goldener Panade gebratene Schweineschnitzel gegossen wurde. Einmal pro Woche kam ich hierher und verließ das Restaurant ausgesprochen zufrieden und unglaublich aufgebläht.

So ziemlich die einzige gesunde Mahlzeit, die ich zu mir nahm, war die *bentōbox* in der Schule, die wir allmorgendlich am anderen Ende des Lehrerzimmers abholten. Jeden Tag wurde in einer roten Plastikbox ein gut ausbalanciertes Gericht mit entweder Fleisch oder Fisch und dazu eingelegtes Gemüse serviert; der dazugehörige Reis kam in einer grünen Box.

Montags war Hamburger-Tag, und ich öffnete die Verpackung voller Vorfreude auf einen saftigen Burger mit einer kräftigen Sauce.

Dienstags gab es gekochten Weißfisch. Na ja.

Mittwoch war *karaage*-Tag, frittiertes Hühnchen also. Jubel!

Donnerstags war gekochte Makrele dran. Nichts Besonderes, aber auch nicht schlecht.

Freitags war Überraschungstag. In einer schlechten Woche servierte man uns noch einen weiteren langweiligen gekochten Fisch. In einer guten Woche öffnete ich die Dose und durfte mich über kurz gebratenes Schweinefleisch freuen. Halleluja!

Das *bentō* hatte die perfekte Größe. Ich hatte nach dem Mittagessen immer das Gefühl, satt zu sein, ohne dass man sich zu voll gefühlt hätte. Am Anfang des Schuljahres hatte ich häufig nur die Hälfte des Reises gegessen, als ich mein Geschirr zur Rückgabe brachte, sehr zum Missfallen der Personalküche.

»Chris-sensei, Sie lassen den Reis in Ihrer Box übrig?«, hakte die ansonsten fröhliche Yuko nach, eine zierliche, temperamentvolle Frau, die zu den freundlichsten Menschen dort gehörte. Die Tatsache, dass sie in diesem Moment nicht lächelte, unterstrich, wie ernst die Angelegenheit war.

»Äh, ja, ich werde normalerweise so voll, wenn ich Reis esse.« Ich stolperte über die Worte, obwohl mein Japanisch immer besser wurde.

»*Mottainai*, Chris-sensei! Bitte lassen Sie nichts übrig. Entweder essen Sie ihn oder Sie bestellen ihn nicht.«

Ah, *mottainai*.

Das heuchlerischste Wort im japanischen Wortschatz.

Mottainai (もったいない) bedeutet »zu gut, um es zu verschwenden«, und es wird meist bedauernd verwendet, wenn Essen nicht aufgegessen oder ein Gegenstand nicht richtig recycelt oder wiederverwendet wird. Das Wort kam in der Nachkriegszeit auf, als zu Zeiten von Lebensmittelrationierung und Armut Verschwendung zu einem wichtigen Thema in der buddhistisch geprägten Gesellschaft wurde. Es lässt sich kaum bestreiten, dass dieses Überbleibsel aus dem Krieg eine begrüßenswerte Einstellung ist.

Doch in einem Land, das einzeln eingeschweißte Bananen verkauft und nach den Vereinigten Staaten der weltweit zweitgrößte Erzeuger von Plastikverpackungen pro Kopf ist, fällt es schwer, nicht an Heuchelei zu denken, wenn dieses Wort zum Einsatz kommt.

Nicht nur ein Mal wurde ich dafür gerügt, ein Stück salzigen, mit Gräten durchsetzten Fisch in meiner *bentōbox* übrig gelassen zu haben.

»Chris-sensei, ist Ihnen die anstrengende Arbeit der Fischer denn egal?«, ermahnte mich Komako bei einer ihrer üblichen Spaziergänge zu meinem Schreibtisch, in der Hand ein paar Kit-Kat.

»Mir fällt es schwer, das zu essen.« Ich sah auf das grätige Stück Fisch hinunter und wusste, sollte ich es in meinen Mund stecken, würde kurz darauf jemand das Heimlich-Manöver an mir durchführen müssen.

Dabei war Komakos Schreibtisch im Grunde zu einer Müllhalde verkommen, übersät mit Plastikverpackungen von Tausenden einzeln verpackter KitKat.

»Wir dürfen kein Essen verschwenden, Chris-sensei.«

Ich stimmte ihr zu, dass ich aufessen würde und wartete, bis sie gegangen war, um dann den Deckel zuzumachen und den Ort des Verbrechens zu verlassen.

Stellte sich mein Gesundheitsbericht für europäische Maßstäbe als nicht wirklich großartig dar, war er in japanischen Augen nichts anderes als ein Desaster. In den Vereinigten Staaten sind erschreckende 43 Prozent der Bevölkerung übergewichtig. Großbritannien und Deutschland stehen mit rund 20 Prozent nur etwas besser da.

Und nun werden Sie denken: Klar, ich weiß, in Japan sind es weniger – vielleicht 15 Prozent?

Nö.

Aber sicher doch nicht weniger als zehn Prozent?

Na, dann raten Sie mal weiter.

Japans Fettleibigkeitsrate liegt bei erstaunlichen 4,3 Prozent.

Im Zeitalter von hoch verarbeiteten Lebensmitteln und Fast Food ist das eine erstaunliche Feststellung und etwas, das der Westen unbedingt im Blick behalten sollte. Als ich in Japan eintraf, war ich verblüfft, wie schlank alle zu sein schienen, über alle Altersgruppen hinweg. Bei 120 Mitarbeitenden an der Sakata Senior High konnte ich jene an einer Hand abzählen, die man als übergewichtig bezeichnen müsste – und nun war ich einer von ihnen.

Wo war ich falsch abgebogen?

Eine Studie aus dem Jahr 2008 hatte gezeigt, dass Japaner rund 2000 Schritte mehr pro Tag gehen als die Menschen in den Vereinigten Staaten, außerdem sind die Portionen deutlich kleiner, sodass man in Japan rund 200 Kalorien weniger pro Tag zu sich nimmt. Hinzu kommt, dass die Lebensmittel viel weniger verarbeitet sind als im Westen und reich an sogenannten »Superfoods« sind, angefangen bei *nattō*, fermentierten Sojabohnen, die man mir bitte nie mehr anbieten soll, über eingelegtes Gemüse bis hin zur fermentierten Miso-Suppe, die es zu jedem Essen gibt. Und das ist noch längst nicht alles.

Man geht davon aus, dass kohlenhydratreiche Mahlzeiten (häufig solche mit Reis) länger satt halten; außerdem nascht man in Japan nicht so viel. Letzteres stimmt sicherlich im Vergleich zu meinem vorherigen Bürojob, bei dem Kollegen den ganzen Tag über Chipspackungen oder Kekse neben ihrer Tastatur liegen hatten – hier dagegen kannte ich nur wenige, die vor oder nach ihrem *bentō*-Mittagessen noch Snacks aßen.

All diese Faktoren zusammengenommen führen zu einer gesünderen Bevölkerung. Und wie ich noch lernen sollte, wird in dieser Angelegenheit ein Bestandteil gern vernachlässigt: gesellschaftlicher Druck.

Zum ersten Mal verspürte ich ihn, als die gute alte Komako und ich eines Morgens zum Unterricht aufbrachen. Wie aus dem Nichts platzte sie heraus: »Ooh, Chris-sensei, es scheint, Sie haben in letzter Zeit gerne gegessen.« Dabei warf sie einen Blick auf meinen Bauch.

Das war eine nette Umschreibung, um nicht zu sagen, ich sei fett.

Als Nächstes kam eine meiner besten Englischschülerinnen, ein Mädchen in der Oberstufe. Sie stupste meinen Bauch an, als ich an ihrem Tisch vorbeikam, als wollte sie auf mein Gewicht hinweisen. »Zu viel Brathühnchen!«, erklärte ich unter allgemeinem Gelächter. Mir blieb nichts anderes übrig, als mitzulachen.

Aber es stimmte ja, mein Bauch wölbte sich etwas mehr als sonst. Der Winter war wie ein fieser Überfall über uns hereingebrochen, und die Wetterbedingungen sorgten dafür, dass ich mich in meiner Freizeit in der Wohnung verkroch, wo ich mich mit ungesundem Essen vollstopfte. Es war nicht sehr hilfreich, dass die

Supermärkte einen Fast-Food-Bereich neben den Kassen hatten, wo sie Boxen mit saftigem *karaage*-Hühnchen oder warmes, fluffiges Pizzabrot bereithielten, für jeweils weniger als 200 Yen (etwa 1,30 Euro). Meine feuchtfröhlichen Abende mit Roy waren da nur der allerletzte Sargnagel.

Zur Hölle noch mal, wenn ich diese fettige Talfahrt fortsetzte, wartete unten sogar ganz wortwörtlich ein Sarg auf mich.

Der Druck des ernüchternden Gesundheitsberichts und das »spielerische« Mobbing von Schülerinnen und Kolleginnen sorgten dafür, dass ich zeitgleich mit der Schneeschmelze begann, abends joggen zu gehen, und das günstige Fertigessen aus dem Supermarkt vermied, von dem ich so abhängig geworden war.

Obwohl ich wusste, dass meine Kollegen und Schüler es nur gut gemeint hatten, so war mein Bild der perfekten japanischen Höflichkeit nun doch beschädigt. Zum ersten Mal wurde ich Opfer von Japans einzigartigem kollektiven Mobbing. Solche Kommentare hätte ich zu Hause in Großbritannien nie gehört, wo man Mitarbeiter für solch heftige Bemerkungen wahrscheinlich rausgeschmissen hätte.

Im Jahr 2008 erhielt Japan irreführende internationale Medienaufmerksamkeit, nachdem es angeblich »Fettleibigkeit für illegal erklärt« hatte. Es ging um das kontrovers diskutierte »Metabo-Gesetz« (*metabo* bezog sich auf Metabolismus): Um die Fettleibigkeitsrate nicht weiter ansteigen zu lassen, verlangte das Gesetz von Unternehmen und Regionalverwaltungen, einmal jährlich den Bauchumfang von Menschen zwischen 40 und 75 zu messen. Sollte ihre Gürtellinie 85 Zentimeter für Männer und 90 Zentimeter für Frauen überschreiten, sollten die Firmen diese Mitarbeitenden ermutigen, einen Abnehmkurs zu besuchen, und einen Plan aufstellen, wie sie wieder fitter werden könnten, ansonsten drohte dem Unternehmen eine Geldstrafe. In den Ohren vieler klang das, als wäre da ein überfürsorglicher Staat zu weit gegangen und hätte massiv in die Freiheitsrechte der japanischen Bürger und Bürgerinnen eingegriffen.

Dabei wurde das Gesetz in der japanischen Öffentlichkeit weitgehend begrüßt. Angesichts der steigenden Kosten im Gesundheitssystem durch die immer älter werdende Bevölkerung hätten Faktoren wie zunehmende Diabetes- und Herzkreislauferkrankungen den ohnehin schon angeschlagenen Staatsfinanzen den letzten Rest geben können.

Eine Fettleibigkeitsrate von 4,3 Prozent legt nahe, dass das Konzept von Erfolg gekrönt war.

Was mich betraf, so war ich bereit, meine Brathühnchen-Abendessen gegen Omelette und Salat einzutauschen, doch meine spätabendlichen Ausflüge ins Stadtzentrum von Sakata gab ich nicht so schnell auf.

12. Hostess-Clubs und die Kunst der teuren Begleitung
Februar 2013

Es war ein Uhr nachts und ich saß zurückgelehnt auf einem violetten Ledersofa, eingeklemmt zwischen zwei attraktiven japanischen Frauen, nippte an meinem Whisky und lachte mit den Damen darüber, wie großartig ich doch war.

Als ich mich vorbeugte, um mir eine Zigarette zu nehmen, zückten beide augenblicklich ein Feuerzeug.

»Kakkoī ne?« Eine der Japanerinnen erklärte, wie cool Ausländer seien und zündete mir die Zigarette an. Die zweite nickte zustimmend und füllte frische Eiswürfel und gar nicht so teuren Whisky in mein Glas. Ich lächelte anerkennend und fühlte mich wie der geborene Gangsterboss.

»Bist du Amerikaner?«, fragte eine.

»Brite.«

»*Sugoi!* Toll!«, riefen sie aus und applaudierten mir dann zu dieser außergewöhnlichen Leistung.

Leider stellten sie dann doch den unvermeidbaren Vergleich an.

»Harry Potter! Du siehst aus wie Harry Potter!«

Ich hatte gute Laune, also entschied ich mich mitzuspielen.

»Oh, wirklich? Ihr findet, ich sehe aus wie Daniel Radcliffe?«

Verwirrte Blicke wurden gewechselt.

»*Nani Radcliffe?* Was ist das?«

Die Atmosphäre dieser Nacht wäre sicherlich noch entspannter gewesen, wären nicht die unangenehmen Geräusche aus der anderen Ecke des Raums zu hören gewesen, wo ein Tier mit Elektroschocks gequält wurde. Als sich der Rauch in dem nur spärlich beleuchteten Raum etwas gelichtet hatte, stellte sich heraus, dass dieses Tier in Wahrheit ein japanischer Geschäftsmann mittleren Alters war, der sich an Karaoke versuchte. Nach der Anzahl an Frauen in seiner Umgebung und dem in Strömen fließenden Champagner zu urteilen, darf man guten Gewissens vermuten, dass er zu den reicheren Managern der Stadt gehörte. Es war kein wirklich schmeichelhafter Anblick, wie dieser offenbar reanimierte Leichnam vor einer Menge lächerlich begeisterter Cheerleader ins Mikrofon plärrte.

Die aufmerksamen weiblichen Mitarbeiterinnen bejubelten ihn während der gesamten nicht enden wollenden musikalischen Grausamkeit.

»Du musst singen! Ich wette, du bist großartig!«, rief das Mädchen zu meiner Rechten, das offenbar das Entsetzen auf meinem Gesicht aus irgendeinem Grund für den Wunsch hielt, mitmachen zu dürfen.

»Sing! Du bist Brite! Du musst die Beatles singen!« Das Mädchen links schnappte sich den Touchscreen zur Eingabe der Karaokesongs und tippte *Hey Jude*.

Oh Gott, nein, nicht schon wieder.

Mit einem Schlag war ich in der Realität angekommen: Ich bin kein Gangster. Ich bin nicht cool. Verdammt, ich bin noch nicht einmal Daniel Radcliffe.

Die Komplimente, das Flirten, die berauschende Atmosphäre eines Raums, in dem Zigarettenrauch der Ersatz für Atemluft war, das begeisterte Gebrüll der benachbarten Gruppe männlicher Kunden, deren Egos und Maskulinität gestreichelt wurden ... Willkommen in der *kyabakura*. Einer Hostess-Bar.

Hier lässt man sich nieder, flirtet mit munteren, sexy Frauen, wird furchtbar betrunken und verschleudert in weniger als sechs Stunden ein ganzes Monatsgehalt.

Das klingt erst einmal wie eine Herausforderung, aber ich weiß, wovon ich rede, es ist verblüffend einfach, das in einer Nacht in einer Hostess-Bar zu schaffen. Denn alle Mitarbeiterinnen im Club haben nur eine Aufgabe, den Mann mit allen ihnen zur Verfügung stehenden Mitteln so lange wie möglich auf dem Sofa zu halten. Getränke werden einem eingegossen, unablässig werden Zigaretten angezündet und jeder Satz, den »Mann« äußert, wird mit Lachen bedacht, ganz egal, ob man lustig ist oder nicht.

Es lässt sich also leicht verstehen, warum das Konzept einer Hostess-Bar für erschöpfte Angestellte so verführerisch ist. Vielleicht sind sie einsam oder haben nicht so viel Erfolg beim anderen Geschlecht. Womöglich fühlen sie sich bei der Arbeit nicht wertgeschätzt oder sind der Plackerei tagein, tagaus schlicht überdrüssig. Dann in eine Bar zu gehen, in der einem das Gefühl vermittelt wird, attraktiv und charismatisch zu sein, in der man keinen Finger krumm machen muss, erscheint wie eine gute Idee. Und Ehre, wem Ehre gebührt: Die Mitarbeiterinnen arbeiten außergewöhnlich hart daran, erweisen sich als gnadenlos diszipliniert und sehr aufmerksam.

Kyabakura findet man in der Regel in großen, mehrstöckigen Gebäuden, eingeklemmt zwischen Dutzenden weiterer Hostess-Bars. Auch wenn es auf einen Ausländer zweifellos einschüchternd wirkt, das Labyrinth von Gängen mit den geschlossenen Türen zu erkunden – insbesondere, da die Bars häufig von kriminellen Banden betrieben werden –, so wird jeder Zweifel spätestens dann zerstreut, sobald man die komischen englischen Namen der Etablissements erblickt. Wer würde nicht gern mal in den *Sexy Spice Club* oder die *Wonder Dove Bar* gehen?

Zu meinem ersten Besuch eines Hostess-Clubs stiftete mich Kengo an, der mir nach einer besonders anstrengenden Schulwoche etwas Gutes tun wollte. Als absolutem Neuling klang mir das alles allerdings eher zwielichtig.

»Nein, nein, Chris-sensei! Ich glaube, das ist ein guter Ort zum Entspannen. Mehr nicht.«

In dem Moment, in dem Kengo die schwere Tür zum *Club Calm House* öffnete, tauchte eine wunderschöne Frau auf wie ein Geist aus einer Flasche.

»Konbanwa!« Noch bevor Kengo und ich überhaupt die Jacken ausgezogen hatten, führte sie uns zu einem lippenstiftroten Sofa. Als hätte sie Angst, wir könnten wieder durch die Tür und dann in die Nacht verschwinden.

Der Raum war in auffälligen Rottönen gehalten, und es waren alle Schattierungen dabei, von Rubinrot bis zu Blutbad.

Hostess-Bars sind meist kleinere Räume und haben Platz für durchschnittlich zwanzig Gäste.

Da es keine Fenster gibt und der Rauch überall hängt, kann es sich zu Beginn leicht klaustrophobisch anfühlen.

Ich will nicht lügen – mein Herz raste. Ich hatte keine Ahnung, was auf mich zukam, und die Vorstellung, mit einer energischen Hostess in meinem gebrochenen Japanisch reden zu müssen, entsprach nicht meinem Konzept von Entspannung.

Vom anderen Ende des Raums erklang eine kratzige Stimme.

»Kengo-sensei! *Hisashiburi!* Lange nicht gesehen!«

In einen glänzenden Kimono gekleidet, der von einem schwarzroten *obi*-Gürtel zusammengehalten wurde, sauste eine freudestrahlende Frau mittleren Alters zu uns herüber und gab Kengo einen freundlichen Klaps auf die Schulter.

Während alle anderen Mitarbeiterinnen im Raum um die zwanzig oder dreißig waren, erschien diese Dame ein bis zwei Jahrzehnte älter, auch wenn sie nicht weniger schön war.

Ihr Blick fiel auf mich.

»Hallo. Mein Name ist Keiko. Ich freue mich, Sie kennenzulernen!« Sie stellte sich in beeindruckendem Englisch vor und reichte jedem von uns ein *oshibori*-Handtuch. Ich nahm mir eines und hielt es für einige Sekunden vor mein Gesicht.

Diese feuchten Handtücher, die man in Japan häufig gereicht bekommt, damit Kunden sich die Hände reinigen können, werden im Winter warm und im Sommer kalt serviert. Man hört immer wieder, das *oshibori* habe nichts im Gesicht verloren, aber es gibt im Winter nichts Besseres, um sein Gesicht aufzutauen als dieses dampfend heiße Tuch.

Keiko war die *mama-san*, die Besitzerin und Managerin des Clubs, und ich hatte den Eindruck, die Beziehung zwischen ihr und Kengo reichte weit in die Vergangenheit zurück.

»Wir haben deine Flasche aufbewahrt, Kengo-sensei. Möchtest du heute Abend daraus trinken?«

Unter der unglaublichen Menge an Alkoholika, die man in einem Hostess-Club zum Trinken vorgesetzt bekommt, gehört es zum Standard, sich eine Flasche *shōchū* (destillierten Reisschnaps) zu kaufen und stehen zu lassen, sollte man sie am Abend nicht ganz leeren können. Ein Regal hinter der Theke war randvoll mit dunkelbraunen *shōchū*-Flaschen, jede mit einem goldenen Anhänger und dem Namen des Kunden, der sie bezahlt hatte.

Keiko musste den Laden am Laufen halten, also setzte sich die junge Frau, die uns begrüßt hatte, zu uns aufs Sofa, nachdem sie Kengos Flasche, Eiswürfel und drei Gläser gebracht hatte.

»Lieber Kunde, darf ich auch trinken?«, wollte sie wissen und schenkte uns ein derart großes Lächeln, dass man unmöglich Nein sagen konnte.

»Kanpai!«, schrie sie, als die Gläser klirrten. Wie sie es wohl aushielt, die ganze Woche über jeden Abend zu trinken?

In den nächsten zwei Stunden half mir Yukiko dabei, mich ungezwungen zu fühlen. Hin und wieder nutzte sie dazu ihr gebrochenes Englisch, um mir auf halbem Weg bis zur Sprachbarriere entgegenzukommen, was Kengo amüsiert beobachtete.

Es gab nicht einen Moment während unseres Gesprächs, an dem Yukiko ihr Lächeln aufgegeben hätte, und sie rutschte immer näher an uns heran, lachte über jedes meiner Worte und fragte mich über das Leben in Großbritannien aus. Sie war besonders erfreut zu hören, dass ich an der Sakata Senior High arbeitete, hatte sie doch dort vor rund zehn Jahren ihren Abschluss gemacht.

Das Leben einer Hostess ist hart, daran besteht kein Zweifel. Man erwartet von ihr, dass sie mit endloser Energie trinkt, plaudert und verzaubert, und dabei immer dafür sorgt, dass die Kunden noch mehr Drinks kaufen.

Man hat mir erzählt, dass die am besten verdienende Hostess es in einem Top-Club in Roppongi in Tokio geschafft habe, 46.000 US-Dollar in einem Monat dadurch zu verdienen, dass sie die Kunden verleitete, eine Flasche teuren Champagner nach der anderen zu spendieren. Hier draußen in Sakata war zwar kaum mit solchen Summen zu rechnen, und dennoch hatte Yukiko es schon angedeutet, dass man sich auch außerhalb des Clubs treffen könnte – wozu die Mädchen durchaus ermutigt werden. Wenn man als Escort ein Date mit einem Kunden hat, steigt die Wahrscheinlichkeit, dass er in den Club zurückkommt. Noch viel wichtiger war, dass die jungen Damen womöglich teure Geschenke von den vernarrten Männern bekamen. Yukiko gab mit einem funkelnden Diamantring an, den ihr angeblich ein treuer Kunde zum Geburtstag geschenkt hatte.

Ich versuchte, diese merkwürdige Form der Unterhaltung zu verstehen und fragte Yukiko, wie es sei, als Hostess zu arbeiten. Ganz professionell erklärte sie mir, sie liebe es einfach unter Menschen zu sein, zu singen und zu trinken.

»Jeden Tag Party!«, rief sie und hob das Glas, um ihren *shōchū* zu leeren. »Lieber Kunde, darf ich noch mehr trinken?«

Im Laufe des Abends wurde mir klar, warum die *kyabakura* für den einsamen Büromitarbeiter so verlockend waren. Als dann aber zwei Stunden später die schockierende 30.000 Yen-Rechnung vor uns lag (etwa 190 Euro), stand fest, dass ich wohl kaum so bald wieder herkommen würde.

Sollte es möglich sein, würde ich Hostess-Clubs in der Zukunft meiden. Trotz der warmen, freundlichen Atmosphäre konnte ich den teuren Elefanten nicht übersehen, der mitten im Raum stand. Die ganze Sache hatte sich doch recht oberflächlich angefühlt. Niemand lächelt zwei Stunden ununterbrochen. Es kam mir auf unheimliche Weise unnatürlich vor, und man konnte den Zweifel nicht abschütteln, ob diese jungen Frauen wirklich so glücklich waren.

Noch mehr Sorgen machte mir allerdings, dass mir in der

Kleinstadt Sakata bei mehr als nur einer etwas unangenehmen Gelegenheit die Drinks von der Mutter eines Schülers serviert wurden. Wenn das passierte und die Hostess in einem freizügigen Outfit neben mir saß, mir Alkohol eingoss und flirtend mein Bein berührte, quälte mich die Vorstellung, dass meine Schüler das mitbekommen könnten. Es fühlte sich an wie der Plot einer ganz schlechten romantischen Komödie, und da ich nicht wissen wollte, wie ein solcher Film ausgehen würde, hielt ich mich für den Rest des Jahres von Hostess-Clubs fern.

13. Raus hier. Sofort

April 2013

Es heißt, die höchste je von Menschen aufgezeichnete Temperatur seien die unglaublichen 5,5 Billionen Grad Celsius gewesen, die man im Large Hadron Collider in Genf erreicht hat.

Das ist eine Lüge.

Die höchste jemals aufgezeichnete Temperatur war in meinem Mund.

Ich war so begierig darauf, mein *takoyaki* zu verschlingen, ein glühend heißes, frittiertes Rührteigbällchen mit einem Stückchen Oktopus in der Mitte, dass ich es in den Mund steckte, ohne es zuvor abkühlen zu lassen. Ein Anfängerfehler. Während ich durch den köstlichen, herzhaften, schmelzenden Teig sowie die süße Mayonnaise und das Topping aus Worcestershire-Sauce biss, verwandelte es meinen Mund in einen Fluss aus Feuer.

Ich hüpfte wie wahnsinnig in der Nähe einer Brücke in Dōtonbori im Stadtzentrum Ōsakas herum und spuckte die *katsuobushi*-Stückchen (geraspelter Fisch), mit dem der *takoyaki* garniert gewesen war, in die Luft. Ein vorbeieilender Japaner sah, wie ich mich vor Schmerzen wand. Nachdem seine Augen kurz zwischen meinem Gesichtsausdruck und der Plastikbox voller *takoyaki*-Bälle hin und her gewandert waren, zählte er eins und eins zusammen.

»*Takoyaki, atsui ne!* Sehr heiß!«, kicherte er und verschwand in der Menschenmenge. Offenbar war ich nicht der Erste, dessen Gier über grundlegende Gesundheits- und Vorsichtsmaßnahmen gesiegt hatte.

Dieser kleine Zwischenfall erinnerte mich daran, wie sehr sich Ōsaka von Tōhoku unterschied, der Region im Norden, in der ich lebte und in der die Menschen berühmt für ihre Schüchternheit waren. Umetsu, die energiegeladene Wirtschaftslehrerin, die so gern zu mir an den Schreibtisch kam, um sich mit mir zu unterhalten, hatte mich davor gewarnt. Sie stammte aus Ōsaka und war ausgesprochen witzig und geradeheraus. Sollte jeder in Japans drittgrößter Stadt so sein wie sie, würde ich meinen Ausflug dorthin sicher sehr genießen.

Als Umetsu von meinen Reiseplänen für das anstehende lange Wochenende erfuhr, erklärte sie mir alles, was ich über Ōsaka wissen musste.

Spätestens als sie übers Essen sprach, war ich ganz Ohr. Insbesondere als ich lernte, dass viele meiner Lieblingsessen von dort kamen, darunter *takoyaki*, *okonomiyaki* (herzhafte Pfannkuchen, die vor dem Gast auf einem *teppan*-Grill zubereitet werden) sowie *kushikatsu*-Spieße, in Teig gehüllte, panierte Köstlichkeiten. In Ōsaka schien man das Monopol auf die ungesündesten Gerichte in der japanischen Küche zu haben, und damit war mein Herz schon erobert.

Dies war meine erste Reise allein durch Japan und mein Ziel bestand ausschließlich darin, alles zu essen, was ich kriegen konnte, und Umetsu das Souvenir Nummer eins mitzubringen: Pringles mit *takoyaki*-Geschmack. Die Markenwerbung war super, auch wenn die Chips selbst wie salzige Pappe schmeckten.

In Japan ist es üblich, nach einer Reise allen Kolleginnen und Kollegen ein *omiyage* mitzubringen. Das ist weniger ein Mitbringsel aus einer höflichen Geste heraus als vielmehr eine Pflicht. Bei einer Mannschaft aus 120 Leuten an der Sakata Senior High gab es daher eigentlich immer eine Kiste *senbei*-Reiscracker aus Iwate oder *shiroi koibito*-Kekse aus Hokkaidō, die in der Gemeinschaftsküche auslagen.

Wobei auch nicht alle der Anstandsformel des *omiyage* Folge leisteten. Bei Gesprächen mit manchen der Kollegen fiel mir auf, dass sie plötzlich ganz leise sprachen, wenn es um ihre Ferienplanung ging. Sie hofften, ihre Reisepläne geheim halten zu können und sich damit der Mühe und Verpflichtung zu entledigen, eine Schachtel Kekse mitbringen zu müssen, die dann ohne großes Dankeschön in einem riesigen Lehrerzimmer verschwand. Ich dachte ähnlich und hatte vor, Umetsu ihr Geschenk abseits der gierigen Augen der anderen zu überreichen.

Die Fahrt vom ländlichen Yamagata nach Ōsaka war eine ganz schöne Unternehmung. Ich brach eines Frühlingsfreitagsmorgens auf und fuhr über zwei Gebirgszüge, um zum Flughafen Sendai zu gelangen. Die heimtückischen drei Meter hohen Schneemauern neben dem Bergpass sackten zwar bereits in sich zusammen, überragten die Straße aber weiterhin als angsteinflößender Eisblock. Von Sendai aus flog ich in einer Stunde gen Süden zum Flughafen Kansai, um dort einen Schnellzug nach Namba im Stadtzentrum von Ōsaka zu nehmen. Als ich dort ankam, war ich fast so gar gekocht wie das *takoyaki*, das ich mir zum Abendessen gönnen sollte.

Nach zehn Monaten in Japan hatte ich eigentlich gedacht, den Bogen rauszuhaben, doch in dieser überfüllten, unbekannten Stadt erlitt ich ein weiteres Mal einen Kulturschock. Der krasse Übergang von der windgepeitschten Provinzstadt Sakata und den üppigen Ebenen Yamagatas zur ausgedehnten 19-Millionen-Metropole weckte jedoch den Wunsch in mir, die Stadt Osaka zu erkunden.

Die Ebisu-Brücke, Schauplatz meiner *takoyaki*-Kernschmelze, befindet sich inmitten von mindestens einhundert beleuchteten Werbewänden. Dieser Angriff auf die Netzhaut lässt sich in Sachen Spektakel wohl nur mit Tokios berühmter Shibuya-Kreuzung vergleichen. Doch während in Shibuya die Attraktion jene 400.000 Menschen sind, die jeden Tag die Straße überqueren, stehen hier im Zentrum Ōsakas, in Dōtonbori, die bunten Reklametafeln und Werbeplakate im Mittelpunkt.

Die größte Werbewand ist der Glico-Mann, das Maskottchen für eine Süßwarenfirma, der vor einer leuchtenden Sonne mit ausgestreckten Armen auf die Betrachter zuläuft und dessen Bild sich im Kanal unter der Brücke widerspiegelt. Man kommt hier kaum an all den Touristen vorbei, die für ihren Instagram-Auftritt die Pose nachstellen. Links vom Glico-Mann überragt eine drei Meter hohe, eiskalte Asahi-Bierdose die Menschenmenge, und über der Brücke thront das Bild von Ken Watanabe, der stoisch vor sich hin schaut und für irgendwelche Elektrogeräte wirbt.

Bis heute ist dieser Anblick der Ebisu-Brücke mein Lieblingsort in Japan. Die Intensität der Werbeplakate, der mit in Ehrfurcht erstarrten Touristen besetzte Kanal, dazu der Geruch nach Street Food und das Geräusch von jungen Frauen, die Spaziergänger in einen nahe gelegenen Club, eine Bar oder einen Karaokeschuppen locken wollen, vermischen sich für mich zu einer überwältigenden und belebenden Erfahrung. Genau so hatte ich mir mein neues Leben in Japan vorgestellt – nicht das Leben auf einem Reisfeld an der abgelegenen Westküste.

Ganz egal, wohin ich meine Kamera richtete, die Szenerie sah immer aus wie eine Kulisse für *Blade Runner*. Und es war tatsächlich der Regisseur des Films *Blade Runner*, Ridley Scott, gewesen, der durch den Film *Black Rain*, einen Neo-Noir-Actionstreifen aus dem Jahr 1989 mit Michael Douglas und Andy Garcia, dafür sorgte, dass Ōsaka auf den Landkarten im Westen auftauchte. Die Handlung des Films ist völlig absurd. Zwei US-amerikanische Polizisten verfolgen einen Yakuza-Boss und handeln sich dabei zusammen mit ihren japanischen Kollegen jede Menge Ärger ein.

»Keiner wird einem Gaijin helfen.« »Gaijin?« »Ja, einem Ausländer, einem Barbaren, einem Fremden«, erklärt eine in einem Hostess-Club arbeitende Amerikanerin der von Michael Douglas gespielten Figur, als dieser sich über die mangelnde Würdigung durch die japanische Polizei beschwert. Mit den unfassbar übertriebenen Dialogen und der Darstellung von Michael Douglas als etwas gesetzlosem weißen Retter, den Japan so dringend braucht, ist der Film alles andere als gelungen.

Doch trotz all der Fehler fangen die Bilder ganz wunderbar die vielen Seiten Ōsakas ein. In meinen Augen sah in keinem anderen Film eine japanische Stadt bei Nacht verlockender aus als hier.

In Ōsaka sah ich zum ersten Mal eine japanische Stadt voller Müll. Immer wieder schwärmen Touristen davon, wie sauber die

Straßen Japans sind, obwohl sich nirgends Mülleimer finden (eine Folge des Saringiftgasanschlags 1995). Ōsakas Straßen glänzten nicht derart, doch das gab ihnen einen etwas kantigeren, lebendigeren Anstrich, was das Umherstreifen durch die Straßen und Gässchen besonders lohnend machte. Dort, wo die Wolkenkratzer in Tokio fast etwas steril wirken, fühlt sich Ōsaka mit den durchhängenden Stromkabeln, den halb leeren Bierdosen im Kanal und dem Dampf aus den Restaurantküchen viel mehr wie eine lebendige, atmende Stadt an.

Widerstrebend löste ich mich von dem umwerfenden Anblick und machte mich auf den Weg zu meinem Hostel. Da Dōtonbori ungemein beliebt ist, war es schwer, eine bezahlbare Unterkunft zu finden. Trotz der durchgängig schlechten Bewertungen hatte ich mich für das *Dōtonbori Backpacker Hostel* entschieden. Die Rückmeldung der Gäste war nicht gerade ermutigend.

»Fünf von zehn Sternen. Es war interessant.« – Anonym.

Laut meiner Erfahrung stand das Wort »interessant« nicht unbedingt synonym für erholsamen Nachtschlaf. Meine schlimmsten Befürchtungen wurden bestätigt, als ich vor dem schwarzen Apartmentgebäude aus Beton stand, das sich bei näherer Betrachtung als eigentlich weiß erwies. Es war nur derart verdreckt von den Abgasen der benachbarten Autobahn, dass man das kaum noch erkennen konnte.

Ich nahm den Fahrstuhl bis in den vierten Stock und fand den Raum 401 in einem Flur mit lauter pinken Metalltüren. Es sah aus wie ein Flügel in Barbies Gefängnis. Ein dumpfes Scheppern ertönte, als ich an die Metalltür klopfte.

Ich wartete dreißig Sekunden auf eine Reaktion, dann sprang, wie in dem Schockmoment eines Horror-Streifens, urplötzlich die Tür auf und ein Typ stolperte heraus und fiel zu Boden.

»*Daijōbu?* Alles in Ordnung?«, rief ich aus und trat einen Schritt zurück.

»Daijōbu!«, antwortete er barsch, stand auf und klopfte sich ab.

Sein exzentrischer Auftritt schien den Mann völlig unbeeindruckt zu lassen.

»Bitte, bitte.« Er wies auf die Tür am Ende des Flurs und ich überlegte, ob dies der Teil des Horrorfilms war, bei dem die Zuschauer im Kinosaal riefen: »Geh nicht rein!« Wider besseres Wissen folgte ich dem Mann in ein Zimmer, das wie eine gewöhnliche japanische Wohnung aussah. Mir dämmerte langsam, dass ich in der Wohnung dieses Typs übernachten würde.

Mit den langen, zerzausten Haaren und den Surfer-Shorts wirkte er nicht wie der typische Japaner. Er steckte sich eine Zigarette in den Mund, zündete sie umgehend an und öffnete den Kühlschrank, wo sich die zersplitterten Überreste einer halben Wassermelone zeigten.

»Du bist Wassermelone?«, fragte er, nachdem er zum Englischen gewechselt war.

Ich lehnte ab.

Die Melone sah aus, als hätte jemand sie mit einem Hammer bearbeitet. Das arme Ding war praktisch explodiert. Als ich dann die Tür zu meinem Zimmer aufdrückte, kam mir der unangenehme Geruch abgestandener Luft entgegen, verfeinert mit einer leichten Schweißnote, und ich erblickte sechs Stockbetten, die im kleinsten Zimmer der Welt in U-Form aufgestellt worden waren. Ich war schockiert, dass so etwas überhaupt legal war. Und im Nachhinein denke ich, das es das wohl auch nicht war.

Es kam mir vor, als hätte jemand die Definition von »Hostel« bis aufs Äußerste gedehnt. Aber so erklärte sich der absurd niedrige Preis von 2000 Yen (etwa zwölf Euro) pro Nacht.

Was Übernachtungsmöglichkeiten angeht, so gibt es nirgends eine größere Vielfalt als in Japan.

Trotz allem, was meine »Hostel«-Erfahrung hier suggeriert, kann man sich wirklich nicht über eine mangelnde Auswahl beschweren. Am billigsten Ende finden sich Hostels, also ich meine richtige Hostels, sowie Kapselhotels, die in der Regel so zwischen

1500 und 4000 Yen (zirka zehn bis 25 Euro) pro Nacht kosten. Sie verfügen meist über Schlafsäle mit Stockbetten sowie Gemeinschaftsduschen und -badezimmer. Normalerweise entschied ich mich für ein Kapselhotel, denn dort hatte man etwas Privatsphäre dadurch, dass man sich in eine Art Riesensarg legte.

Eine Stufe besser sind Business-Hotels, die zwischen 5000 und 15.000 Yen (rund 30 bis 100 Euro) kosten. Sie riechen nicht selten nach den Zigaretten früherer Gäste, haben ein kleines Einzelbett und für jeden Gast eine eigene *ofuro*, die klassische, tiefe japanische Badewanne, und eine Toilette. Darüber kommen dann Boutique- und Luxus-Hotels, die meist mehr als 25.000 Yen (etwa 150 Euro) pro Nacht kosten und nur die allerbeste Ausstattung und Gastronomie haben.

Dann wäre da noch eine andere, etwas ausgefallenere Option. Sogenannte Liebeshotels verlangen rund 4000 Yen für einen zweistündigen Aufenthalt oder 11.000 Yen für eine ganze Nacht. Diese Räume in der Kurzzeitmiete werden, der Name verrät es schon, meist für romantische Rendezvous frequentiert, können nicht vorab reserviert werden und sind oft nach gewissen Themen eingerichtet. Schon allein von der Idee eingeschüchtert, standen Love Hotels bei mir gar nicht auf der Liste. Hatte ich eigentlich gedacht.

Nachdem man mir das kleinste Zimmer der Welt gezeigt hatte, brauchte ich schleunigst einen Drink. Ich floh aus dem Gebäude, stürzte in den nächstgelegenen 7-Eleven und kaufte mir eine Dose Strong Zero. Dieses Zitronengetränk mit Wodka kommt auf neun Prozent Alkohol und war der Vorbote von so manch chaotischer Nacht.

Es ist in Japan erlaubt, in der Öffentlichkeit zu trinken, also schlenderte ich durch Ōsaka und kam auf einen Platz voll amerikanischer Ikonografie.

In der Mitte zeigten japanische Teenager Tricks auf dem Skateboard, direkt unter dem schäbigen Modell der Freiheitsstatue auf dem Dach eines benachbarten Gebäudes. Es hatte mich nach Amerikamura verschlagen, also wörtlich Amerika-Stadt, wo alles US-Amerikanische abgefeiert wurde. Hier konnte man seinen Vorrat an westlichen Produkten auffüllen oder Kleidung mit sehr seltsamen englischen Aufdrucken kaufen. Ein rotes T-Shirt mit der Frage »FREUST DU DICH FRÜHLING?« erregte meine Aufmerksamkeit, und ich nahm mir vor, es zu kaufen, um damit meine Sammlung zu ergänzen.

In einer Welt, in der die englische Sprache über das Marketing jedes Produkts und jeder Dienstleistung geklebt wird, um der Sache mehr Prestige zu verleihen, in der aber offenbar niemand die Texte Korrektur lesen lässt, hat sich in Japan eine hybride japanisch-englische Sprache entwickelt, die oft mehr Fragen aufwirft als Antworten gibt.

Ganz in der Nähe meiner Wohnung in Sakata gab es ein eher enttäuschendes Steak-Restaurant, das mit dem Spruch warb: »Das ist die Extremität des Luxus, in stämmiges Fleisch zu beißen. Wie saftig und lecker!! Es ist jenseits der Beschreibung.«

Speisekarten lasen sich oft wie eine Horrorshow. Ein Gericht aus mit Frischkäse bestreutem Tofu wurde angepriesen als: »Sojasauce rechnet mit Frischkäse ab«. »Sojasauce rechnet ab« klang in meinen Ohren eher wie eine Waterboarding-Variante als wie eine Vorspeise.

Auch ganze Geschäfte gaben sich verwirrende Namen. Jeden Tag ging ich an einem Laden für reduzierte Kinderkleidung vorbei, der sich »Starvations« (»Hungertode«) nannte. Im Stadtzentrum von Sendai gab es ein Geschäft namens »Sperm« (»Sperma«). Es war nicht ganz zu verstehen, welche Überlegungen zur Wahl genau dieser englischen Worte geführt hatten, aber so wurde das Leben in Japan nur noch reicher. Man wusste nie so recht, auf was man als Nächstes stoßen würde.

In der feuchten Abendluft saßen auf dem Amerikamura-Platz Grüppchen von Freunden, die tranken und lachten, und ich empfand eine Art Ruhe, wie ich sie bei meinen bisherigen Wochenendausflügen nach Tokio noch nie so empfunden hatte. Die entspannte Atmosphäre hier war so ganz anders als in der Hauptstadt, wo es sich wie ein Verbrechen anfühlte, einfach nur irgendwo zu stehen oder zu sitzen. In Tokio hatte man das Gefühl, die Menschen waren ständig unterwegs und immer bemüht, irgendwohin zu kommen.

Da ich meine Dose Zero Strong schon fast geleert hatte, fühlte ich mich bereits leicht beschwipst. Der Drink lieferte, was er versprach.

Wie ich so die letzten Tropfen trank, fiel mir ein Mädchen auf, das auf der anderen Seite des Platzes allein auf einer Bank saß und ebenfalls etwas trank. Auf diese unheimliche Art und Weise, mit der Menschen es zu spüren scheinen, wenn ein Blick auf sie fällt, ließ sie genau in dem Moment, in dem ich sie ansah, auch ihren Blick zu mir herüberschweifen.

Vielleicht lag es am Zero Strong, denn noch bevor ich es mir anders überlegen konnte, hob ich meine Dose und schickte ihr ein freundliches »Prost« hinüber. Ein Lächeln ging über ihr zuvor ausdrucksloses Gesicht und sie hielt ihre Dose hoch, als würde sie mit mir anstoßen.

Was folgte, war ein lang gezogenes Spiel von Augenkontakt-Tischtennis, während wir so taten, als würden wir den Skateboardern beim Hin- und Herfahren zuschauen. Schließlich zeigte sie auf den leeren Platz neben sich und winkte mich herüber.

Ich umklammerte meine leere Dose und marschierte etwas unsicher in ihre Richtung, in der Hoffnung, mich nicht zum Deppen zu machen.

»Trinkst du allein oder machst du dich nur bereit zum Skateboarden?«, wollte sie mit sarkastischem Unterton wissen und warf mir ein freches Lächeln zu.

»Ich fürchte, dass ich nur allein trinke – nichts weiter!«, lachte ich und klopfte an die Dose. Der hohle Klang verriet, dass sie leer war.

»Oh nein, du hast ja schon gar nichts mehr!« Sie zog aus ihrer Tasche eine Dose Zero Strong mit Sangria-Geschmack. »Wie wäre es mit noch einer?«

Wie konnte ich da Nein sagen?

Als wir ins Gespräch kamen, erfuhr ich, dass Mei aus Taiwan stammte und Ōsaka ganz allein besuchte.

Ōsaka war ein beliebtes Shopping-Ziel für benachbarte Länder wie Südkorea, China und Taiwan, und es war nicht ungewöhnlich, dass Touristen einflogen, um einen Berg japanischer Premium-Güter einzukaufen und wieder heimzufliegen, so wie britische Touristen kurz mal nach Frankreich fuhren, um eine Ladung billigen Alkohol abzuholen.

In Meis Fall hoffte sie auf einen gewinnbringenden Trip, indem sie Kosmetika verkaufte, die sie aus ihrer Heimatstadt Taichung mitgebracht hatte.

Nach ein paar weiteren Dosen verstanden Mei und ich uns ausgezeichnet. Da ich noch nicht bereit war, in meine Gefängniszelle/Hostelkammer und zu der breiigen Wassermelone zurückzukehren, schlug ich ihr vor, den Abend woanders fortzusetzen.

»Ich vermute, du hast keine Lust, mich noch auf ein paar *okonomiyaki* zu begleiten?«

Wir warfen unsere Dosen weg und machten uns auf den Weg in die feuchten, von Neonlicht beschienenen Straßen von Dōtonbori.

Okonomi bedeutet wörtlich »nach Belieben«. *Yaki* heißt »gebraten«.

Man beachte, dass die Zutaten selbst gar nicht im Namen des Gerichts auftauchen. Das Reizvolle an *okonomiyaki* ist die Vielzahl an Geschmacksrichtungen, die sich durch die endlose Zahl möglicher Kombinationen aus den Zutaten ergibt. Keine zwei Pfannkuchen sind gleich. Die Basisbestandteile sind Teig und Kohl, und die Gäste wählen dann aus einer Reihe von Garnierungen, die von Fleisch über frisch gehackte Meeresfrüchte bis hin zu allerlei Gemüse reicht.

Das Gericht wird entweder nach Hiroshima-Art oder nach Ōsaka-Art zubereitet. In Ōsaka werden alle Zutaten auf einmal miteinander vermischt, auf einen glühenden *teppan* gelegt und mit einem kleinen Metallspachtel in kreisrunde Form gebracht.

Immer mal wieder bekommt man die Schüssel mit den Zutaten auch einfach selbst gereicht und wird mit den Werkzeugen und dem Grill vor sich alleine gelassen.

Bei der Hiroshima-Art wird alles in Schichten auf den Grill gestapelt, wobei zuerst eine Portion Nudeln, dann Kohl gekocht wird und so der Pfannkuchen immer höher wird, bis am Schluss der Teig darüber verteilt wird.

Beide Zubereitungen enden auf die gleiche Weise: Der Pfannkuchen wird mit Worcestershire-Sauce übergossen, mit Mayonnaise erstickt und dann mit Algen- und *katsuobushi*-Flocken (geräucherter Bonito) bestreut. Das ist dieselbe Garnierung wie beim *takoyaki*, weshalb es auch recht ähnlich schmeckt, nur sind *okonomiyaki* in der Regel deutlich sättigender.

Ich persönlich ziehe die Hiroshima-Art vor, da es das komplexere Essen ist, das zudem durch den Geschmack der *yakisoba*-Nudeln noch einen Bonus bekommt. Da es komplizierter zuzubereiten ist, wird Hiroshima-*okonomiyaki* meist direkt vor den Augen der Gäste gebraten, was dem Ganzen einen Hauch Theatralik verleiht. Vielleicht mag ich es auch deshalb lieber. Oder womöglich bin ich einfach zu faul, um selbst zu kochen.

Das soll aber nun nicht heißen, dass die Ōsaka-Art reizlos wäre. Sie lässt sich deutlich leichter zubereiten und ist, ohne all die Schichten, *viel* leichter zu essen. Davon abgesehen kam es ja gar nicht infrage: In Ōsaka zu sein und *okonomiyaki* nach Hiroshima-Art zu essen wäre eindeutig Verrat.

Mei und ich fanden ein Restaurant mit Aussicht über den Fluss, der jetzt im Dunkeln im Lichtschein von Hunderten angestrahlter Werbeplakate leuchtete. Ein spektakulärer Hintergrund, um Pfannkuchen zu vertilgen.

Nur Minuten später rührte und formte Mei den köchelnden Teig für unseren gemischten Meeresfrüchte-*okonomiyaki*. Dankenswerterweise hatte sie mich beim Wort genommen, dass meine Versuche, das Essen zuzubereiten, für uns beide in einem Leichensack enden würden.

Gegen 22 Uhr hatten wir unser Abendessen beendet. Trotz des ohrenbetäubenden Brutzelns des Grills und dem Geräusch des Abluftventilators hatten wir uns fast drei Stunden lang ununterbrochen unterhalten. Wir wollten beide ein Wiedersehen und verabredeten uns für den folgenden Abend.

Am nächsten Tag brach ich früh auf, um die nahe gelegene Stadt Nara zu besichtigen, die sowohl für ihren gigantischen Bronzebuddha als auch für ihre wohlerzogenen Hirsche berühmt ist. Denkt man sich Ōsaka als Kakophonie der Geräusche, dann wäre Nara eher eine Bibliothek. Ich schlenderte durch die friedlichen, mit Bäumen bestandenen Straßen, und die Stille wurde nur von den kurzen Rufen eines Duos unterbrochen, das voller Schwung Reismehl stampfte, um daraus weiche, zähe *mochi*-Reiskuchen zu machen. Dann spazierte ich durch den Hauptpark, in dem die Hirsche, die Stars der Stadt, sich verbeugten, um gefüttert zu werden. Angeblich haben sie dies von den sich ebenfalls verbeugenden Bürgerinnen und Bürgern der Stadt abgeschaut, und es war ein wirklich spannender Anblick, bis ein ganz besonders hungriger Lümmel mir in den Hintern biss.

Nachdem ich dem Kampf mit dem Hirsch entkommen war, wovon ein Loch in meiner Hose zeugte, kehrte ich nach Ōsaka zurück, um mich mit Mei in einer Filiale der Pub-Kette *Hub* zu treffen.

Hub ist die japanische Antwort auf die Frage: Was passiert, wenn jemand, der noch nie in Großbritannien war, sich entschließt, einen britischen Pub zu eröffnen?

An den Wänden hingen Poster von Spitfire-Maschinen und Kriegsschiffen neben Retro-Anzeigen für britisches Ale, die Stühle waren rund um Holzfässer drapiert, was dem Ganzen die Anmutung eines Piratenschiffs verlieh – mit anderen Worten: Es war wie zu Hause.

Am besten gefielen mir die Flyer, die auf jedem Tisch lagen und das Konzept eines britischen Pubs erläuterten.

»Jeden Sonntag gehen die Engländer zur Kirche. Nach dem

Gottesdienst besuchen sie den Pub, der häufig in die Kirche selbst eingebaut ist.«

Ah, ja. Die Pub-Kirche. Gott, wie sehr habe ich dich vermisst. Zum Glück hatten sie eine wichtige Sache richtig gemacht – den Alkohol. Es war fast unmöglich, in Japan Cider zu bekommen, und *Hub* war einer der wenigen Orte, an denen ich eine Flasche meiner Lieblingsmarke Aspall leeren konnte. Ich goss unsere Drinks ein, während Mei das Loch in meiner Hose inspizierte und dabei vor Lachen beinahe umgefallen wäre.

»Es scheint so, Mr. Broad, als hättest du mich mal besser zu deinem Schutz mitgenommen!«

»Es war furchtbar. Sie kamen zu Hunderten.« Ich übertrieb das Geschehen und versuchte, nicht allzu erbärmlich zu wirken. »Aber ich habe mich dem blutigen Kampf gestellt. Ich bin sicher, dass die Hirsche sich in nächster Zeit nicht wieder raustrauen.« Ich nahm den ersten Schluck Cider und spürte mit einem Mal Heimweh.

Drei Flaschen später beschwerte ich mich über mein furchtbares Hostel.

»Es ist schrecklich, Mei, überall diese verdammte Wassermelone.«

Sie schien alles andere als abgeschreckt, sondern fand eher, es klinge witzig.

»Du musst mir das Hostel zeigen. Es scheint mir wie ein Filmset zu sein.«

»Im Gegenteil, ich bin versucht, heute Abend gar nicht mehr dorthin zurückzukehren.«

Unser Flirt hatte seinen Höhepunkt erreicht und wir versuchten beide, mal ganz »unauffällig« herauszufinden, ob es eine Chance gab, die Nacht miteinander zu verbringen. Ich überlegte, die Geschichte eines meiner Lieblingsfilme aus den Neunzigern zu stehlen, nämlich *Before Sunrise*, in dem sich zwei Fremde in einem Zug begegnen und die ganze Nacht durch Wien laufen, bis sie am Morgen auseinandergehen und er seinen Rückflug antreten muss.

Mein Flug verließ Ōsaka am nächsten Morgen um neun Uhr. Ich schlug vor, wir könnten den Rest der Nacht damit verbringen, die Stadt zu entdecken und um sechs Uhr würde ich dann den Zug zum Flughafen nehmen. Das wäre perfekt. Mei war dabei. Vor allem deshalb, weil sie den Film kannte. Offenbar hatte ich aber die Szene verpasst, in der es zu einem demütigenden Moment in einem Love Hotel kommt.

Gegen Mitternacht hatten Mei und ich einige Stunden damit verbracht, von einer Bar zu nächsten zu wechseln. Nach all diesen Stunden des Trinkens und Flirtens küssten wir uns schließlich unter dem wachsamen Auge des Glico-Manns.

»Warst du jemals in einem Liebeshotel?«, fragte sie und schaute mich erwartungsvoll an.

Ich dachte zunächst, sie mache einen Scherz, aber sie bestand darauf, dass wir uns das einmal anschauen sollten. Ich wollte mich nicht mit ihr streiten. Auch wenn der Plan, die ganze Nacht durchzumachen, aufregend klang, so war die Aussicht auf ein paar Stunden ausruhen auch nicht verkehrt – es blieben ja noch sechs Stunden.

Zu unserem Glück war die Dichte von Liebeshotels am Rande des Dōtonbori-Kanals die höchste in ganz Ōsaka.

Rabu hoterus (ラブホテル) gehören in Japan zum Big Business. Es gibt etwa 37.000 Love Hotels im ganzen Land, die einen Umsatz von geschätzt 37 Milliarden Euro pro Jahr machen und eine wichtige Funktion erfüllen, indem sie japanischen Pärchen eine Fluchtmöglichkeit bieten. Traditionell leben japanische Familien in Mehrgenerationen-Haushalten mit Großeltern, Eltern und Kindern unter einem kleinen Dach. Bedenkt man jetzt noch die Papierwände, wird das Problem augenfällig.

Neben Ehepaaren bieten diese Etablissements auch Sexarbeiterinnen ein gewisses Maß an Diskretion und Geheimhaltung, zudem Alleinstehenden beim One-Night-Stand und natürlich auch Verheirateten, die ihre Affäre pflegen. Auf dem Land, wo die Hotels eher wie geschmacklose Freizeitparks aussehen, bin ich häufig an ihnen vorbeigekommen. In den Außenbezirken von Sakata fiel mir immer eines auf, das wie eine Burg aussah, ein anderes in Yamagata Stadt hatte seine Außenwände wie ein Raumschiff gestaltet.

Trotz all dieser Eigenwilligkeit wird Diskretion großgeschrieben, die Hotels verfügen über separate Parkplätze und Eingänge, und die Nummernschilder der geparkten Autos werden abgedeckt, um die Identität der Kundschaft nicht preiszugeben.

In Ōsaka war eine unserer Optionen das Hotel *Mickey Cookies*, das wegen der in leuchtenden Primärfarben gestalteten Wände und dem Riesenteddy über dem Eingang verwirrenderweise wie eine Kindertagesstätte aussah. Dann gab es noch das Hotel *Chapel Christmas*, das drei Weihnachtsmänner rund um die Tür angebracht hatte und einen mit dem Spruch begrüßte:»Danke fürs Kommen. Freude in der Welt!«

Noch prominenter als die knallige Dekoration waren nur die Schilder mit den unschlagbaren Preisen. Für nur 2990 Yen (zirka 19 Euro) durfte man zwei Stunden in der Chapel Christmas bleiben, wo wirklich jeden Tag Weihnachten war. Ein voller zwölfstündiger Aufenthalt schlug mit akzeptablen 6990 Yen (rund 44 Euro) zu Buche.

Nachdem wir ein wenig im Kreis gelaufen waren und uns nicht entscheiden konnten, zeigte Mei auf ein gehobeneres Hotel, dem dankenswerterweise das abscheuliche Äußere seiner Konkurrenten fehlte.

»Das sieht doch cool aus, oder?«

Das Hotel *Nest* wirkte beinahe wie ein gewöhnliches Business-Hotel, abgesehen vom sprudelnden Wasserfall vor dem Eingang. Ich hatte keine Ahnung, was mich erwarten würde, weshalb ich etwas nervös die Lobby betrat. Leise Fahrstuhlmusik begrüßte uns und wir standen vor einer großen Wand mit kleinen Bildschirmen, die die zur Verfügung stehenden Räume zeigten. Obwohl es offenbar sehr viele Zimmer gab, waren die meisten schon besetzt, sodass nur vier beleuchtet und damit verfügbar waren.

Es fühlte sich unnatürlich an, besonders, da weit und breit keine Mitarbeiter zu sehen waren. Bei Love Hotels geht man davon aus, dass die Gäste von der ersten bis zur letzten Minute ohne Interaktion mit einem menschlichen Angestellten auskommen. Zumindest war das die Erwartung.

Mei und ich hatten uns gerade auf ein Zimmer geeinigt, als aus einer Seitentür ein verärgerter Mann herausgestürmt kam.

»Entschuldigung. Keine Ausländer«, erklärte er und machte mit seinen Armen ein großes »X«. Das weltweit gültige Zeichen für »Verpisst euch«.

Mir kam es vor, als hätte man mir ins Gesicht geschlagen. Ich erstarrte. Es fühlte sich sehr unangenehm an.

»*Hontōni dame?* Wirklich nicht?« Ich blickte ihn finster an.

»Wirklich nicht«, gab er streng auf Japanisch zurück und streckte den Arm aus, um den Schlüssel einzusammeln, den wir gerade ausgesucht hatten.

»Scheiße.« Ich warf ihm den Schlüssel hin und zog verlegen ab. Das war das erste Mal, dass ich als Ausländer in Japan diskriminiert worden war. Man hatte mir von ähnlichen Situationen erzählt, wenn es um die Vermietung einer Wohnung ging, aber doch nicht bei einer solch alltäglichen Sache wie dem Mieten eines Liebeshotelzimmers.

Später bin ich für das Drehen von YouTube-Videos immer wieder in Love Hotels gewesen, wurde aber als Ausländer nie mehr zurückgewiesen. Was wohl auch daran liegt, dass seit meiner Ankunft in Japan 2012 der Tourismus deutlich zunahm und der Markt für Ausländer, die nach einem schnellen, neuen Ort für eine kurze Pause suchen, einfach zu groß war, als dass man ihn hätte ignorieren dürfen. Pärchen aus der LGBTQ+-Szene haben da leider nicht so viel Glück, was ich selbst erfahren musste, als ich Videos mit meinem Freund Connor drehte und wir uns lediglich kurz ausruhen wollten. Wir fanden aber schnell einen einfachen Trick: Man setze sich eine Perücke und eine Sonnenbrille auf und schon ist das Personal an den

Überwachungskameras auf dem Holzweg. Seitdem sind wir nie wieder aufgehalten worden, und ich habe eine fantastische Perückensammlung angehäuft.

So sehr es mich schmerzt, es zuzugeben, aber bei unserem nächsten Versuch, in ein Liebeshotel zu gelangen, war ich drauf und dran, dem Klischee des störenden Ausländers gerecht zu werden. Der Michael Douglas unserer Zeit.

»Mach dir keine Sorgen. Ich bin sicher, es sind nicht alle so!«, versicherte mir Mei und wies auf ein Hotel auf der anderen Straßenseite, das den ermutigenden Namen *Hotel Lovers* trug.

Dieses Mal hatten wir Erfolg.

Mit dem Zimmerschlüssel in der Hand und voller ansteigender Erwartung fuhren wir in den fünften Stock. Wir öffneten die Tür und betraten einen großzügigen Raum, der ganz in Violett gehalten und mit einem King-Size-Bett, einem 130 Zentimeter Flachbildschirm-TV mit Karaoke und sogar einem Jacuzzi ausgestattet war. Eine in Geschenkpapier eingeschlagene Box enthielt einen Vibrator und Kondome. Viel aufregender als ein Stück Schokolade auf dem Kopfkissen. Die Diskretion eines Love Hotels geht auch im Zimmer weiter, denn das ganze Erlebnis ist so ausgeklügelt, dass alles völlig unauffällig abläuft. Sogar die Seife und das Shampoo hier sind ohne Duft, sodass man im Falle einer außerehelichen Liebelei nicht dadurch Verdacht erregt, dass man zu Hause plötzlich nach Aloe Vera oder Erdbeeren riecht.

Es war zugleich beeindruckend und ein wenig deprimierend. Allerdings bekommt man in einem Love Hotel eine Menge geboten für sein Geld.

Wir warfen die Tür hinter uns zu und wollten uns gerade dringenderen Dingen zuwenden, als unsere romantische Zweisamkeit durch ein ohrenbetäubendes Klingeln unterbrochen wurde.

»Was um alles in der Welt ist das denn jetzt? Hoffentlich kein Feueralarm.«

Mei fand einen weißen Bildschirm neben der Eingangstür, der mit Schlitzen für Bargeld und Kreditkarten ausgestattet war.

Obwohl sie Japanisch nicht lesen konnte, so half ihr ihr Wissen um chinesische Schriftzeichen, die Vorläufer des Kanji, weshalb sie zumindest die Worte »Bezahlung« und »jetzt« entziffern konnte.

»Oh Mist. Vielleicht müssen wir vorab bezahlen?«

Offenbar hatte in der Sekunde, in der die Tür geschlossen wurde, die Uhr angefangen zu ticken. Auch wenn die meisten Liebeshotels die Bezahlung in dem Moment verlangen, in dem man sich verabschiedet, schien dieses hier auf Vorkasse zu bestehen.

»Kein Problem, überlass das mir!«, erklärte ich galant und griff zu meinem Portemonnaie. Mei verschwand in Richtung Whirlpool.

Ich entschloss mich für die drei-Stunden-Option, mit der wir es bis zu meinem frühmorgendlichen Zug aushalten würden. Der Betrag von 6500 Yen erschien auf dem Bildschirm, ich zückte meine britische Kreditkarte und schob sie in die Maschine.

Ein beunruhigend stotterndes Geräusch war zu hören, und wenige Sekunden später erschien meine Karte wieder. Auf dem Monitor tauchte ein rotes Ausrufezeichen auf.

Oh oh.

Ich öffnete meinen Geldbeutel, um nach Bargeld zu suchen. Keines da. Alles weg. Na klar, wir tranken nun ja auch schon seit neun Stunden die Stadt leer.

Scheiße.

Ich versuchte es noch einmal mit meiner Karte. Sie kam umgehend zurück.

Große Scheiße.

Inzwischen hörte ich, wie Wasser im Whirpool gurgelte. Auch die Dusche lief.

Ich steckte meinen Kopf ins Badezimmer, wo ich Mei völlig nackt erwischte, nur ein wenig mit Schaum bedeckt. Jede mögliche Erregung wurde durch die drohende Sorge ausgelöscht.

»Mei. Du hast wahrscheinlich auch kein Bargeld mehr, oder?«, schrie ich, peinlicherweise.

»Nein, ich habe alles bei *Hub* ausgegeben«. Der Rest ist in meinem Hotelzimmer«, rief sie ganz entspannt zurück.

Ich ließ den Jacuzzi, den wir nie würden nutzen können, links liegen und marschierte zurück zum Bezahlautomaten.

Und was jetzt?

In einem Anflug von Panik war ich kurz davor, jedes physische Objekt, das ich in die Finger bekommen konnte, in das Kartenlesegerät zu stecken, ganz egal ob es mein Führerschein oder die Gratispackung Kondome war. In diesem Moment sah ich den roten Knopf für die Gegensprechanlage. Vielleicht konnte ich mit den Mitarbeitern verhandeln? Womöglich hatten sie einen Apparat, der meine Karte akzeptierte?

Ich drückte den Knopf, und eine Frau meldete sich. Sie klang nicht wirklich begeistert.

»*Hai. Dōzo.* Ja, bitte?«

Ich konnte schon an ihrer Stimme hören, dass sie von mir genervt war. Nun musste ich ihr in meinem miesen Japanisch erklären, dass ich kein Geld hatte.

»Es tut mir leid, meine Kreditkarte geht nicht.«

»Haben Sie Bargeld«, fuhr sie mich an.

»Nur eine Kreditkarte. Aber sie geht nicht«, wiederholte ich mich.

Es entstand eine Pause, gefolgt von einem irritierten Stöhnen, dann legte die Frau unvermittelt auf.

Zumindest hatte der Bildschirm aufgehört zu piepsen. Hatten sie uns davonkommen lassen? Vielleicht vermietete uns die Frau aus Großzügigkeit das Zimmer umsonst.

»Das Bad und ich wären so weit!«, rief Mei, noch völlig ahnungslos von dem, was uns drohte.

Dann hörte ich ein Klopfen. Ich erkannte, dass die Tür, die sich nach unserem Eintreten automatisch verriegelt hatte, ferngesteuert geöffnet worden war.

Ich zog sie auf und stand vor einer mittelalten Frau mit versteinerter Miene. Sie sah aus, als wüsste sie genau, was nun geschehen würde.

Ohne weitere Höflichkeitsfloskeln streckte sie die Hand aus.
»Zeigen Sie mir die Karte.«

Ich kramte in meinem Portemonnaie, zog die Karte heraus und gab sie ihr schnell. Ausdruckslos betrachtete sie Vorder- und Rückseite, dann gab sie sie mir zurück. »*Dameda!* Nicht gut. Haben Sie Bargeld?« Sie wurde zunehmend ärgerlich.

»Kein Bargeld. Aber ich kann jetzt welches holen.«

Sie schüttelte den Kopf und fauchte: »*Dete kudasai.* Raus hier.« *Verdammte Scheiße.*

Ich wandte den Blick von der Frau ab und in Richtung Badezimmertür hinter mir, von wo das Geräusch der in der Wanne planschenden Mei unüberhörbar war.

»Aber sie ist im Bad«, erklärte ich in der Hoffnung, etwas Mitleid erregen zu können.

»Raus hier. Sofort.« Die Frau starrte mich an. Ich vermutete, dass sie, sollten wir nicht rasch verschwinden, jene kräftigen Persönlichkeiten rufen würde, die das japanische Nachtleben am Laufen hielten und uns gerne den Ausgang zeigen würden.

Ich steckte den Kopf ins Badezimmer, wo Mei bis zum Hals in Seifenblasen getaucht war. Es war ganz genau wie im Film, nur war dies hier weniger *Wie ein einziger Tag* und mehr *American Psycho.*

»Mei, es tut mir wirklich leid, aber wir haben ein kleines Problem. Wir können das Zimmer nicht bezahlen.«

Sie dachte, ich würde einen meiner üblichen Scherze machen, bis sie den in mein Gesicht gebrannten Ausdruck von Schrecken erkannte.

Mei hüpfte aus der Wanne und warf sich ein Handtuch um. Während sie herumeilte und sich anzog, stand ich als peinlich betretener Depp in der Türöffnung und versuchte ein weiteres Mal, bei der Dame, die uns rauswerfen wollte, etwas Sympathie für unsere Situation zu gewinnen.

»Das ist mein erstes Mal in einem Love Hotel«, witzelte ich.

Damit würde sie doch sicherlich das Komische an der ganzen Situation erkennen?

Nein. Sie kreuzte die Arme vor der Brust und blickte wütend auf die Badezimmertür, während wir in unangenehmer Atmosphäre darauf warteten, dass Mei sich angezogen hatte. Niemals in meinem ganzen Leben war mir etwas derart peinlich. Unerhörterweise ließen wir uns trotz dieser beiden misslungenen Versuche nicht abschrecken. Nachdem ich einen 7-Eleven gestürmt und mein halbes Bankkonto leer geräumt hatte, entschieden wir uns für ein weiteres Love Hotel. Was lange währt, wird endlich gut: Unser dritter und letzter Versuch erwies sich als erfolgreich. Aber nach dieser langen Nacht voller Zurückweisungen waren wir so erschöpft, dass wir fast umgehend ins Bett kippten und drei Stunden später erschöpft aufwachten, gerade noch rechtzeitig für meinen Zug.

»Drei Liebeshotels hintereinander. Wow, was für eine Nacht«, kicherte Mei. Ich versuchte, auf dem Weg zum Bahnhof nicht vor Scham zu sterben. Für mich war dieser Trip eine Lektion fürs Leben. Auch wenn mich die Erinnerung an diese Nacht noch monatelang zusammenzucken ließ, so war sie schlussendlich doch auch eine, die ich aus tiefstem Herzen wertschätzte. Der Schlüssel, um aus einer guten Reise eine unvergessliche zu machen, sind die Begegnungen, die man unterwegs hat. Es ist einfach, durch eine Stadt zu laufen und für sich zu bleiben, aber es sind diese Begegnungen mit Fremden, so peinlich sie auch verlaufen mögen, an die man sich immer erinnern wird. Diese Erkenntnis wirkte lange in mir nach und sorgte dafür, dass ich meinen zukünftigen Abenteuern in Japan aufgeschlossener entgegenging.

Mei und ich blieben in Kontakt, als Freunde, und zwei Jahre später saßen wir bei ein paar Drinks in Taipeh und erinnerten uns an unser nicht ganz so romantisches Wochenende.

Meine Liebesbeziehung zu Ōsaka ist hingegen bis zum heutigen Tag lebendig.

Wann immer ich gebeten werde, Freunde bei ihrem Besuch durch Japan zu führen, freue ich mich am meisten auf die Tage in Ōsaka. Wegen des Essens, seiner Menschen, des Nachtlebens und seiner Rauheit wird Ōsaka für immer einen besonderen Platz in meinem Herzen haben. Planen Sie die Stadt bitte auf jeden Fall bei Ihrer Reise mit ein.

Und falls Sie auf der Suche nach einem großartigen Hostel mit kostenloser Wassermelone sind, habe ich einen Tipp für Sie.

14. Japans exzentrischster Mann

Juli 2013

Irgendwie war mein erstes Jahr in Japan vorüber – ein Jahr, das sich zugleich wie das längste und das kürzeste meines Lebens anfühlte. Es waren unglaublich intensive, herausfordernde, aber auch lohnende zwölf Monate gewesen, und obwohl ich so viel gesehen und getan hatte, fühlte ich mich noch immer wie ein besserer Tourist. Einen Großteil des Jahres hielt ich mich für einen Versager im Job, und viele Lehrerinnen und Lehrer vergaßen schlicht, mich in ihren Unterricht mitzunehmen oder gingen mir absichtlich aus dem Weg, wenn sie das Lehrerzimmer verließen. Einige von ihnen betrachteten die Ausgaben für einen ausländischen Lehrer als reine Geldverschwendung; andere wussten nur nicht, wie genau ich ihren Unterricht bereichern konnte. Auch meine Japanischkenntnisse hatten sich nur leicht verbessert, und zu all dem kam noch hinzu, dass fast alle meine Freunde Ausländer waren, die Yamagata nun verließen, so auch Roy, dessen Fünfjahresvertrag mit JET auslief.

Der japanische Kollege, zu dem ich die engste Bindung aufgebaut hatte, Kengo, wurde in den Ruhestand versetzt und zog nach Tokio, wo er mehr Zeit mit der Arbeit an Antikriegsprojekten verbringen wollte. Das war ein schwerer Schlag für mich, war er doch mein bester japanischer Freund und mein Mentor gewesen.

Um die Sache noch schlimmer zu machen, wurden auch einige andere Lehrer, die ich gut kannte, in alle Winde verstreut. In weiten Teilen der Welt endet das Schuljahr im Juli oder August, hier in Japan hingegen im März. Während die Schüler also ihre Frühlingsferien genießen, werden Japans Lehrerinnen und Lehrer über die Präfektur neu verteilt – eine ungewöhnliche Eigenart des japanischen Bildungssystems.

Die japanischen Lehrer werden dabei immer wieder versetzt und von einer Schule, Stadt oder Region zur nächsten verschoben. Wo sie eingesetzt werden, kann völlig vom Zufall abhängen, und einige Englischlehrer, mit denen ich zusammengearbeitet hatte, verabschiedeten sich nur widerwillig von der Sakata Senior High.

Naoko, meine Beatles-liebende Kollegin, war an eine ländliche Schule in Atsumi versetzt worden – eine für ihre heißen Quellen bekannte Region, eine Stunde südlich von Sakata.

»Ich weiß nicht, warum sie mich dorthin schicken, aber es wird schon okay sein.« Sie klang nicht allzu überzeugt.

Ich vermutete, dass sie schlicht ein einfaches Opfer war. Als alleinstehende Frau mittleren Alters ohne Familie, die sie hätte ins Feld führen können, war sie leicht überall dort einsetzbar, wo man sie brauchte. Die Wahrscheinlichkeit, dass Lehrerinnen und Lehrer mit Partnern und Kindern entwurzelt und in weit entfernte Gegenden Japans versetzt wurden, war deutlich geringer.

Saitō war ein weiteres Opfer der Neuorganisation. Auch wenn wir uns aufgrund der Sprachbarriere nie wirklich miteinander angefreundet hatten, so war es doch traurig, ein weiteres vertrautes Gesicht zu verlieren.

Kolleginnen und Freunde sowie die Schülerinnen und Schüler der Abschlussklassen fortziehen zu sehen, machte mir ganz unmissverständlich klar, wie stark die Welt des Unterrichtens von Vergänglichkeit geprägt ist und dass im Bildungssystem ein Kommen und Gehen herrscht.

An Kengos letztem Tag rief er mich zu seinem Tisch im Nebenraum, den er sich mit einer Reihe von Kolleginnen und Kollegen teilte, die aber alle zum Mittagessen aufgebrochen waren. Während unserer gemeinsamen Stunden hatte er den Klassen gerne Songs auf der Gitarre vorgespielt, meist solche aus den Sechzigern. *I am the Walrus* schaffte es offenbar leider nie auf seine Hitliste.

»Chris-sensei, ich würde Ihnen gern ein letztes Lied vorspielen, bevor ich gehe.«

Ich ließ mich auf einem Stuhl nieder, während er sich auf die Tischkante hockte und nach seiner Akustikgitarre griff.

Ich kam in den Genuss von Bob Dylans legendärem *Blowin' in the Wind*, einem großartigen Song und einer perfekten Wahl, bedenkt man Kengos Verbindung zur japanischen Antikriegs-Community. Wie er so vor sich hin schrammelte, marschierten Kolleginnen durch den Raum und taten so, als wäre alles wie immer. Es brach mir beinahe das Herz zu wissen, dass die Schule nun einen derart brillanten, unersetzlichen Lehrer verlieren würde. Und dabei schien man seine Talente gar nicht bemerkt zu haben.

Wir schüttelten uns die Hände und er reichte mir seine private *meishi*-Visitenkarte.

»Lassen Sie uns bald mal wieder einen trinken gehen, Chrissensei.«

Wenig später reiste Kengo ab. Hin und wieder erhielt ich eine E-Mail, in der er fragte, wie es mir ging und was es Neues an der Sakata Senior High gab. Etwa alle sechs Monate tauchte er wieder in Sakata auf und wir gingen zusammen etwas essen. Doch ansonsten konzentrierte er sich auf sein neues Leben in Tokio, für das ich ihm nur das Beste wünschte.

Als die Sommerferien anstanden, fühlte ich mich ernüchtert durch die Abwesenheit meiner beiden engsten Mentoren und Freunde. Ich ahnte noch nicht, dass sich mein Schicksal bald wenden sollte. Im folgenden Monat sollte ich mehr japanische Freunde hinzugewinnen als in den vorangegangenen zwölf Monaten zusammen. An einem kühlen Sommerabend, nach einem Abend in der Stadt, traf ich auf einen exzentrischen Fremden, der größeren Einfluss auf mein Leben in Japan haben sollte als jeder andere Mensch, den ich hier kennenlernte.

Sakatas heruntergekommene Straßen sahen nachts noch am besten aus. Die vernagelten Geschäfte wurden dann von der Dunkelheit verschluckt und der Neon-Schleier der beleuchteten Werbeplakate und Barschilder drängte die verblasste Pracht der Geschäfte in den Hintergrund: das familiengeführte Kleidergeschäft, das durch den gewaltigen Kaufhauskomplex an der Schnellstraße überflüssig geworden war, ein *yakisoba*-Restaurant, dessen älterer Inhaber gestorben war, ohne dass sich ein Nachfolger gefunden hatte, ein Souvenirshop, dem die Touristen fehlten, an die er hätte verkaufen können. Sakata war nicht gerade das, was man einen Touristen-Hotspot nennt.

An einem Donnerstagabend Anfang August traf ich mich mit Roy auf einen letzten Drink im Stadtzentrum. Da ich am nächsten Morgen arbeiten musste, verdrückte ich mich gegen 23:30 Uhr, trat hinaus in die feuchte Nachtluft und schleppte mich in angetrunkenem Zustand quer durch die Stadt in Richtung meiner Wohnung.

Der Weg führte mich an verwahrlosten Gebäuden vorbei, die bis obenhin mit Hostess-Clubs belegt waren – die bis in die frühen Morgenstunden geöffneten Clubs hatten die Türen fest verschlossen, die Fenster zugeklebt und nur das Gelächter von jungen Frauen drang nach draußen, wie sie sich über einen Geschäftsmann freuten, der sich an einer Karaokemaschine zum Gespött machte.

Kurz bevor ich das mir inzwischen vertraute *hentai*-Werbeplakat erreichte, über das ich noch vor einem Jahr so erstaunt gewesen war, fiel mir ein Japaner auf, der mir vom anderen Ende der Straße entgegenkam.

Die Zigarette im Mund und den Blick zum Boden gerichtet, war er tief in Gedanken versunken. Er trug ein dunkelgraues T-Shirt und Jeans und ich schätzte ihn auf Ende zwanzig, Anfang dreißig.

Als wir aneinander vorbeigingen, trafen mich seine Augen und nach einem zweiten Blick blieb er unvermittelt stehen.

Bitte nicht, jetzt kommt das schon wieder.

Mit fremden Japanern zu reden, bedeutete für mich noch immer Stress. Vom langen Tag erschöpft, war ich nicht scharf auf eine weitere Runde Small Talk.

»Wow! Hallo!« Zu meiner Überraschung sprach er Englisch.

»Hallo.« Ich nickte ihm zu und ging weiter.

»Woher kommen Sie?« Nun strahlte er vor Vergnügen. Ich bekam den Eindruck, er hatte hier draußen noch nicht mit sehr vielen Ausländern gesprochen. »Sind Sie aus Amerika?«, fuhr er fort, bevor ich die Möglichkeit hatte zu antworten.

Da wurde mir klar, dass es keine Fluchtmöglichkeit gab, also blieb ich stehen.

»Nein, nein, ich bin Brite. Es freut mich, Sie kennenzulernen.« In dem Augenblick, in dem ich das Wort »Brite« aussprach, leuchteten die Augen des Mannes auf.

»Wirklich? Oh Gott, ich liebe die englische Kultur.« Er kam zu mir herüber und schüttelte mir begeistert die Hand. Eine solche Begegnung war im ländlichen Japan nicht besonders außergewöhnlich. Immer mal wieder stieß ich auf einen Anglophilen, doch dieser Typ war auf einem ganz anderen Niveau. Ich war baff, als er begann, eine Liste von so ziemlich jedem britischen Musiker aufzuzählen, der je gelebt hatte.

»Oh Gott, ich liebe David Bowie, Pink Floyd, Queen, Billy Idol –«

»Sehr tolle Bands.« Ich wollte die Aufzählung damit abkürzen, aber er sprach einfach weiter.

»Led Zepplin, The Beatles, Sex Pistols. So gut!«

»Nun, es hat mich gefreut, mit Ihnen zu sprechen!« Damit trat ich einen Schritt zurück und versuchte, das Gespräch zu einem schnellen Ende zu bringen.

»Können Sie Karaoke?« Dabei gestikulierte er allerdings so, als würde er ein imaginiertes Bier trinken, das weltweit gültige Zeichen für »Lass uns einen trinken gehen!«

Ich war noch immer nicht sicher, ob ich Yamagatas freundlichsten oder verrücktesten Mann getroffen hatte, dachte mir aber, was soll's, du hast ja nichts zu verlieren. Meine Reise nach Ōsaka hatte mich gelehrt, häufiger »Ja« zu einem Gespräch mit Fremden zu sagen – zumindest solange keine Love Hotels involviert waren.

»Okay, vielleicht einen Drink.«

Triumphierend klatschte er in die Hände, rief:»Yeah, dann los, verdammt noch mal« und drängte mich zurück die Straße hinauf, von wo ich gerade erst gekommen war.

Eher besorgniserregend fand ich, dass er mich um eine Ecke und zu einem großen Gebäude eskortierte, das ich für verlassen gehalten hatte. Er zeigte in den dritten Stock hinauf, wo ich in einem Fenster gerade so ein schwaches Licht ausmachen konnte. Er öffnete eine Tür an der Seite des Gebäudes. Wir standen nun in einem dunklen Betontreppenhaus, und ich überlegte, ob man hier wenigstens meine Leiche wiederfinden würde. War dieser Fremde vielleicht nur eine Art Schlepper für die örtlichen Bars?

Wir stiegen drei Treppenabsätze hinauf und kamen zu einer Tür, die durch einen Stapel alter Computer aufgehalten wurde. Unter einer gezeichneten Schlange und einem unleserlichen Kanji-Zeichen flackerte eine Lichterkette. In mir verstärkte sich der Verdacht, dass wir wohl wirklich eine sehr spezielle Bar betreten würden.

Es ist in Japan nicht ungewöhnlich, dass man sich in einer familiengeführten Bar oder einem Restaurant wie in einem umgebauten Privathaus oder einer Wohnung fühlt. Ich stamme aus Großbritannien, wo Kneipen-Lizenzen unabdingbar sind, weshalb die Vorstellung, in das Haus von jemandem zu marschieren, um sich einen Drink zu genehmigen, eher Assoziationen mit *Aktenzeichen XY ... ungelöst* wachruft, und ich folglich Schwierigkeiten hatte, mich an diesen Stil der japanischen Spelunken zu gewöhnen, so erfrischend und einzigartig sie auch waren. Man sagt, allein Tokio habe 30.000 Bars, und es fällt nicht schwer, sich das vorzustellen, angesichts der offenbar kaum vorhandenen Vorgaben, die es gab, um eine zu eröffnen.

Die Schlangenbar bestand im Grunde nur aus einem schmutzigen Tresen, der mit Aschenbechern, Dekomaterial und, aus unerfindlichen Gründen, kaputter Elektronik übersät war. Es gab vier Stühle, von denen einer von einem Mann besetzt war, der sich an seinem Whiskyglas festhielt, sowie in der Ecke ein kleines Sofa mit einem niedrigen Tischchen. Über dem Tresen war das einzig funktionierende Elektrogerät angebracht, ein Fernseher, auf dem *Ghost in the Shell* lief, auch wenn das durch all den Zigarettenrauch hindurch kaum zu sehen war, der von dem direkt darunterstehenden Barkeeper aufstieg.

Ein schroffer Mann mit Mütze ungefähr Mitte fünfzig rief meinem neuen Bekannten/potenziellen Mörder mit rauer Stimme zu: »Natsuki, *hisashiburi!*« Lange nicht mehr gesehen.

»Meister, *hisashiburi!*« Er zeigte auf mich, während ich versuchte, meine absurde neue Umgebung zu verstehen.

»Das ist mein Freund. Er kommt aus England!« Trotz der Freude in Natsukis Stimme schien der Barmann nicht sonderlich beeindruckt und wies auf die Couch in der Ecke.

Das Sofa und der Couchtisch waren von kaputten Computer-Motherboards bedeckt. Der Raum sah aus wie die Höhle eines Sammelwütigen. Es fühlte sich an, als stünde ich in der Kulisse eines postapokalyptischen Films, doch gerade, als ich mich an die dystopische Stimmung gewöhnen wollte, wurde mir klar, dass ich nun lebensechte Drinks zu mir nehmen musste, und zwar in Japans wohl schmutzigster Kneipe.

Doch zumindest hatte ich nun einen Namen für den Mann, der verantwortlich dafür war, mich hergebracht zu haben. Ich prägte ihn mir ein, für den Fall, dass ich ihn später für den Polizeibericht bräuchte.

Ich nahm einen Schluck von meinem sehr warmen Bier, was mir eine eindeutige Erklärung dafür lieferte, warum diese Bar so erschreckend leer war.

»Warum sind Sie nach Sakata gekommen?«, wollte Natsuki wissen, steckte sich eine weitere Zigarette in den Mund und bot mir auch eine an. Ich nahm sie.

Ich dachte mir, da Natsuki sich solche Mühe mit dem Englischen gab, das er offenbar nicht wirklich flüssig sprach, könnte auch ich mir ein bisschen Mühe geben und zu Japanisch wechseln.

Ich vermutete, dies würde ihm entgegenkommen, doch davon wollte er nichts wissen.

»Ich will britisches Englisch lernen. Britisches Englisch ist so cool.«

Nachdem ich ein Jahr mit Roy verbracht hatte, der offenbar kurz davorstand, zum zweitstärksten Raucher der Welt herabgestuft zu werden, hatte ich ein paar schlechte Angewohnheiten übernommen. In Rauch und Alkohol getränkte Abende in einem *izakaya* waren zu einer sehr regelmäßigen Beschäftigung geworden.

Glücklicherweise war eine von Natsukis Marlboro Red ausreichend, um mich fast gänzlich zu heilen. Mit ihren zwölf Milligramm Nikotin fühlten sie sich an, als hätte mir jemand mit dem Hammer auf die Kehle geschlagen. Während ich mir Mühe gab, Haltung zu bewahren, stellte Natsuki Roys Rauchergewohnheiten umgehend in den Schatten, da er sich in den knapp zehn Minuten unserer Bekanntschaft bereits die vierte Zigarette ansteckte.

»Ich mag Königin Elizabeth. So gute englische Oma«, sagte er durch eine Qualmwolke hindurch.

Langsam bedauerte ich es, keine Kamera dabeizuhaben, denn dies entwickelte sich zu einer der bizarrsten Begegnungen, die ich bislang in Japan gehabt hatte. Mir kam es vor, als sei dies genau die Art von Erfahrung, die ausländische Touristen von Japan erwarten, sie dann aber doch selten machen, vor allem nicht hier im Norden, wo Fremde eher Reißaus nehmen, als ein Gespräch zu beginnen.

Natsuki war einer der wenigen Menschen in meinem Bekanntenkreis, die so ganz anders waren. In Japan herrscht ein starker Druck, sich anzupassen, und trotz allem, was Reisedokumentationen einen glauben machen wollen, so trifft man in Japan nur selten auf eine derart ausgeprägte und einzigartige Persönlichkeit. Natsuki erklärte mir, er habe als Teenager wegen Schuleschwänzens ständig Ärger mit der Polizei gehabt. Mit dem Rauchen fing er an, als er dreizehn war – ganze sieben Jahre, bevor es erlaubt gewesen wäre.

Er stürzte sich in die aufblühende Punkrock-Szene in Sakata und wurde, beeinflusst von den Sex Pistols, The Damned und The Clash, zur Verkörperung des Punkrock. Als aus der geplanten Karriere als Gitarrist und Frontsänger nichts wurde, zog er nach Tokio, um Mode und Kosmetik zu studieren, und kehrte anschließend nach Sakata zurück, wo er Asami traf, seine Freundin. Heute betrieben sie gemeinsam einen Schönheitssalon.

Unsere Unterhaltung entwickelte sich in eine ernsthaftere Richtung, und ich wollte von ihm wissen, wie es ihm gelungen war, von seinem Punkrock-Lifestyle abzurücken. Interessanterweise war er der Meinung, er habe genau das Gegenteil getan: Wenn der Kern des Punkrocks sei, die Individualität jedes Einzelnen zu feiern, dann sei der Schönheitssalon der Ort, an dem er helfe, dass Menschen zu dem würden, was sie sein möchten.

Wie ich Natsuki so von seiner Arbeit schwärmen hörte, wurde mir klar, dass er mehr zu bieten hatte als das betrunkene Chaos, das ich in den ersten Minuten von ihm zu Gesicht bekommen hatte. Hier saß ein Mann, der sein Leben liebte und dem wirklich etwas an seiner Arbeit lag.

Wir hatten es schon eine ganze Weile lang aufgegeben, »britisches Englisch« zu sprechen und waren zum Japanischen gewechselt. Das war so übergangslos geschehen, dass ich mich mitten in unserem Gespräch kneifen musste, um zu verstehen, dass ich mich in der Sprache unterhielt, die mich bislang so gequält hatte. Endlich brauchte ich keine Stützräder mehr.

An diesem einen Abend machte ich bei der Unterhaltung mit meinem neuen, entspannten Freund größere sprachliche Fortschritte als in den letzten drei Monaten beim Selbststudium in meiner Wohnung. Ich fühlte mich in der Unterhaltung mit Natsuki wohl, wie er sich auch beim Englischsprechen mit mir wohlgefühlt hatte. Uns beiden nahm die Möglichkeit, jederzeit zurück in unsere Muttersprache wechseln zu können, jeglichen Druck.

Nach einer Stunde stand Natsuki ruckartig auf, ging zur Theke, schob einen Stapel defekter Festplatten beiseite und brachte zwei Mikrofone und ein funktionierendes Tablet ans Tageslicht. Was mochte sonst noch unter diesem Haufen Abfall verborgen sein?

»Lass uns zusammen Karaoke singen! Britische Musik! Magst du The Clash?« Er drückte mir ein Mikrofon in die Hand, und ich drückte meine gruselige Zigarette aus.

»Klar. *Rock the Casbah* ist mein Lieblingssong.«

»Oh, eine gute Wahl!« Er lachte und tippte etwas auf dem Touchscreen ein.

Die hinter der Bar versteckten Lautsprecher spielten eine entsetzliche Karaoke-Version des Songs, womit auch *Ghost in the Shell*, das noch immer im Fernsehen lief, übertönt wurde.

Ich war noch immer kein Freund von Karaoke im Beisein vieler Menschen, aber zu meinem Glück wirkte der Typ am Tresen tot und der Barmann schaute weiter auf den Fernsehbildschirm und schenkte unserem stürmischen Duett keine Beachtung.

Auch wenn man sagen muss, dass Natsukis Englisch nicht überragend war, so beherrschte er doch beeindruckend gut englische Liedtexte und hatte eine fantastische Singstimme.

Nach einem halben Dutzend englischer Songs, zwei weiteren warmen Bieren und einer Packung Marlboro Red erkannte ich zu meinem Schrecken, dass ich in sechs Stunden vor der Klasse stehen musste. Damit war meine betrunkene Karaoke-Session abrupt beendet.

Natsuki bestand darauf, dass er die Rechnung übernahm und dass wir uns nächste Woche wiedersehen müssten.

»Bitte, lass uns wieder treffen. Ich will britisches Englisch lernen.«

Zunächst dachte ich, er wollte nur höflich sein. Fast jeder Japaner, mit dem ich sprach, bat mich, ihm Englisch beizubringen. Das war häufig ein höflicher Kommentar, um die peinliche Stille zu überbrücken und führte nur selten zu etwas. Trotz des gelungenen Abends ging ich davon aus, dass es bei diesem Typ dasselbe sein würde.

Doch Natsuki schnappte sich mein Telefon, gab seine Nummer ein und nahm mir dann das Versprechen ab, ihn am folgenden Donnerstag anzurufen.

»Entschuldige, Natsuki. Nächste Woche werde ich den Fuji besteigen.« Das klang wie eine Lüge, das hatte ich aber tatsächlich vor.

»Ah! Sei vorsichtig. Stirb bitte nicht.«

Ich befolgte seinen weisen Rat und versicherte ihm, dass wir uns, sollte ich tatsächlich überleben, in zwei Wochen wiedersehen könnten. Nachdem wir die Bar verlassen hatten, half er mir freundlicherweise, ein Taxi anzuhalten.

Wir schüttelten uns die Hände und ich stieg ins Taxi, während ich mir überlegte, ob ich Natsuki wohl noch einmal treffen würde.

Zumindest, so dachte ich, hatte ich einen lustigen Abend mit ihm verbracht und meine Japanischkenntnisse in der Praxis erprobt. Wie beim Fahrradfahren ohne Stützräder konnte ich endlich drauflosfahren. Die Tatsache, dass ich einen neuen Freund dabei gewonnen hatte, war das Sahnehäubchen. Gott sei Dank war ich nicht einfach weitergelaufen, als ich mit Japans wahrscheinlich exzentrischstem Mann zusammenstieß.

15. Die weisen Männer vom Fuji

Juli 2013

»SAUBERE LUFT VOM GIPFEL DES BERGES FUJI: In diese Dose wurde die reine, natürliche Luft abgefüllt, die man nur atmen kann, wenn man auf der Spitze von Japans bedeutsamstem Berg steht, dem Fuji.«

– 850 Yen (etwa sechs Euro)

Wow! Warum sich die Mühe machen, die 3776 Meter zum Berg Fuji aufzusteigen, wenn ich stattdessen einfach eine Dose mit frischer Luft vom Gipfel kaufen kann?

Ich war versucht, die blaue Konservendose mit dem Bild des Fuji in meiner Hand mitzunehmen. Ich könnte sie in wenigen Sekunden öffnen, die herrliche Luft darin inhalieren und dann rasch in den Bus zurück nach Tokio steigen.

Andererseits: Konnte ich auch wirklich sicher sein, dass sie mit Luft vom Gipfel gefüllt war?

Die Vorstellung, wie eine Gruppe Menschen die fast vier Kilometer zu Japans höchstem Berg aufsteigt, lauter leere Dosen in den Rucksäcken hat, nur um oben die Luft »einzufangen«, kam mir grotesk vor.

Bei irgendeinem anderen Gipfel hätte ich das keinesfalls geglaubt. Doch der Fuji ist kein normaler Berg. Seine Hänge sind derart heilig, dass bis 1868 Frauen der Aufstieg verboten war, da man Angst hatte, sie würden die Männer von ihren religiösen Pflichten ablenken. Das Symbol Japans, dieser Schichtvulkan mit seiner fast perfekt konischen Form, inspirierte zahllose Künstler, Schriftstellerinnen und Dichter und war im Jahr meines Besuchs von der UNESCO zum Weltkulturerbe erklärt worden.

Nichts drückt diese kulturelle Wertschätzung besser aus als an der Raststation am Fuße des Fuji, eine Stunde vor dem Beginn meines Aufstiegs, eine köstliche Portion *katsu*-Curry zu verzehren, dessen Reis wie der Berg geformt war.

Ich stellte die Konservendose zurück ins Regal und verließ den Souvenirshop an der fünften Station des Fuji, dem Hauptausgangspunkt der Wanderung. Mein Blick schweifte einen sanften Hang hinauf, der immer steiler wurde, schließlich fast senkrecht, bis zum fernen Gipfel. Die dunkle schwarze Vulkanspitze sah nicht gerade einladend aus. Etwas, dass die 300.000 Menschen, die den Berg in diesem Jahr besteigen sollten, offenbar nicht abschreckte.

Ich war kurz davor, mich der härtesten körperlichen Herausforderung meines Lebens zu stellen und fühlte mich überhaupt nicht bereit dazu. Die Stimme von Nishiyama hallte in meinem Kopf wider:

»Denken Sie daran, Chris-san. Ein weiser Mann besteigt den Fuji einmal. Nur ein Narr besteigt ihn zweimal.«

Inzwischen zog ich aber in Betracht zu glauben, ein weiser Mann würde es gänzlich vermeiden, diesen bescheuerten Berg überhaupt zu besteigen.

Es war 17 Uhr. Von meiner Curryreisaufschüttung in Fuji-Form gesättigt, schnallte ich mir meinen Rucksack um und begann den höllischen Vierzehn-Stunden-Trip gen Himmel. Ein Aufstieg, der die ganze Nacht dauern und uns hoffentlich mit einem lebensverändernden Sonnenaufgang belohnen sollte.

Hätte ich bloß die Nacht zuvor geschlafen.

Am billigsten reist man in Japan per Nachtbus. Für die achtstündige Fahrt von Sakata an der abgelegenen Westküste bis zum Bahnhof Shinjuku, mitten im Herzen Tokios, wo man um sechs Uhr morgens ankommt, bezahlt man nur 3500 Yen (etwa 23 Euro). Doch diese Fahrt hatte dennoch ihren Preis: Sie kostete mich den Schlaf.

Japan verfügt über einige herausragende Nachtbusse, deren Sitze man vollständig horizontal umklappen kann und die durch

Abtrennungen zum Nachbarsitz für Privatsphäre sorgen. Mein Bus verfügte über nichts davon.

Ich stieg in den Bus und kletterte in meinen engen Sitz, wo ich nur eine winzige Fußstütze vorfand, die unter dem Vordersitz angebracht war, sowie einen Vorhang, der mich etwas abschirmte. Nichts Großartiges, aber auch nicht schlimm.

Was ich nicht bedacht hatte, war der Lärm, der von meinen Mitreisenden ausging.

Die Japaner haben eine Superkraft, um die ich sie sehr beneide. Auf ein Fingerschnippen hin können sie einschlafen und bis genau 45 Sekunden vor Ankunft an ihrem Ziel durchschlafen. Das stimmt wirklich. Beobachten Sie sie mal in einem öffentlichen Verkehrsmittel, ganz egal ob Flugzeug, Zug, Bus oder Pferdekarren. Sie setzen sich hin, schlafen ein und wachen dann, als hätten sie einen ins Gehirn verbauten Wecker, plötzlich auf und steigen an der richtigen Haltestelle aus. Womöglich ist dies aber auch weniger eine Begabung als das Symptom der Überarbeitung und der ständigen Aktivität. Oder liegt es am Reis und den vielen Kohlenhydraten? Das bleibt wohl eines der großen Rätsel des Lebens.

Ich weiß jedenfalls, dass in dem Moment, in dem wir im Bus saßen, all meine Mitreisenden, als hätte ein Hypnotiseur mit dem Finger geschnippt, umgehend einschliefen und in einen Schnarchchor einstimmten. Ich verfluchte mich dafür, dass ich keine Kopfhörer mitgenommen hatte, doch die hätten vermutlich auch keinen Unterschied mehr gemacht. Eingezwängt in einen engen Sitz, den ich nicht verstellen konnte und dessen Fußstütze mir nicht half, kam ich am Morgen in Shinjuku an und hatte ganze drei Stunden geschlafen.

Ich versuchte, mein Unterbewusstsein davon zu überzeugen, es wären mehr gewesen.

Wow, liebes Gehirn, das waren ja vielleicht erholsame sechs Stunden Schlaf!

Woraufhin mein Gehirn antwortete: *Du kannst dir die sechs Stunden gleich mal sonst wohin schieben.*

Bei meinem Aufstieg begleitete mich George, ein alter Freund aus Uni-Zeiten. Der freche Londoner, zwei Jahre jünger als ich und doppelt so fit, hatte ein paar Wochen zuvor den Ironman-Triathlon absolviert und wollte sich nun in sein nächstes Abenteuer stürzen.

Ich sammelte ihn am Flughafen Narita ein, und auf unserem Rückweg nach Tokio zeigte er sich im Zug von Anfang an begeistert über Japan. »Junge, wir müssen in so einem Kapselhotel übernachten. Ich will das echte japanische Leben mitbekommen.«

»Ich denke, wir sollten doch besser in einem Businesshotel absteigen, damit wir gut schlafen können. Wir haben ja einen gewaltigen Aufstieg vor uns.«

»Gut schlafen kann ich ja immer. Komm, lass uns ein Kapselhotel buchen.«

Er war der Gast, also willigte ich ein und buchte ein erschreckend billiges Kapselhotel etwas südlich vom Bahnhof Shinjuku.

Heute stehen Kapselhotels synonym für Japan, dabei gibt es sie erst seit 1979, als der Architekt Kishō Kurokawa das Capsule Inn Ōsaka entwarf.

In den boomenden Nachkriegsjahren schienen Japans Wachstumsraten unaufhaltsam und die Grundstückspreise stiegen ins Unermessliche, weshalb Architekten dazu übergingen, kleiner zu denken.

Für rund 2000 Yen (rund 13 Euro) bekommen Gäste ihre eigene, mit einem Fernseher ausgestattete Kapsel, die meist zwei Meter lang, ein Meter fünfzig breit und einen Meter hoch ist, sodass man sich ein wenig bewegen kann. Ein einzelner Raum enthält bis zu fünfzig dieser »Waben«, hinzu kommen ein gemeinsames Bad und ein Raum mit Schließfächern, damit die Gäste alle Annehmlichkeiten eines Hotels für ein Drittel des Preises genießen können.

Was als billige Übernachtungsmöglichkeit begann, wurde bald zur Rettung betrunkener Geschäftsleute, die sich nach einem langen, alkoholgesättigten Abend spontan eine Kapsel buchten, anstatt nach Hause zu fahren und sich dort den Konsequenzen ihres Handelns zu stellen.

Um George den Gefallen zu tun, reservierte ich eilig das erste Kapselhotel, das ich online finden konnte, doch schon bald stellte sich heraus, dass ich wohl Tokios heruntergekommenste Unterkunft gebucht hatte, mitten in Kabukichōs Rotlichtbezirk. Ein Kapselhotel nur für Männer. Ich ahnte, was uns drohte, als wir vor dem schmutzigen Gebäude standen, das zwischen Klimaanlagenkästen und Abluftrohren eingeklemmt schien. Ein fleckiges grünes Schild kündete das *Hotel Star Capsule* an, und der im Flur zur Lobby ausgelegte zerschlissene Teppich lag sicher schon seit 1980 dort.

Wir zogen die Schuhe aus, stellten sie in ein Schließfach und ein Mann an der Rezeption reichte uns je einen Beutel mit Duschhandtuch, einem kleinen Handtuch für das Gemeinschaftsbad und einer Zahnbürste. Wir drängten uns in einen gut gefüllten Fahrstuhl in den dritten Stock, wo wir 24 Kapseln vorfanden, in zwei Reihen übereinander angeordnet, was in dem Raum wie eine futuristische Leichenhalle wirkte.

Einige Männer kraxelten die Leitern hinauf, um in ihre Betten zu kommen oder zogen sich um, und der Raum war auf unheimliche Art völlig still, abgesehen vom Rascheln der Taschen und Kleider.

Dann wurde mir klar, warum. Mehrere der Kapseln waren bereits abgedunkelt. Offenbar waren schon einige Gäste schlafen gegangen.

»Was ist?«, platzte es aus George heraus.

»Schschsch. Die Leute schlafen.« Ich zeigte auf die zugezogenen Kapseln.

Mein Bett befand sich in der oberen Reihe und mithilfe der Metallleiter krabbelte ich hinein. In der Kapsel war alles rund und in Cremetönen gehalten, abgesehen von einem kleinen Bedienfeld mit Steckdose und Lichtschalter. Die weißen Laken erhellten das Innere, aber dennoch hatte ich das Gefühl, im Grunde in einem Sarg zu schlafen.

Dafür war es erstaunlich bequem. Genauso, wie ich gelernt hatte, den Nachtschlaf auf meinem Futon zu genießen, mit dem ich jeden Abend mein Apartment in ein großes Bett verwandelte, so fand ich es auch hier ganz ähnlich befriedigend zu wissen, dass ich nicht aus dem Bett fallen konnte.

Fühlt es sich so an, wenn man tot ist? Ich blickte an die Decke, keine dreißig Zentimeter von meinem Gesicht entfernt.

Unglücklicherweise wurden zwei Probleme ersichtlich, sobald die Nacht hereingebrochen war und ich mich um den so dringend benötigten Schlaf bemühte. Nummer eins war das Schnarchen.

Gegen 23 Uhr hatte sich der Saal in eine Schnarchgemeinschaft verwandelt, was vor allem den vielen Betrunkenen zu verdanken war, die nach einer langen Kneipennacht in ihre Kisten gekrochen und dort zusammengebrochen waren.

Nummer zwei war die fehlende Belüftung. Der Schlafsaal selbst hatte zwar eine Klimaanlage, aber in dem Moment, in dem ich die Tür hinter mir verriegelte, um mich einzuschließen, drohte ich aus Mangel an Frischluftzufuhr schier zu ersticken.

Während ich mich die ganze Nacht über hin und her warf und innovative Methoden ersann, um mein Kissen in eine Schallisolierung zu verwandeln, schwor ich mir, nie wieder einen Fuß in ein Kapselhotel zu setzen.

Achtzehn Stunden später – völlig übernächtigt, mit *katsu* vollgestopft und völlig auf Adrenalin – begannen wir von Fujinomiya, der fünften Station schon auf 2400 Metern Höhe, unseren Aufstieg auf den Berg Fuji.

Erzählt Ihnen jemand, er habe den Fuji bestiegen, ist die Wahrscheinlichkeit hoch, dass er oder sie von den letzten 1600 Metern zum Gipfel spricht, denn nur wirklich tapfere Wanderer fangen ganz unten an.

Und ich war nicht tapfer.

Ich war ja nicht einmal richtig vorbereitet.

Ich trug verlängerbare Funktionsshorts und ein T-Shirt, hatte aber zumindest noch eine Jacke dabei.

George kam in kurzen Hosen und einem Kapuzenpulli. Ich hatte ihn vorgewarnt, er würde mehr brauchen, doch frisch vom Ironman-Erfolg zurück, fühlte er sich gerüstet, alles zu überstehen, was Mutter Natur ihm vorlegen würde.

»Das reicht schon. Lass uns einfach diesen Berg besteigen.«

»Oh. Sie müssen aber so sehr frieren?«, fragte ein erfahrener japanischer Wanderer, als er, dick in eine Skijacke eingepackt und mit einem Wanderstock ausgerüstet, an uns vorbeizog.

»Keine Sorge. Das wird schon!«, scherzte ich, wo mir doch bereits erschreckend deutlich geworden war, dass die Temperatur, die am Fuß des Berges noch bei 34 Grad Celsius gelegen hatte, schon auf frische 14 Grad abgekühlt war. Am Gipfel dürfte uns eine böse Überraschung erwarten.

»*Ganbatte ne!* Viel Erfolg!«, munterte er mich auf und führte seine Gruppe Bergsteiger weiter, die mit beachtlichen Rucksäcken ausgestattet war.

Am Anfang des Wanderwegs warnte ein Schild vor »Sprint-Wanderungen« zum Gipfel – eine Art Rennen zur Spitze und einem eiligen Abstieg, alles in nur wenigen Stunden. Bei 3776 Meter kam es immer mal wieder vor, dass Wanderer an Höhenkrankheit und Übelkeit litten, ist doch der Sauerstoffgehalt der Luft oben ein ganz anderer als auf Höhe des Meeresspiegels.

Die meisten Wanderer starten am frühen Abend, steigen dann zu einer der Berghütten an der achten Station auf rund 3400 Metern auf, um dort ein paar Stunden zu schlafen und schließlich gegen drei Uhr morgens weiterzuziehen. Das Ziel ist es, den Gipfel rechtzeitig für den herrlichen Sonnenaufgang zu erreichen.

George und ich hatten keine Hütte reserviert.

Wir hatten es versucht. Aber alles war ausgebucht.

Wir hatten keinen richtigen Plan, als wir uns den Berg durch die Massen an Wandergruppen hinaufschlängelten. Die Verkaufsautomaten wurden immer teurer, je höher wir stiegen. Eine Dose Kaffee, die man meist für 120 Yen (etwa 0,80 Euro) bekam, kostete schon bald 400 Yen (zirka 2,60 Euro). Aber wir hatten ja keine andere Wahl.

Mir kam der Aufstieg vor wie eine Art Attraktion im Freizeitpark. Die Wanderung war nicht einfach, aber mit den Toiletten, Nudel-Restaurants und Verkaufsautomaten, die an den Rastplätzen überall zu finden waren, und angesichts der Menge an Wanderern fühlte es sich nach allem Möglichen an, nur nicht nach einem Erlebnis inmitten unberührter Natur.

»Ich hoffe, dieses Ding bricht nicht ausgerechnet heute aus«, kommentierte George, als wir uns gerade eine Schüssel Udon-Nudeln in einer Brühe aus Sojasauce gönnten. Bei der großen Menge Schweiß, die ich vergossen hatte, kam diese salzige Suppe gerade recht.

»Na ja, technisch gesehen ist er ja aber noch ein aktiver Vulkan. Zum letzten Mal ist er 1707 ausgebrochen.«

»Wie bitte?« Er hätte um ein Haar seine Nudeln ausgespuckt. »Ich hoffe, du machst Witze.«

Gott möge verhindern, dass der Fuji ausbricht. Man schätzt, er habe die Kapazität eine Verwüstung anzurichten, wie Japan sie seit dem Erdbeben und Tsunami 2011 nicht mehr erlebte. Sollte er losspucken, dürfte der Ascheregen noch auf Tokio, die größte Metropolregion der Welt, niedergehen, liegt sie doch nur rund einhundert Kilometer östlich des Fuji. Der potenzielle wirtschaftliche Schaden wird auf 25 Milliarden US-Dollar geschätzt.

Doch in diesem Moment machte ich mir eher Sorgen um einen Tod wegen Unterkühlung.

Die Sonne war verschwunden und der Fuji in der Dunkelheit versunken. George war, als Marathon-Irrer, vorausgeeilt, und ich hatte ihm unsere einzige Taschenlampe mitgegeben. Mir blieb nur das Licht meines Smartphones, um mir zu leuchten. Meine Beine fingen an zu pochen, in meiner Brust brannte es immer schlimmer, je höher ich stieg.

Auf der letzten Etappe wird der Fuji zu dickem schwarzem vulkanischen Gestein, das jegliches Licht absorbiert. Ich drehte mich um und sah den Berg hinab, wo ich Hunderte winziger Lichter weit unter mir aufleuchten sah – Wanderer auf ihrem Weg durch die Dunkelheit zum Gipfel, während Tokios Glanz am Horizont leuchtete. Ich blieb für einen Augenblick stehen, um die Aussicht zu genießen und alles in mich aufzusaugen.

»Komm schon. Wir haben es doch bald geschafft!«, rief George mir von vorne zu.

Verdammt noch mal!

Es war Mitternacht, als wir die Holzhütten der neunten Station erreichten. Neidisch blickten wir durch die Fenster hinein: Dutzende Menschen schliefen auf dem Boden, lachten oder unterhielten sich rund um ein paar Tassen heißen Tee. Ich betrachtete die strahlende Ölheizung, die die Wandergäste knackig warm hielt, während wir im eiskalten Wind im Freien standen, erschöpft vom Aufstieg.

Es gab hier draußen nicht einmal mehr eine freie Bank. Alle waren sie von Bergsteigern besetzt, die unter Decken und Jacken vergraben ein paar Minuten die Augen zumachten.

Schlussendlich lehnte ich mich gegen einen dicken Felsen und, welch Wunder, konnte ich sogar eine Stunde lang schlafen. Bis ein japanisches Pärchen direkt vor meinen Augen mit einer starken Taschenlampe herumspielte, die mit ihrem Strahl sogar ein Loch in den Boden gebohrt hätte. Vielleicht dachten die beiden, ich sei tot.

Am nächsten Morgen brachen wir früh zur letzten Etappe auf und erreichten den Gipfel eine Stunde vor Sonnenaufgang. Das heißt, zunächst stießen wir auf eine lange Schlange an Menschen, da sie sich auf den immer enger werdenden Pfaden zurückstauten. Es fühlte sich eher an, als warteten wir auf den Einlass in ein total angesagtes *rāmen*-Restaurant, als dass wir auf dem Gipfel von Japans höchstem Berg standen.

»Bier! Sake! Zeit für Sake!« Ein freudestrahlender Händler umklammerte Dosen mit je einem kleinen Sake und versuchte, mir eine davon in die Hand zu drücken. Hätte man mich vorher gefragt, hätte ich sicher gesagt, dass ich sie ihm zur Feier des Gipfelsturms aus der Hand reißen und auf unsere Leistung anstoßen

würde. Doch nachdem ich mich 1300 Meter mühsam bergan ge-
schleppt hatte, angetrieben von *katsu*, Udon und Pocari Sweat,
erschien mir die Idee, jetzt Alkohol zu trinken, wie ein tödlicher
Fehler.

Auf dem Gipfel selbst war es noch voller. Es gab nur eine öffentliche Toilette in einem übelriechenden Steingebäude, vor dem
man wieder anstehen musste. Ich war irgendwann an der Reihe
und ging hinein, nur um dort auf ein halbes Dutzend ausländi-
scher Bergsteiger zu treffen, die Schulter an Schulter schliefen,
eingeklemmt zwischen die warmen Rohre unterhalb des Wasch-
beckens. Die Schlafenden waren offenbar so erschöpft, dass die
Spritzer aus dem Waschbecken über ihnen sie nicht aus ihren
Träumen reißen konnten, und trotz der schrecklichen Umstände
schien die Toilette den einzigen Schutz vor der Kälte draußen zu
bieten. Ich konnte ihnen keinen Vorwurf machen.

Zwischen Hunderten anderer Wanderer saßen wir auf dem
Gipfel, und langsam machte ich mir Sorgen um George. Seine
Beine waren während der gesamten Wanderung der Kälte ausge-
setzt gewesen. Der eiskalte Wind sorgte inzwischen für Tempera-
turen unterhalb des Gefrierpunkts, und er zitterte unkontrolliert.
Der Typ war knallhart, aber mit Erfrierungen ist nicht zu spaßen.
George schlang seine Arme um die Beine, um sie ein wenig warm
zu halten. Ich hielt es für besser, in Bewegung zu bleiben.

»Wir bleiben für den Sonnenaufgang. Jetzt sind wir schon so
weit gekommen«, beharrte er.

Endlich, gegen fünf Uhr am Morgen, änderte der Himmel seine
Farbe von Schwarz über Blau zu Orange, und am Horizont ging
die Sonne langsam über dem Pazifischen Ozean auf. Die stoi-
schen Wanderer brachen in Begeisterungsrufe aus.

»*Dekita!* Wir haben es geschafft!«, rief eine Frau.

Der Anblick der zuvor unbewegten, zurückhaltenden Bergstei-
gerinnen, die nun in Jubel ausbrachen, war fast noch besser als der
Sonnenaufgang.

Wir hatten es geschafft.

Vor dem langen Abstieg blickten wir noch in den finsteren, dunklen Krater des Fuji hinab, der nun schon mehr als dreihundert Jahre schweigt.

Wir waren gerade im Aufbruch begriffen, als wir den enthusiastischen Wanderer von der fünften Station wiedertrafen.

»*Sugoi!* Wahnsinn, Sie sind noch am Leben«, freute er sich. »Das nächste Mal packen Sie bitte mehr Kleidung ein.«

»Es wird kein nächstes Mal geben«, erwiderte George grinsend und stürzte sich auf den Pfad bergab, der ihn in die Wärme führte.

Wir waren nun offiziell weise Männer.

Und wir müssen den Fuji nie wieder besteigen.

16. Doctor Who

August 2013

Meine Beine waren hinüber, und doch fühlten wir uns wie Sieger, als George und ich uns trennten. Ich fuhr nach Yamagata zurück und brachte das ultimative Souvenir mit.

Die schlimmste Halsentzündung der Menschheitsgeschichte. Was mit einem kleinen Kratzen begann, entwickelte sich zu einem so intensiven Schmerz, dass ich nur mit Mühe mein Essen hinunterschlucken konnte. Meine Mandeln waren auf die Größe von Volleybällen angeschwollen und Speichel tropfte mir aus dem Mund. Falls ich bei dem pulsierenden Schmerz überhaupt einschlafen konnte, wachte ich später vollgesabbert wieder auf.

Das Erste, was ich in der Schule tat, war, mich bei Nishiyama nach einem Arzt zu erkundigen. Er empfahl mir jemanden, nur wenige Blocks von meiner Wohnung entfernt, doch keiner meiner Kollegen konnte mich begleiten. Ich war auf mich allein gestellt und eingeschüchtert von der Vorstellung, mit meinem sehr begrenzten Vokabelwissen meine Symptome erklären zu müssen.

Die Yoshiharu Ear, Nose and Throat Clinic befand sich in einem tristen einstöckigen Gebäude mit rosa Anstrich. Es gab fast keine Fenster, und den Zeichentrickelefanten hatte man wohl deshalb an die Wand gemalt, um dem Ganzen eine fröhlichere Note zu verleihen.

Ängstlich und betend, dass ich mit den Mitarbeiterinnen würde kommunizieren können, betrat ich die Praxis und spürte umgehend die Blicke aller Anwesenden auf mir. Eigentlich war ich inzwischen daran gewöhnt, aber vor sich hin sabbernd ist diese Aufmerksamkeit noch einmal anders unangenehm.

Ich trat an den Tresen, um mich anzumelden, und die Dame am Empfang reichte mir wortlos ein Klemmbrett. Auf dem Blatt Papier war ein Strichmännchen zu sehen.

Was für eine Erleichterung. Alles, was ich tun musste, war, die betroffenen Stellen auf der Zeichnung zu markieren – ohne weitere Erläuterungen. Wie wild kritzelte ich Kreise um die Kehle des Strichmännchens, und von meinen Zeichenkünsten ermutigt, ergänzte ich noch einen japanischen Satz:»Nodo ga itai«(»Meine Kehle schmerzt«). Nach einem Jahr des Selbststudiums konnte ich drei vollständige Worte schreiben.

Ein kleiner Fernseher an der Wand strahlte mit voller Lautstärke eine Kochshow aus. Ein nerviger, überbegeisterter junger Mann tanzte um eine Schüssel *rāmen* herum. »Wahnsinn! Oh mein Gott! Das ist so köstlich!«, heulte er. Sein Schlürfen erfüllte das gesamte Wartezimmer.

Es wartete noch ein halbes Dutzend weiterer Patienten mit mir. Die meisten sahen aus, als wären sie mindestens zweihundert Jahre alt. Ich war der Einzige im Gebäude, der keine Maske trug; in Japan gilt es als Zeichen guten Benehmens, dass man, sobald man sich krank fühlt, in der Öffentlichkeit einen Mund-Nase-Schutz trägt, um niemanden anzustecken.

Das war schon lange vor der Pandemie so üblich. In Tokio, wo an einem einzigen Tag rund 3,6 Millionen Passagiere allein durch den Bahnhof Shinjuku eilen, den geschäftigsten Bahnhof der Welt, ist es nicht ungewöhnlich, wenn im Winter die Hälfte aller Menschen präventiv eine Maske trägt. Verblüffend ist, dass die jüngere Generation Masken schon beinahe als ein Mode-Accessoire sieht, das dieselbe Botschaft übermittelt wie Kopfhörer: Lass mich in Ruhe. Mich hatte der Anblick mancher Schüler, die die ganze Zeit Masken trugen, schon immer mal wieder frustriert. So auch bei einer meiner besten Englisch-Schülerinnen, die sich nur aus Schüchternheit hinter der Maske versteckte. Im gesamten Schuljahr hatte ich vielleicht dreimal ihr Gesicht gesehen.

»BOOROORDO-SAN ... BOOOROOOORDO-SAN.«

Es dauerte eine Weile, bis ich kapierte, dass ich damit gemeint war: Broad-san.

Eine junge Krankenschwester war erschienen, um mich zum Arzt zu begleiten. In einen blendend weißen Kittel gekleidet, das Gesicht unter beziehungsweise hinter einer ebenfalls blendend weißen Kappe und Maske verborgen, schien sie den nur schwach beleuchteten Wartebereich geradezu zum Leuchten zu bringen.

Geht man in Großbritannien in eine Arztpraxis, betritt man normalerweise ein kleines Büro und bespricht sein Problem hinter geschlossenen Türen. In der Regel trennt dabei ein großer Schreibtisch Patient und Arzt, wobei dieser meist versucht hat, den Raum dadurch etwas heimeliger einzurichten, dass er Bilder von seinen Kindern oder Topfpflanzen aufgestellt hat. Nach der Schilderung des Problems folgt typischerweise eine kurze Untersuchung, dann wird etwas in den Computer getippt und ein paar Minuten später sammelt man in einer Apotheke die verschriebenen Medikamente ein. Etwas Ähnliches hatte ich auch in Japan erwartet. Junge, da hatte ich mich aber getäuscht.

Die Arzthelferin drängte mich in etwas, das wie ein Operationssaal aussah und in dem nicht weniger als drei Krankenschwestern, alle ebenfalls blendend weiß, sich zur Begrüßung vor mir verbeugten.

Mit den strahlenden Schwestern und dem hellen Licht kam ich mir fast vor wie im Himmel – abgesehen von dem leicht pummeligen älteren Arzt, der in der Mitte des Raums auf einem kleinen Stuhl saß und die Zeichnung betrachtete, die ich angefertigt hatte. Er sah aus wie ein Vater, der missbilligend auf die chaotische Bleistiftzeichnung seines Sohnes herabblickte.

Ohne zu mir aufzuschauen, winkte er mich in den Stuhl ihm gegenüber.

Ich war etwas verunsichert, ob mich vier Mitarbeiterinnen untersuchen mussten – wenn es um Halsschmerzen ging. Die Situation wirkte, als hätte man alles für eine Operation vorbereitet, und ich erwartete schon beinahe, dass die Krankenschwestern eingreifen und mich festhalten würden.

Ohne einen Schreibtisch zwischen uns saß ich dem Arzt gegenüber und versuchte, nicht mit meinen Knien an seine zu stoßen. Da das Zimmer an sich ja riesig groß war, fühlte sich dieser unangenehm geringe Raum zwischen uns fast komisch an. Von dem, was ich sehen konnte, schätzte ich den Arzt auf Mitte sechzig. Er trug weiße OP-Kleidung und eine Gesichtsmaske, und um seinen Kopf war mit einem Lederband eine so große Lampe befestigt, dass sie auch ein Kohlebergwerk ausreichend beleuchtet hätte.

Er betrachtete mein Formular, ohne etwas zu sagen. Nach einer Weile, die sich wie eine Ewigkeit angefühlt hatte, brach er endlich das unangenehme Schweigen.

»Mein Englisch nicht gut!«, bellte er, warf die Unterlagen auf den Tisch neben sich und schaltete die gewaltige Lampe an, die mich blendete. Ich fühlte mich wie das sprichwörtliche Reh im Scheinwerferlicht.

»Nun Mund auf!«, befahl er und beugte sich vor, um besser sehen zu können.

Ich öffnete den Mund, so weit ich konnte, was bei dieser schmerzhaften Schwellung hieß, so gut wie gar nicht.

Der Arzt sah für fünf Sekunden hin und zuckte dann zurück. Das erfüllte mich nicht unbedingt mit Zuversicht.

»Äh? Äh! Ahhhh! *Sugoi!*«, rief er aus.

In Großbritannien würde ein Arzt wahrscheinlich jetzt so etwas sagen wie:»Das sieht ziemlich schmerzhaft aus«, aber zu sehen, dass der Arzt beinah einen Salto rückwärts vollführte, machte mir Sorgen.

»Unglaublich! Sehr großer Hals!« Er griff nach einem Stück Papier und nuschelte einer der wartenden Helferinnen etwas zu. Sie verließ den Raum und kam wenige Augenblicke später mit einer Schachtel Buntstifte und einem Bleistift zurück.

Er zeichnete zunächst mit dem Bleistift vor, griff dann nach einem Buntstift und bedeckte seine Zeichnung mit Rot.

Bei der Arbeit an seinem Meisterwerk murmelte er vor sich

hin, ergänzte hier und dort etwas, fügte noch ein wenig mehr Rot hinzu.

Nun machte ich mir ernsthaft Sorgen – vielleicht war es doch etwas Ernsteres als nur eine Halsentzündung. Es musste etwas Außergewöhnliches sein, wenn er dieses Level an frenetischer Aktivität an den Tag legte.

Der Arzt pustete ein paar Bleistiftkrümel vom Papier und präsentierte mir sein Opus magnum.

»DAS IST IHR HALS«, rief er. »SO DICKER HALS!«

Nach der Zeichnung zu urteilen, konnte ich nicht leugnen, dass es ein dicker Hals war.

Ich betrachtete das erschreckende rote, verschnörkelte Ding auf dem Papier und nickte zustimmend, fragte mich aber auch, ob diese verwirrende künstlerische Sitzung überhaupt nötig war.

Er wandte sich wieder an seine Schar Krankenschwestern und befahl etwas, das ich nicht verstehen konnte. Die Damen nickten synchron.

Ohne mir seine Diagnose zu erklären, bedeutete er mir, der Helferin neben mir zu folgen. Sie brachte mich einen Gang hinunter in einen engen Raum mit einem Bett und Vorhängen.

Die Krankenschwester signalisierte mir, ich solle meinen Ärmel aufrollen, und ich gehorchte. Sie verließ den Raum und kam kurz darauf mit einer Infusionslösung an einem Ständer zurück. Meine Unruhe hatte ihren Höhepunkt erreicht.

Was um alles in der Welt lief hier ab? Erst vor ein paar Minuten hatte ich einem Arzt zugesehen, der malte, als befände er sich im Kunstunterricht der Grundschule, und nun sah ich mit an, wie man mir auf dem Handrücken einen Zugang legte.

Die Schwester überprüfte den Tropf, warf eine dicke Wolldecke über mich, schaltete das Licht aus und verließ das Zimmer, wobei sie die Tür hinter sich schloss. Das alles war so schnell gegangen, dass ich keine Chance gehabt hatte zu fragen, was sie mit mir vorhatten. Ich hatte einfach zugesehen, wie eine Frau mich an einen Beutel mit Gott-weiß-was angeschlossen hatte.

Allein in diesem verdunkelten Raum, weit weg von zu Hause, machte ich mir mehr und mehr Sorgen, dass etwas ernstlich nicht stimmte. Vielleicht diskutierten sie gerade, wie lange ich noch hätte.

Nach zwanzig Minuten unter der warmen Decke driftete ich in Schlaf ab, wachte aber sofort wieder auf, als die Tür geöffnet wurde und die Krankenschwester hereinkam. Die Infusion wurde abgestöpselt, wir verließen den Raum, marschierten den Gang zurück und ich wurde zur nächsten Audienz bei Japans bedeutendstem lebenden Künstler vorgelassen.

Sobald er mich erblickte, zeigte er mir seine Zeichnung.

»IHRE KEHLE SO SEHR DICK.«

Ich stimmte zu, dass es sich wirklich um einen sehr angeschwollenen Hals handelte.

Dann begann er mit einer Erklärung auf Japanisch, in die er einige angsteinflößende Worte auf Englisch einstreute.

»*Irgendwas irgendwas* Infektion! *Irgendwas irgendwas* gefährlich! *Irgendwas irgendwas* sehr Schmerz.«

Ich ärgerte mich, dass mich mein Japanischstudium so spektakulär im Stich ließ. Ich hatte geglaubt, schon Fortschritte erzielt zu haben, wurde aber eines Besseren belehrt. Alles, was ich aufschnappen konnte, waren die Worte »sehr Schmerz«, die in meinen Ohren widerhallten.

Er füllte kritzelnd ein Rezept aus und reichte es mir, dann klatschte er in die Hände, um das Ende der Sitzung zu verkünden.

»GUTE BESSERUNG, BURUDO-SAN!«, brüllte er, als hätte ich Probleme mit den Ohren.

In Japan werden ähnlich wie in Deutschland die Beiträge zur gesetzlichen Krankenversicherung gleich vom Gehalt abgezogen, und dies deckt etwa siebzig Prozent der Ausgaben. Der Patient beziehungsweise die Patientin zahlt dann die restlichen dreißig Prozent. Die gesamte Behandlung kostete mich dann rund 1000 Yen (etwa sechs Euro). Was für ein Schnäppchen.

Die Schwestern riefen noch »odaiji ni«, den japanischen Ausdruck für »Gute Besserung«, dann verließ ich etwas verwirrt und desorientiert, aber seltsam energiegeladen die Praxis. Was hatten sie mir bloß eingeflößt?

Die Infusion hatte ihre Zauberkraft entfaltet. Zum ersten Mal seit einer Woche hatte ich nicht das Gefühl, gleich sterben zu müssen. An den Tropf gehängt zu werden, ist eine sehr beliebte Behandlungsmethode in Japan. Zu fast jedem Arzttermin gehört eine ergänzende Infusion dazu, so wie man in der Autowaschanlage ein Duftbäumchen geschenkt bekommt.

Auch wenn ich die Arztbesuche in Großbritannien bevorzugte, an die ich gewöhnt war, so war das japanische Gesundheitssystem doch zweifelsohne effizient. Außerdem hatte noch nie ein Arzt zuvor extra für mich eine Bleistiftzeichnung angefertigt.

17. Der brathühnchenabhängige Bär
August bis Oktober 2013

Da Sakatas heruntergekommene Straßen tagsüber praktisch menschenleer waren, musste man nicht lange suchen, um herauszufinden, wo die Einheimischen ihre gesamte Freizeit verbrachten. Familienrestaurants wie Gasuto, Saizeriya und Cocosu sind oft Herz und Magen einer Stadt. Hier sitzen Schülerinnen, um am Nachmittag ihre Hausaufgaben zu erledigen, Rentner lesen bei einer Tasse Kaffee die Zeitung und Pärchen ziehen sich für unbeholfen aussehende Rendezvous in eine Ecke zurück.

Am folgenden Wochenende saß ich in einem Gasuto und ordnete mich in die letztere Kategorie ein. Ohne dass ich es geahnt hatte, saß ich bei meinem ersten Date mit einer Japanerin.

Da man sich Getränke beliebig oft nachfüllen darf und das westliche Essen zu vernünftigen Preisen zu bekommen ist, konnte ich gut nachvollziehen, warum Familienrestaurants wie das Gasuto solchen Zulauf haben. Man durfte stundenlang bei einer Portion Pommes und vor Sauce triefenden Hamburgern sitzen bleiben. Der »Cheese Hamburg« kostete weniger als 1000 Yen (etwa sechs Euro) und war wirklich köstlich. Ich stupste das Stück Rindfleisch an und sah zu, wie geschmolzener Käse aus dem Burger lief. Mein Cholesterin würde gewaltig eins auf den Deckel bekommen.

Man muss aber dazusagen, dass das Gasuto nicht wirklich ein romantischer Ort war. Und zu meiner Verteidigung sei noch angefügt, dass ich dachte, ich würde privaten Englischunterricht geben.

Anfang August war ich zu einer Feier in der Nachbarstadt Tsuruoka eingeladen gewesen, um einen neuen JET-Teilnehmer zu begrüßen. Dort traf ich auf die junge Aika.

Während die meisten Japanerinnen, die ich in den ländlichen Regionen kennengelernt hatte, eher selbstbeherrscht, schüchtern und oft schwer zu lesen waren, war Aika extrem lebhaft, hatte ein offenes Lachen und eine warme, sprudelnde Persönlichkeit. Es machte Spaß, sich mit ihr zu unterhalten, meinem üblen Japanisch und ihrem rudimentären Englisch zum Trotz.

Sie feuerte Fragen auf mich ab, nachdem sie zu ihrer Freude entdeckt hatte, dass ich, wie sie, in Sakata lebte.

»Prima! Wollen Sie mir nicht Englisch beibringen?«, scherzte sie.

»Na klar. Lassen Sie uns doch in Sakata treffen«, schlug ich vor. Das war ein leeres Versprechen, doch wir tauschten Kontaktdaten aus, und am Ende der Party umarmte ich sie zum Abschied und ging nicht davon aus, sie noch einmal wiederzusehen.

Doch da saßen wir nun und blickten auf den zähflüssigen Käse, der aus meinem fettigen Cheese Hamburg tropfte. Ich stand kurz davor, monatelanges Joggen mit einem einzigen Biss zunichtezumachen.

»Als Schülerin ich liebe Englisch. Aber ich bin sehr schlecht.« Aika sprach langsam, aber ihre Aussprache war beeindruckend.

»Ich lerne gern Japanisch. Aber es ist sehr schwierig!«, gab ich zurück.

Als wir aufgegessen hatten, hatte ich kaum Englisch gesprochen und schon gar nicht unterrichtet, und ihre Fragen drehten sich immer mehr um mein Privatleben, sodass meine beeindruckenden detektivischen Instinkte mir verrieten, dass wir hier bei einem Date zusammensaßen.

Der nicht so romantischen Verabredung bei Gasuto folgte wenige Tage später ein Abendessen, das mit einem Kuss vor meiner Wohnungstür endete.

»Heute hatte ich viel Spaß! Danke«, rief Aika, lief zu ihrem pinken Nissan und verschwand in der Nacht.

Das war erst unser zweites Date, weshalb ich annahm, wir würden uns nun erst einmal über unsere Gefühle klar werden wollen. Aika war locker, lustig und so offen, wie ich es bei nur wenigen Japanerinnen erlebt hatte. Wir hatten fast sechs Stunden in zwei *izakaya* gesessen, uns durch die Speisekarten gefuttert und über Sprachen, das Leben an japanischen Schulen und britisches Essen unterhalten.

»Japanisches Fernsehen sagt immer, britisches Essen ist sehr schlecht«, beharrte Aika.

Ich heuchelte eine Irritation.

»Alles Lügen«, gab ich zurück. »Das britische Essen ist deutlich besser. Wir haben zum Beispiel Pie.«

Wohin uns das führen würde? Ich wusste es nicht und hatte keine Eile herauszufinden, ob dies schon etwas Ernstes war. Doch kaum eine Stunde nach unserer Verabschiedung setzte Aika mir ein Ultimatum. Ich machte mich gerade bettfertig, als mein Smartphone brummte und eine Nachricht in unverblümtem Englisch eintraf.

»Heute war so toll! Vielen Dank! Werden wir Geliebte? X«

Wow, das ging schnell.

Ich wusste nicht genau, was ich antworten sollte. Würde man nach der zweiten Verabredung in Großbritannien eine solche Nachricht bekommen, würde man sich vermutlich schnellstmöglich aus dem Staub machen. Ich war nicht ganz sicher, ob das alles sehr süß war – oder sehr verzweifelt.

Es stellte sich heraus: weder noch. Roy hatte mir gegenüber einmal erwähnt, dass Pärchen in Japan dazu tendieren, sich rasch zu verständigen, dass sie zusammen sind, um dieses Thema aus dem Weg zu räumen. Hier war der Beziehungsstatus »oh, das ist kompliziert« nicht vorgesehen.

Ich wollte diese Verbindung, die erste zu einer japanischen Vertreterin des anderen Geschlechts, nicht abreißen lassen. »Klar! Lass uns diese Woche wieder treffen!«

Ich erhielt ein wildes Durcheinander bizarrer japanischer Herzchen-Sticker als Antwort. Es war ausgemacht.

Innerhalb von vierzehn Tagen hatte ich einen neuen japanischen Freund und eine Freundin gewonnen. Das Einzige, was mir zur

Vervollkommnung jetzt noch fehlte, war ein Japanischlehrer und -mentor. Zu meinem großen Glück fand ich auch dieses Puzzleteil noch in der letzten Woche vor dem Ende der Sommerferien.

Sakata veranstaltete jährlich einen »Kulturtag« im Internationalen Zentrum der Stadt. Ausländische Einwohner organisierten dort Stände, um das Essen und die Kultur ihrer Heimatländer zu präsentieren.

Zwar gab es eine beachtliche Anzahl an Menschen aus der Volksrepublik China, aus Korea und von den Philippinen, aber ich war mehr oder weniger der einzige Brite in der Stadt, weshalb man mich zur Teilnahme aufgefordert hatte. Anfangs zögerte ich noch, aber nur so lange, bis ich erfuhr, dass es kostenloses Essen gab. Ich machte mich gleich nach meiner Ankunft daran, alle Essensstände zu besuchen und Gratis-Portionen von Kimchi und Jiǎozi, die wir als Gyoza kennen, abzugreifen. Eine hervorragende Darbietung englischer Gefräßigkeit. Ein wichtiger kultureller Beitrag.

Während ich eine Portion gebratener Nudeln kaute, tauchte ein bekanntes Gesicht in der Menge auf. Naoko stürzte in einem leuchtend lila Oberteil auf mich zu.

»Chris-sensei, *hisashiburi!* Wie geht es Ihnen?«

Es entstand eine unangenehme Pause, während ich einen Brocken fettiger Nudeln schluckte.

»Sie scheinen wie üblich das Essen zu genießen, Chris-sensei!«

Frech. Aber wo sie recht hatte ...

Wir hatten uns seit April nicht mehr gesehen, als die jährliche Lehrer-Umverteilung sie in das als besonders abgelegen verschriene Gebiet Atsumi mit seinen heißen Quellen versetzt hatte. Das Bildungsäquivalent zum Bermudadreieck: Das dorthin abgeordnete Lehrpersonal taucht in der Regel nie wieder auf, weshalb das Wiedersehen mit ihr so eine angenehme Überraschung war.

Mir fehlte der gemeinsame Unterricht mit Naoko. Sie hatte stets eine positive Haltung bewahrt und Sprachen leidenschaftlich gern unterrichtet – in der Englisch-Fachschaft waren das seltene Eigenschaften.

»Ich hatte tatsächlich gehofft, Sie hier zu treffen, Chris-sensei. Wie geht es mit Ihrem Japanisch voran?«, erkundigte sie sich.

»*Māmā*«, scherzte ich. Ein umgangssprachlicher Ausdruck für »so lala«.

Sie lächelte und fuhr dann in ernsterem Ton fort.

»Ich wollte fragen, ob Sie an dem hiesigen Reden-Wettbewerb für Japanisch teilnehmen möchten.«

»Haha, entschuldigen Sie, Naoko-sensei. Ich halte das für keine gute Idee. So weit bin ich noch nicht.« Ich lachte leise vor mich hin, nahm die Anfrage nicht weiter ernst und stopfte mir den Mund wieder mit Nudeln voll.

»Nein, nein, nein, Chris-sensei! Sie können das.« Es klang weniger wie ein ermutigendes Kompliment, sondern mehr wie ein Betteln. Es stellte sich heraus, dass sie Teilnehmer für den Wettbewerb suchte.

»Ich helfe dieses Jahr bei der Organisation, und wir würden uns sehr freuen, wenn Sie teilnehmen würden.«

»Wann findet der Wettbewerb denn statt, Naoko-sensei? Ich könnte es vielleicht versuchen, wenn er nächstes Jahr stattfindet.«

»Nun, er ist im November.«

Ich lachte auf und lehnte ab. Drei Monate waren nicht ausreichend, um meine Kenntnisse auf Vordermann zu bringen. Ich konnte gerade so eine einfache Unterhaltung führen, zumindest ein paar Minuten lang, aber keinesfalls vor einer Gruppe von Zuhörern auswendig eine fünfzehnminütige Rede auf Japanisch halten.

Doch Naoko ließ nicht locker und verwies auf einen Aushang an der Wand des Internationalen Zentrums, der kostenlose Sprachkurse anbot.

»Ich kenne die Lehrer. Wir können jemanden finden, der Ihnen beim Lernen hilft!«

Ich dachte an meine spärlichen Fortschritte. Ein paar Hundert Kanji-Zeichen konnte ich lesen und hatte einen Wortschatz von knapp über 2000 Worten, doch mein Hörverständnis und meine Sprachfähigkeit waren noch immer schockierend schlecht. Mir dämmerte, dass dies eine ausgezeichnete Gelegenheit wäre, meine Sprachkenntnisse zu Beginn meines zweiten Japan-Jahres zu verbessern.

»Wenn wir einen Lehrer für mich finden, Naoko-sensei, dann mache ich es.«

Sie hatte mich am Haken.

»Machen Sie sich keine Sorgen, Chris-sensei, ich finde einen Lehrer für Sie.«

Eine Woche später war ich wieder im Internationalen Zentrum und saß an einem Tisch, an dem andere Schüler schweigend ihre Hausaufgaben abarbeiteten. Ein älterer Herr kam herein, einen Stapel Lehrbücher unter dem Arm.

Ich erkannte ihn augenblicklich wieder, und nicht nur, da er dem Schauspieler David Carradine – bekannt vor allem als Titelfigur in *Kill Bill* – erstaunlich ähnlich sah. Ich hatte diesen Mann montagabends in meinen *eikaiwa*-Kursen gesehen, bei denen er ganz hinten gesessen hatte und nach zwei Wochen nicht wieder aufgetaucht war. Wahrscheinlich, weil Noriko und ihre Gang ihn nicht zu Wort hatten kommen lassen.

»Hallo, Chris-san. Ich bin Itō Fumio.« Er streckte mir eine Hand entgegen.

»Guten Abend, Itō-sensei.« Ich stand auf und ergriff seine Hand. »Ich glaube, wir kennen uns bereits. Sie sind einige Male bei meinen Englischkursen gewesen.«

»Ach ja! Schön, Sie wiederzusehen.« Er konnte sich offensichtlich nicht erinnern.

Itō war etwa Ende siebzig, hatte aber einen scharfen Verstand und erstaunlich gute Englischkenntnisse, obgleich er niemals im Ausland gelebt und keinen besonderen Grund gehabt hatte, die Sprache zu lernen.

»Haben Sie früher Englisch unterrichtet?«, wollte ich wissen und nahm dabei an, seine ausgezeichnete Aussprache, die deutlich besser war als die einiger meiner Kollegen an der Schule, sei das Ergebnis jahrelanger Übung als Lehrer.

»Nein, ich war Lokführer!« Er lachte, als er meine Überraschung bemerkte. »Ich liebe Englisch schon seit meiner Europareise vor etwa fünfzig Jahren.«

Als junger Mann hatte Itō Geld angespart, um die Frau seiner Träume heiraten zu können. Mit 27 machte er ihr einen Heiratsantrag, doch ihren Eltern war er nicht gut genug. Zurückgewiesen und mit gebrochenem Herzen nahm er die Ersparnisse und gab sie für eine sechsmonatige Rundreise durch Europa aus. Das regte ihn dazu an, Englisch zu lernen.

»Es machte Spaß, durch Europa zu reisen. Aber nur mit Japanisch war es auch sehr schwierig. Daher habe ich nach meiner Rückkehr angefangen, Englisch aus einem Wörterbuch zu lernen.« Er kicherte.

»Großer Gott. Sie haben wirklich ein Wörterbuch gelesen?« Die Vorstellung kam mir absurd vor.

»Ja, es war schwer.« Für einen Augenblick sah er sehr ernst aus. »Ich glaube, ich habe es bis zum Buchstaben G geschafft.«

Von nun an traf ich mich jeden Mittwoch, egal bei welchem Wetter, mit Itō im Internationalen Zentrum, um Japanisch zu üben. Dankenswerterweise ohne ein einziges Mal ein Wörterbuch zu benutzen.

Das Ziel war, mich durch die *Genki*-Lehrbuchreihe und dahin zu bringen, die neunzig Minuten unserer Unterrichtsstunde ausschließlich auf Japanisch zu sprechen. Unweigerlich endeten unsere Tutor-Sitzungen aber sehr häufig darin, dass wir ins Englische wechselten und über Itōs Erlebnisse in Europa oder sein Berufsleben als Lokomotivführer an Japans Westküste sprachen.

Meine wöchentlichen Verpflichtungen nahmen mit den *eikaiwa*-Kursen und dem neuen Japanisch-Unterricht deutlich zu. Doch schon bald war der Donnerstagabend mein Lieblingstermin in der Woche.

Der exzentrische Punk-Rocker, dem ich auf der Straße begegnet war, hatte sich schnell zu meinem besten Freund in Sakata entwickelt.

Gegen 18:30 Uhr trafen Natsuki und ich uns im Stadtzentrum in einem *yakitori*-Restaurant mit Namen *Kichi Kichi* (also *Glück Glück*).

Der Imbiss mit Blick auf das Rathaus begrüßte einen gleich nach dem Eintreten mit dem himmlischen Geruch von Hähnchenspießen, die langsam auf einem Kohlegrill brutzelten.

Yaki bedeutet »gegrillt«, *tori* heißt »Hühnchen«. Nicht nur Hähnchenbrust und -schenkel wurden hier zubereitet, sondern auch weitere Teile des Vogels wie Kaumagen und Schwanz kamen auf den Grill. Nichts wurde verschwendet. Sogar die Knorpel panierte man und verwandelte sie in popcorngroße Stückchen namens *nankotsu*.

Während der Ehemann die Küche übernahm und die Spieße briet, lief seine Frau unablässig durch den Laden, nahm Bestellungen auf und servierte Essen und Trinken. Nach einem langen Unterrichtstag machten mich wenige Dinge so glücklich wie die erste Portion Spieße, meist mindestens sechs, eine Mischung aus Brust und Keule. Das Tolle am Kohlegrill war, dass er das Fleisch langsam garte, weshalb es zart und saftig blieb. Die einzige Entscheidung, die man treffen musste, war die Geschmacksrichtung: Entweder wurde das Fleisch in eine süße *tare* (Sauce) getunkt oder mit *shio* (Salz) gewürzt. Natsuki und ich entschieden uns stets für das Salz, damit wir den Geschmack jedes Happens genießen konnten. Wir spülten alles mit einem fröhlichen »kanpai!« hinunter und stießen dazu mit unseren Gläsern an, die bis zum Rand mit dem goldenen Nektar des Suntory Premium Malt gefüllt waren.

»Oh mein Gott. Fünfzehn Minuten lang japanische Rede. Eine sehr verrückte Idee!«, stieß Natsuki aus, als ich ihm offenbarte, dass ich mich für den Reden-Wettbewerb angemeldet hatte.

»Ich habe einen Monat. Komm, bitte hilf mir«, bat ich ihn und kaute den letzten Krümel Hühnchenfleisch vom Spießende ab.

Dass Natsuki plötzlich nicht mehr »Scheiß drauf, mach's einfach« sagte, beunruhigte mich. Es gab nicht viel, vor dem er zurückschreckte. Er zündete sich eine Zigarette an und schüttelte den Kopf.

»Hmmm, ich denke, vielleicht sehr schwierig!«

Das Ausmaß der vor mir liegenden Aufgabe war gewaltig, und nun fühlte es sich erst recht so an.

Mir blieb ein Monat, um eine Rede auf Englisch zu schreiben, sie ins Japanische zu übersetzen und dann den Text auswendig zu lernen. Ach ja, und dann die Rede in gut fünfzehn Minuten zu halten, vor drei Juroren und 150 Zuhörern und Zuhörerinnen.

Warum zum Teufel hatte ich bloß zugesagt?

Schritt Nummer eins war die Auswahl eines Themas, zu dem ich wirklich etwas zu sagen hatte.

Meine unkontrollierbare Abhängigkeit von Brathühnchen aus dem FamilyMart schien mir ein guter Ausgangspunkt.

Übers Wochenende skizzierte ich eine Rede über die Schwierigkeiten, Japanisch zu lernen vor dem Hintergrund des Kulturschocks und meiner enttäuschenden Gewichtszunahme. Ich entwarf ein Bild von mir, wie ich den ganzen Winter über vergraben in meiner Wohnung saß, erbarmungslos lernte und dabei billiges Hühnchen aus dem Minimarkt kaute.

Schließlich hatte ich einen Text mit 1500 Worten verfasst und ihm den albernen Titel »Der von FamilyMart-Brathühnchen abhängige Bär« gegeben.

Es dauerte eine Woche, bis ich ihn in rudimentäres Japanisch übersetzt hatte, woraufhin ich die Rede von einem Expertenteam durchsehen und korrigieren ließ, zu dem Roy, Nishiyama und Itō gehörten.

Ärgerlicherweise gab jeder von ihnen der Rede eine andere Richtung.

Das Problem: Als wäre die japanische Sprache nicht schon Albtraum genug, gibt es zu allem Überfluss auch noch das *keigo* – das System der Höflichkeitssprache.

Zu *wem* man spricht, bestimmt im Japanischen, *wie* man spricht, und das erklärt, warum in den meisten Kennenlern-Interaktionen das Gespräch kaum von formal festgelegten Mustern abweicht. Es kommt nur selten vor, dass man mit einem Japaner spricht und nicht die drei immergleichen Fragen auftauchen:

»Woher kommen Sie?«

»Wie alt sind Sie?«

»Was arbeiten Sie?«

Es ist in Japan von äußerster Wichtigkeit, die eigene Position im hierarchischen Verhältnis zum Gegenüber zu kennen. Daher werden diese Fragen auch gleich am Anfang geklärt – damit festgelegt werden kann, wie die Konversation weiter abzulaufen hat.

Im Westen scheinen wir auf die völlig falschen Dinge Wert zu legen. Macht. Reichtum. Bekanntheitsgrad. In Japan ist oft das Alter der entscheidende Faktor.

Senpai bedeutet »Rangälterer« oder Senior. Ein *senpai* verdient aus dem einfachen Grund Respekt, dass er (dienst)älter ist, was noch aus den altehrwürdigen Umgangsformen herrührt, die der chinesische Philosoph Konfuzius vor zweitausend Jahren aufgestellt hat. Von einem *kōhai*, einem Jüngeren, erwartet man, dass er seinen *senpai* in der *keigo*-Form anspricht.

Ich erinnere mich noch daran, wie ich mich auf einer Party zwanglos mit einem Japaner in seinen Zwanzigern unterhielt. Doch in dem Moment, in dem er erkannte, dass er älter war als ich, änderten sich sein Verhalten und seine Sprache mir gegenüber. Sein Ton wandelte sich und er klang mit einem Mal so, als wolle er mich belehren oder anleiten. War er zuvor ein Spaßvogel gewesen, versuchte er nun, mir wertvolle Ratschläge zu erteilen.

Obwohl es sich in Japan für mich anfangs seltsam anfühlte, entwickelte ich bald Respekt für diese Art, Dinge zu tun.

Ich konnte dem Konzept etwas abgewinnen, wenn Menschen in Machtpositionen sich in Gegenwart von Älteren plötzlich ganz bescheiden geben. Man bekam den Eindruck, als entstünde daraus eine insgesamt respektvollere Gesellschaft als Ganzes.

Beim *keigo* gibt es eine goldene Regel: Je länger der Satz, umso höflicher. Hier ein Beispiel.

Spricht man mit einem Freund, so könnte man sagen:

»Es ist heiß heute, oder?«

Kyō wa atsui desu *ne.*

Die *keigo*-Variante, die ein Angestellter in einem Geschäft einem Kunden gegenüber wahrscheinlich benutzen würde, lautet:

Kyō wa atsui de gozaimasu *ne.*

Das ist der gleiche Satz. Nur dass das *desu* (»es ist«) nun in seine Höflichkeitsform verlängert wurde.

Selbst gebildete Japaner geben zu, dass sie Schwierigkeiten haben, immer und überall genau zu wissen, welche Redeform sie wann anwenden müssen. Das zeigte sich auch, als Roy, Nishiyama und Itō meine Rede durchgingen: Jeder nahm sie auseinander und setzte sie neu zusammen, der eine baute sie in Alltagsjapanisch um, der andere wählte die *keigo*-Formen. Zielte die Rede auf die Zuhörer ab oder die Jury? Oder sollte es wirken, als spräche ich zu einem Freund?

Schließlich entschieden wir uns für Letzteres. Angesichts des informellen, spaßigen Tonfalls der Rede lag es nahe, auch die entspannteste Form zu wählen. Es war ja im Grunde eine fünfzehnminütige Rede über Brathühnchen.

Eine weitere Woche brauchte ich, um zu lernen, wie ich die Rede aussprechen musste, inklusive einer Handvoll neuer Vokabeln und einiger Grammatik, die ich nie verstanden hatte, und dann war nur noch eine Woche übrig bis zu dem großen Ereignis. Mir dämmerte, auf welch verlorenem Posten ich stand.

An diesem Mittwochabend drückten Itō und ich uns in eine Ecke des Klassenzimmers, während draußen ein Wintersturm heulte. Ich stand auf, um zum ersten Mal die Rede vor ihm zu halten, doch da ich sie bei Weitem noch nicht auswendig konnte, las ich sie quasi vom Blatt ab.

»Ihre Aussprache ist wirklich ziemlich gut, Chris-san«, machte mir Itō Mut. »Sie müssen sich jetzt nur noch darauf konzentrieren, den Text auswendig zu lernen. Haben Sie schon einmal von der Loci-Methode gehört?«

»Ich glaube nicht«, erwiderte ich, ließ die Rede auf den Tisch fallen und sank niedergeschlagen auf den Stuhl.

»Als ich Englisch lernte, probierte ich viele Lernmethoden aus, nachdem ich gemerkt hatte, dass das Lesen eines Wörterbuchs nur Zeitverschwendung ist. Für mich funktionierte die Loci-Methode sehr gut. Man stellt sich dabei vor, man ist in einem Raum oder einem Gebäude, das man gut kennt, und legt in jedem Raum ein Objekt ab. Die eigene visuelle Vorstellungskraft zu nutzen, kann sehr effektiv sein.«

Das klang faszinierend, allerdings auch sehr nach einem Partytrick, um sich eine Liste von Objekten zu merken und sie später wiederholen zu können. Doch ein Jahr zuvor hatte ich anfänglich auch bei der Vorstellung gelacht, Wortassoziationen zu verwenden, und dann halfen sie mir doch dabei, wie durch Zauberhand, in nur einem Tag 120 Namen auswendig zu lernen.

»Es müsste schon ein Wunder geschehen, damit ich mir das hier merken kann«, erwiderte ich und winkte mit dem Manuskript. »Aber ich werde es gern versuchen. Ich danke Ihnen, Itō-sensei.«

Verblüffenderweise erwies sich die Loci-Methode als erschreckend effektiv. Viel wirksamer als alles, was ich bis dahin probiert hatte.

Unter Einsatz meines räumlichen Vorstellungsvermögens malte ich mir aus, ich ginge durch den Flur in der Schule und sähe dabei in die Räume hinein, wobei jeder einzelne etwas in mir auslöste. Das konnte eine Person, ein Ort oder ein Gegenstand darin sein. Ich verknüpfte jeden Raum mit dem ersten Satz eines jeden Abschnitts meiner Rede, die ich in fünfzehn Teile aufgeteilt hatte.

Ein Absatz etwa enthielt einen Witz darüber, wie ich davon geträumt hatte, eine Schokoladenfabrik zu besitzen und beschrieb mich als Bär, der sich zum Winterschlaf in seine Höhle zurückgezogen hatte. Für diesen Absatz stellte ich mir den Bären Paddington mit seinem roten Hut vor, wie er Portionen des fettigen FamilyMart-Hühnchens an eine Klassenzimmertafel warf. Je lebhafter und irrer das Bild, umso leichter lässt es sich merken.

Mir fiel auf, dass ich, wenn ich in Gedanken so durch den Korridor lief und ein- oder zweimal in jeden Raum gesehen hatte, mir innerhalb von Minuten merken konnte, was sich in jedem Zimmer befand. Ich konnte gedanklich durch den Gang laufen, in die Klassenräume spähen und mich an jeden Absatz erinnern.

Das war ein Moment, an dem mir tatsächlich ein Licht aufging. Wieder einmal hatte ich durch eine einfache Mnemotechnik etwas erreicht, was zuvor unmöglich erschien.

Die einzige Frage war: War es womöglich schon zu spät? Schließlich hatte ich nur noch eine Woche Zeit.

Der Tag der Rede kam, und 150 Menschen, darunter mehrere Schüler und Schülerinnen meiner Klassen und Kolleginnen und Kollegen aus der Sakata Senior High, versammelten sich für den Wettbewerb, der in einem großen, modernen Vorlesungssaal der örtlichen Universität abgehalten wurde.

Ich saß recht weit vorn im Raum, zappelte nervös herum, und mein Herz raste vor Panik. Ich machte mich bereit, vor den Augen und Ohren von 150 Japanern, darunter einige von mir respektierte Kolleginnen und Freunde, die japanische Sprache zu massakrieren.

Itō, Nishiyama und Aika waren ebenfalls im Saal. Natsuki konnte seinen Laden nicht im Stich lassen, dafür hatte er am Morgen eine aufmunternde Botschaft geschickt: »Scheiß viel Glück für dich, Kumpel!«

Aika hielt meine Videokamera und nahm das Spektakel auf, Itō saß neben mir, ganz vorn im Saal.

Es brauchte ein Wunder, damit ich das überstehen konnte.

Bis hierher hatte die Loci-Methode funktioniert, doch es war mir erst ein einziges Mal gelungen, die gesamte Rede in einem Rutsch zu halten, und zwar am Vortag, als ich mit Itō geübt hatte.

Acht ausländische Redner traten an, alle wohnhaft in Sakata, aber aus so unterschiedlichen Ländern wie Großbritannien, den Vereinigten Staaten, Südkorea und China stammend. Als vorletzter Redner wand ich mich über eine Stunde lang auf meinem Platz. Es fühlte sich an, als würde mein Herz gleich explodieren. Itō musste gespürt haben, wie nervös ich war, und klopfte mir ermutigend auf die Schulter. »Sie machen das schon«, sagte er. »Vertrauen Sie mir.«

Es war nicht nur die Angst, meinen Text zu vergessen und die japanische Sprache zu misshandeln, die mich so nervös machte. Ich fing nun auch an, daran zu zweifeln, ob der Inhalt meiner Rede überhaupt angemessen war.

Die Rednerin vor mir, eine mittelalte Südkoreanerin, die hier im ländlichen Japan eine Familie gegründet hatte, sprach in einer starken und mitreißenden Rede davon, welche Identitätskonflikte sie als Koreanerin in Japan durchmachte.

Und mein Text handelte von meinem Lieblingssnack.

Wie sollte ich da mithalten können?

»Broad-san! *Dōzo.*« Einer der drei Juroren – eine Gruppe aus drei älteren Männern, zwei Schulleitern und einem Gouverneur – rief mich auf die Bühne. Sie schüchterten mich ein, was den Schrecken nur noch vergrößerte.

Ich stand vor dem Katheder und legte das Manuskript dort ab, für den Fall, dass ich einen Blackout hatte, dann sah ich in die 150 Gesichter, die mich aufmerksam und in einer Mischung aus Lächeln und Faszination anblickten. Aika richtete die Kamera auf mich, Nishiyama zeigte mir die Daumen-hoch-Geste und Itō nickte.

Mein Name wurde vorgelesen, dann der Titel meiner Rede, was im Raum eine Welle des gedämpften Lachens hervorrief. Ein ermutigender Start.

In der Öffentlichkeit sprechen zu müssen, hatte mich schon immer gelähmt; allein der Gedanke an Dutzende auf mich gerichtete Augenpaare ließ mir einen Schauer über den Rücken laufen.

Das mag aus dem Mund eines YouTubers lächerlich klingen, doch es gibt da einen entscheidenden Unterschied zwischen dem Auftreten in einem Raum vor einem körperlich anwesenden Publikum und einem Videodreh allein in der eigenen Wohnung. Dass ich Lehrer geworden war und im letzten Jahr vor Klassen mit vierzig Schülerinnen und Schülern unterrichtet hatte, machte die Sache etwas einfacher. Doch das hier war noch einmal ein ganz anderes Niveau. Ich verbeugte mich, stotterte »yoroshiku onegaishimasu« und stürzte mich hinein.

In den letzten fünfzehn Monaten fühlte es sich für mich an, als sei ich auf einer langen Reise unterwegs. Das ist ein seltsames Gefühl, denn all die Zeit lebte und arbeitete ich hier in Yamagata.

Ich machte eine kurze Pause und sah mich im Raum um.

Es war aber keine physische Reise. Es war eine mentale Reise. Als ich im August 2012 nach Japan zog, wusste ich, dass es herausfordernd werden würde. Ich würde zum ersten Mal im Ausland leben und arbeiten. Aber noch wichtiger, es würde das erste Mal sein, dass ich in einer Umgebung leben sollte, in der ich die Sprache nicht verstand. Diese Erfahrung rief viele Gefühle in mir wach. Aufregung, Überraschung, Angst und Frustration, fast jeden Tag. Meine Persönlichkeit änderte sich. Und doch war dies ohne Zweifel das beste Jahr meines Lebens.

Ich ließ die Augen durch den Raum schweifen und war erleichtert, einige Köpfe nicken zu sehen.

Das erste Mal, als ich dachte, es würde hart werden, war an meinem Arbeitsplatz. Ich arbeite in einer großen Schule. Sie hat mehr als tausend Schüler und mehr als hundert Lehrer. Wir hatten eine Schulversammlung und alle trafen sich in der Turnhalle. Ich saß nun in dieser Versammlung und versuchte zuzuhören, als ich erkannte, dass ich unter den tausend Menschen im Raum der einzige war, der nicht verstand, was hier passierte. Ein beängstigender Gedanke.

Ich machte erneut eine kurze Pause und tat so, als würde ich die ganze Zeit spontan mein Herz ausschütten.

Und dann, als ich gerade fortfahren wollte, übersprangen meine Gedanken eine Stufe.

Äh Scheiße, wie war noch einmal der nächste Abschnitt?

Ich geriet in Panik. Und die Erinnerung entfernte sich noch weiter aus meinem Kopf.

Oh oh.

Da war es zu spät. Ich war verloren.

Der Saal schien sehr still zu werden. Meine Augen huschten zur Decke, während ich verzweifelt versuchte, mich zu erinnern. Mein Gedächtnis bemühte sich, irgendetwas zum Festklammern zu finden.

Aber es war zu spät. Mein Erinnerungsvermögen hatte mich im Stich gelassen. Es war aus.

Ich sah hinunter auf mein Skript auf dem Lesepult und las mit ungutem Gefühl den Rest der Rede ab, womit ich mich augenblicklich disqualifizierte und meiner Darbietung jegliche Authentizität raubte.

Zwischendurch bekam ich ein paar Lacher und am Ende auch Applaus, doch schlussendlich hatte ich versagt.

»Das war gut!«, versicherte mir Itō. »Es scheint allen gefallen zu haben.«

Doch ich konnte das Gefühl nicht abschütteln, versagt zu haben. Ich spürte, alle enttäuscht zu haben.

»Das hast du gut gemacht, Chris-sensei«, meinte Nishiyama, nachdem die Veranstaltung vorüber war. »Nach einem Jahr Japanischlernen ist das ein großer Fortschritt. Ich mochte besonders die Stelle, an der Sie ein Bär waren.«

Schaue ich heute zurück, muss ich gestehen: Es war leichtsinnig von mir, den Reden-Wettbewerb so früh schon zu wagen. Noch kurz zuvor war ich damit beschäftigt gewesen, ganz grundlegendes Vokabular zu pauken.

Doch aus der Niederlage erwuchs ein Vorsatz. Der Entschluss, es im folgenden Jahr wieder zu versuchen, mit einer besseren Rede und größerem Vertrauen in meine Japanischkenntnisse. Und ich würde früher anfangen, die ganze Sache auswendig zu lernen, wieder mithilfe der Loci-Methode.

Zwölf Monate später trat ich erneut gegen zehn Mitbewerber an und hatte eine neue Rede im Gepäck: »Japans ländliche Regionen haben mich verändert«.

Ich sprach darüber, wie das Leben auf dem Land mir geholfen hatte, den Augenblick zu genießen und mich an dem langsamen Gang der Dinge im provinziellen Japan zu erfreuen.

Zu meiner Erleichterung konnte ich mich nicht nur an alle fünfzehn Minuten der Rede erinnern – ich gewann den Wettbewerb sogar; etwas, das ein Jahr zuvor völlig undenkbar gewesen wäre. Im Rückblick glaube ich: Hätte ich den ersten Versuch nicht gewagt und wäre nicht so grandios gescheitert, wäre mein Erfolg ein Jahr später nicht möglich gewesen. Die Niederlage lehrte mich, jeden Schritt des Weges wertzuschätzen.

Doch das Beste an all dem war, dass ich den Sieg mit Itō feiern konnte, der mich das ganze Jahr über weiter betreut hatte. Am Ende des Wettbewerbs fielen wir uns gerührt in die Arme, und ich wusste, dass er stolz auf mich war. Das bedeutete mir mehr als alles andere.

18. Der schlimmstmögliche Anfang

September 2013

Der erste Tag meines zweiten Jahrs an der Sakata Senior High. Als JET fing mein Schuljahr im September an – um zum Rest der Welt zu passen –, während für die Schülerinnen und Schüler in Japan das Schuljahr bereits im April begonnen hatte. Ich freute mich darauf, nach dem Ende der Sommerferien in die Klassenzimmer zurückzukehren und mit meinen rasch wachsenden Japanischkenntnissen anzugeben. Nach der erfolgreichen Besteigung des Fuji war ich noch immer im Höhenflug, und der allmächtige *kōchō-sensei* (Schulleiter) verstärkte meine Euphorie noch, als er mir eine Woche vor Ferienende den Arbeitsvertrag für ein weiteres Jahr überreichte.

»Wir brauchen noch einmal Ihre Hilfe«, hatte er dramatisch erklärt und mir mit ausgestreckten Armen den Vertrag entgegengehalten.

Das war so feierlich, dass es sich anfühlte, als vertraue er mir ein legendäres Schwert an und beauftrage mich damit, in seinem Namen ein mystisches Ungeheuer zu bezwingen. In Wirklichkeit bedeutete das allerdings, dass ich ein weiteres Jahr lang fünf Tage die Woche vor Teenagern stand und ihnen erklärte, wie man das Wort »penguin« ausspricht.

Ich nahm den Vertrag mit einer tiefen Verbeugung der Dankbarkeit entgegen. Das heitere Auftreten des kōchō-sensei sollte bald nur noch eine blasse Erinnerung sein, denn dies war das letzte Jahr vor seiner Pensionierung. Ich konnte mir die Schule ohne seine dröhnende Stimme kaum vorstellen.

Am Morgen des ersten Schultags parkte ich also meinen brandneuen, 21 Jahre alten Toyota Starlet, den Roy mir so großzügig vor seiner Abreise überlassen hatte und stieg aus in einen weiteren strahlenden Septembermorgen. Es sollte noch eine Weile dauern, bis sich das Wetter abkühlte, und ich freute mich darauf wie ein Kind auf den Weihnachtsabend.

Ich war früher als üblich gekommen, schon um 7:30 Uhr, in der Hoffnung, damit ein leuchtendes Vorbild für das neue Halbjahr abzugeben. Denn mir war aufgefallen, dass das japanische Kollegium mich jedes Mal lobte, wenn ich deutlich früher kam oder abends länger am Schreibtisch blieb. Überstunden waren der Schlüssel für das Sammeln von Pluspunkten, auch wenn diese einem keinen realen Gegenwert einbrachten. Anwesend zu sein wurde wesentlich höher bewertet, als produktiv zu sein.

Ich hatte meine Arbeitsschuhe angezogen und ging gerade die Treppe zum großen Lehrerzimmer hinauf, als ein Lehrer an mir vorbeirannte.

»Ohayō gozaimasu!«, rief ich ihm grüßend nach.

Er rannte weiter und übersah mich ganz offenkundig, während er am unteren Ende der Treppe ankam und im Schulhof verschwand.

Na toll. Ich bin zurück und werde gleich am ersten Tag wieder ignoriert.

Ich ging über den frisch gewachsten Holzboden des Flurs weiter zum Lehrerzimmer und fragte mich, ob dieses Jahr anders werden würde als das letzte. Perfekt begonnen hatte es schon einmal nicht.

Gerade als ich um die Ecke zum Lehrerzimmer bog, öffnete sich die hölzerne Schiebetür und ein gereizter *kōchō-sensei* erschien, der in Begleitung seines Assistenten loseilte. Er schwitzte außerordentlich, selbst für einen heißen Tag wie diesen, und schob sich an mir vorbei, wobei er kaum Notiz von mir nahm. Dann verschwand auch er in Richtung Treppe.

In dem Moment, in dem ich das Lehrerzimmer betrat, spürte ich die angespannte Stimmung. Ein halbes Dutzend Lehrerinnen und Lehrer war in einer Ecke versammelt und murmelte Sätze, von denen ich kaum ein Wort verstehen konnte. Eine Lehrerin hielt sich die Hand vor den Mund. Irgendetwas ging hier vor sich.

An meinem Tisch angekommen, war ich erleichtert, auf Nishiyama zu treffen, der mich mit ernstem Blick begrüßte.

»Ist alles okay, Nishiyama-sensei? Etwas ist heute anders.«

»Guten Morgen, Chris-sensei. Ich fürchte, es ist nicht alles okay«, antwortete er in langsamem, sorgfältigem Englisch. Seine Stimme klang unheilvoll.

»Vor ein paar Minuten ist ein Schüler aus dem ersten Jahr im vierten Stock aus dem Fenster gesprungen.«

Ich war total schockiert. Ich hatte nicht gewusst, was los war, aber damit hatte ich wirklich nicht gerechnet.

»Oh mein Gott. Wie geht es ihm?« Ich erwartete das Schlimmste.

»Ich weiß es nicht genau, aber er scheint bei Bewusstsein zu sein.« Mit diesen Worten entschuldigte sich Nishiyama und ging davon, um einen neu eingetroffenen Kollegen zu informieren.

In dem morgendlichen Chaos fühlte ich mich hilflos. In der folgenden Stunde sah ich zu, wie unvorbereitete Lehrer den Raum betraten und sich ihre Mienen erschrocken verzogen, sobald sie gehört hatten, dass ein Schüler am ersten Tag des neuen Halbjahres versucht hatte, sich das Leben zu nehmen.

Während der morgendlichen Teamsitzung stand ein atemloser *kōchō-sensei* vor 120 Kolleginnen und Kollegen und gab bekannt, der Gesundheitszustand des Schülers sei glücklicherweise stabil, auch wenn er sich so ziemlich jeden Knochen im Körper gebrochen habe, darunter beide Arme und Beine. Da er sich zwölf Meter in die Tiefe gestürzt hat, war sein Überleben nicht weniger als ein Wunder.

Der Zwischenfall hatte weitreichende Konsequenzen. Alle großen Schulveranstaltungen wurden umgehend abgesagt, darunter auch der allseits beliebte Schulbasar. Obgleich viele Schülerinnen und Schüler nichts direkt mitbekommen hatten, konnte man die Schockwellen des Vorfalls noch Wochen später im Lehrerzimmer spüren. Viele Kollegen wirkten dauerhaft verstört, da wir alle uns fragten, warum ein Sechzehnjähriger versucht hatte, sein Leben zu beenden und ob wir etwas hätten tun können, um das zu verhindern. Gerüchte machten die Runde, der Junge sei Opfer von Mobbing geworden.

Ijime ist ein Thema, das in japanischen Schulen leider fest verwurzelt ist.

Eine Studie des Ausbildungszentrums der Hochschule für Personal in der Metropolregion Tokio aus dem Jahr 2013 hatte ergeben, dass 66,2 Prozent der 9000 befragten Kinder Opfer von Mobbing geworden waren. Fast die Hälfte der Befragten – 46,9 Prozent – gab an, sie wären sowohl Opfer als auch Täter. Diese Statistik gibt Anlass zu großer Sorge und ist leider ziemlich glaubwürdig.

Ich selbst habe erlebt, wie groß die Angst in den Klassen ist, sich zu melden. Denn jegliche Mitwirkung im Unterricht läuft Gefahr, von den Mitschülern verspottet zu werden, entweder weil die Antwort falsch ist oder, noch schlimmer, weil der Schüler dann als allwissender Nerd gehänselt wird. Auch wenn das so oder so ähnlich in allen Schulen der Welt passiert, so ist der Druck, nicht aufzufallen oder nicht abgelehnt zu werden, in Japan wesentlich größer.

Das am häufigsten zu hörende japanische Sprichwort lautet *deru kui wa utareru* – der hervorstehende Nagel wird eingeschlagen. Kein anderes Sprichwort bringt das japanische Festhalten an Gruppenkonformität und Kollektivismus besser zum Ausdruck. Ausgestoßen und gemieden zu werden ist undenkbar in einer Kultur, die die Bedürfnisse der Gruppe über die des Einzelnen stellt. Da diese Tradition im Alltagsleben fest verankert ist, schaut man fast immer abwertend auf den, der von der Norm abweicht. Das ist nicht immer leicht zu verstehen, schon gar nicht in einem Land, das so oft als zukunftsgerichtet und exzentrisch gelobt wird. Doch in Wirklichkeit ist meist der Status quo der König. Schlimmer noch: Klassenkameraden beteiligen sich oft am Mobbing, um nicht selbst gegen den Strom schwimmen zu müssen. Wo auch immer die Gruppe hingeht, muss ein jeder folgen – oder er spürt die Konsequenzen.

Mit dem japanischen Wort *hāfu* (wörtlich »halb«) werden jene Menschen beschrieben, die ein japanisches und ein ausländisches Elternteil haben. Obgleich es nicht bewusst abwertend gemeint ist, birgt auch die Kennzeichnung als *hāfu* potenziell die Gefahr, aus der Gruppe ausgeschlossen zu werden. Zu meiner Frustration musste ich mitansehen, wie zwei meiner besten Englischschülerinnen, eine Halb-Chinesin und eine Halb-Philippinerin, ihre Fähigkeiten absichtlich herunterspielten, um nicht ins Visier ihrer Mitschüler zu geraten.

Hatten wir außerhalb der Klasse oder im Privatunterricht Kontakt miteinander, staunte ich über das flüssige Englisch der beiden. Im Klassenzimmer jedoch versteckten sie ihr Können und tauchten ab. Es brach mir das Herz zu sehen, wie sie ihre Fähigkeiten geheim hielten, nur um Teil der Gruppendynamik zu bleiben, und dies war nicht das einzige Mal, dass ich so etwas sah. Soweit ich es beurteilen konnte, war es dabei nicht ihre ethnische Herkunft, sondern eher ihre Begabung, die ein Mobbing hätte auslösen können.

Das Mobbing selbst manifestierte sich in unterschiedlichen Formen. Am äußersten Ende standen gewalttätige Auseinandersetzungen, doch oft noch grausamer und effektiver waren jene Taktiken, die den Betroffenen das Gefühl gaben, vollständig isoliert zu sein. Ein Bericht des japanischen Kultus- und Wissenschaftsministeriums aus dem Jahr 2014 hielt fest, dass 19,1 Prozent der Mobbingopfer sich von ihrer Peergruppe ignoriert oder ausgeschlossen fühlten. Man kann sich die Auswirkungen kaum ausmalen, wenn man dergleichen über Jahre an fünf Tagen der Woche aushalten muss.

Der Druck auf japanische Schulen, sich des Themas anzunehmen, ist stärker geworden, nachdem 2011 ein Vorfall landesweit für Aufsehen gesorgt hatte. Ein Dreizehnjähriger aus der Präfektur Shiga stürzte sich in den Tod, nachdem er das Opfer von schlimmstem Mobbing geworden war. Gespräche mit seinen Mitschülern ergaben, dass der Klassenlehrer des Jungen davon wusste und mitgemacht beziehungsweise mitgelacht hatte. Der Vorfall warf ein grelles Licht auf die erschreckend gleichgültige Haltung, die viele japanische Lehrerinnen und Lehrer dem Thema gegenüber einnahmen.

Ich selbst war mehrfach Zeuge, wie ein Schüler von seinen Klassenkameraden verprügelt wurde, während Lehrer danebenstanden und nicht eingriffen. Voller Schuldgefühl fragte ich mich, ob der Schüler wohl aus einer meiner Klassen war.

Einige Wochen später erzählte mir Nishiyama, der Junge aus dem ersten Jahr sei neu an der Schule und vor seinem Sprung aus dem Fenster tatsächlich das Opfer von Mobbing geworden, seine Mitschüler hätten ihn regelmäßig schikaniert und bestohlen. Da niemand eingegriffen habe, habe er die Hoffnung aufgegeben und sich für den Weg entschieden, der ihm als einziger Ausweg erschienen sei. Die für das Mobbing Verantwortlichen wurden für einige Wochen von der Schule suspendiert, und das Opfer kehrte nach einer Beurlaubung mehrere Monate später an die Schule zurück, vollständig genesen. Glücklicherweise schien er in den folgenden Monaten wieder aufzublühen.

Zweifellos nahm das Kollegium der Sakata Senior High nach diesem Vorfall das Thema *ijime* ernster, und doch ist es eine Tragödie, dass es erst so weit hatte kommen müssen.

Nach dem öffentlichen Aufschrei wegen des Schülerselbstmords in Shiga hatte die japanische Regierung noch im selben Jahr das *ijime*-Präventionsgesetz verabschiedet, das Schulen dazu verpflichtete, Maßnahmen zur Verhinderung von Mobbing zu ergreifen.

Leider scheint dies nicht gefruchtet zu haben. Im Jahr 2022 wurden 612.000 Fälle von Mobbing in Japans Schulen registriert. Ein neuer Höchststand.

19. Ein Brief vom Colonel

Dezember 2013

»Tu mir einen Gefallen und halt's Maul, *for fuck's saké*.«

»Entschuldigen Sie, Itō-sensei …«

Man hört Japaner nur selten auf Japanisch fluchen, ganz zu schweigen auf Englisch. Es fühlte sich falsch an.

»Entschuldigen Sie, Itō-sensei. Es heißt *for fuck's sake*. Nicht *saké*. Es hat nichts mit dem Reisschnaps zu tun.«

»Ah, *sake!* Ich verstehe.«

Itō umklammerte ein japanisch-englisches Buch mit dem Titel *How to Use Fuck*. Vermutlich das irrwitzigste Buch, das ich je gekauft habe.

Niemand war eifriger beim Lernen als Natsuki, der ohnehin in quasi jedem Satz fluchte.

»Wow! Ich liebe fuck. Fuck ist so wichtig!«, erkannte er, als er beim Durchblättern des Buchs auf ein handgezeichnetes Bild von Hitler stieß unter der Überschrift »*Fucking bastard*«.

»Was bedeutet *shit a brick?*«, wollte hingegen Aika wissen, die nicht verstand, was jemand, der sich vor Angst in die Hosen macht, mit einem Backstein anfangen sollte.

»›Ich vertraue dir die Drogen an. *Don't fuck me over*‹«, las Chōnan vor und ließ dann sein übliches dröhnendes Lachen hören, als er diesen vulgären Ausdruck für »jemanden verarschen« lernte.

Es war derart lustig, meinen höflichen japanischen Freunden zuzuhören, wie sie ein Vokabular nutzten, das zu einem Gangster oder einem Schläger passte – zu jedem Briten, eigentlich –, dass ich die vier filmte, während sie in dem Buch lasen, und das Video dann bei YouTube einstellte. Es wurde zu dem bis dahin erfolgreichsten meiner Videos und innerhalb eines Tages 500.000 Mal geklickt.

Die englische Zeitschrift *Metro* veröffentlichte einen Artikel darüber mit dem Titel »Englischer ›Schimpfwort-Missionar‹ erklärt Japanern, wie man f***richtig benutzt«, was mich mit gewissem Stolz erfüllt, fast so, als würde ich das Werk des Herrn erfüllen. Die Wahrheit ist, dass dieses Buch äußerst hilfreich war. Zum ersten Mal erlebte ich, dass Japaner wirklich Spaß an einem Englischlehrwerk hatten. Es half ihnen, auf einen Schlag die Hälfte aller Dialoge in westlichen Kino- und Fernsehfilmen zu verstehen.

Doch bei all dem Lob, das ich als Schimpfwort-Missionar erhielt, so regte mein Video auch zu mehr Hass-Kommentaren an als jedes zuvor.

»Ruiniere nicht die Münder von Menschen im Ausland mit deiner unehrenhaften, respektlosen, kaukasischen Obszönität.«

»Widerwärtiger Abfall.«

»Ich dislike das Video wegen der Flüche. Das ist NICHT lustig. Das ist NICHT clever und es ist ausgesprochen respektlos den Japanern gegenüber.«

Respektlos den Japanern gegenüber? Die Gabe des Wissens.

Damit begann meine Begegnung mit der gruseligen Community der von Japan besessenen Internetnutzer weltweit, die sich als selbst ernannte Türhüter Japans ungemein wichtig fühlen.

In einem anderen Video versuchte ich einmal, furchtbares Essen zu mir zu nehmen, das ich in der Bergregion Nagano gekauft hatte.

Hachinoko. Ein Glas fermentierter Bienenlarven.

Stimmt wirklich. Durch das braune Glas kann man die Bienenlarven erschreckend detailgenau erkennen, wie sie da in ihrer klebrigen, trüben Paste schwimmen.

Ich habe sie vor der Kamera gegessen und musste mich beinahe übergeben.

Anschließend gab ich Natsuki einige zum Testen und er hat sich übergeben.

Nun hatte die Dame im Souvenirshop beim Bezahlen auch schon unheilvoll angekündigt:»Das schmeckt nicht besonders gut« und noch angefügt:»Ich weiß nicht, wer so etwas isst.« Kaum hatte ich das Video hochgeladen, stürzten sich die ausländischen Wächter in den Kampf.

»Respektlos gegenüber Japan. Und dann wundert man sich, warum die meisten Japaner keine Ausländer mögen.«

»Warum lebst du in Japan, wenn du es hasst? Fahr nach Hause.«

Irgendwie hatten die Zuschauer darüber hinweggesehen, dass ein Japaner die Delikatesse probiert hatte und daran gescheitert war, dieses einzigartige japanische Produkt zu verdauen. Lange Zeit empfand ich die Haltung hinter diesen Kommentaren als rätselhaft und grenzwertig herablassend. Menschen überall auf der Welt fühlen sich dazu berechtigt, Japans Kultur zu beschützen, selbst wenn sie noch nie einen Fuß in das Land gesetzt haben. Es gibt diese seltsame Wahrnehmung, nur die außenstehende Welt könne das Land der aufgehenden Sonne verteidigen – ich nenne dieses Phänomen das»Last Samurai-Syndrom«, benannt nach dem Film mit Tom Cruise, in dem er einen heldenhaften weißen Retter spielt, der am Ende die Natur der Samurai besser versteht als jeder andere Japaner im Film, sogar als der Kaiser persönlich.

Im Laufe der Jahre verstand ich langsam, warum mein Aufenthalt in Japan immer wieder einen solchen Zorn bei meinen ausländischen Nutzern hervorrief. Ich war unablässig davon fasziniert, auf welch unzählige Arten Menschen weltweit von Japan angezogen werden. Natürlich locken Manga, Anime und Kampfsport, doch ich habe auch Briten getroffen, die sich in Japan zum meisterhaften Schwertschmied entwickelten, eine eigene Gin-Destillerie eröffneten oder Anerkennung als Sake-Sommelier erhielten. Es dürfte ein Beweis für die Breite und Tiefe der japanischen Kultur, Künste, Geschichte und des ganz eigenen Gefühls für Identität sein, dass das Land zur Obsession so vieler Menschen auf dem Globus geworden ist. Insofern ist es vielleicht nicht verwunderlich, dass diese romantischen Vorstellungen vom Leben in Japan durch YouTube-Videos eines sarkastischen Briten, der durch das Land stolpert und sich über Bienenlarven empört, ziemlich ruiniert werden. So war es nie gedacht.

Außerdem scheint es ein ziemlich nutzloses Unterfangen zu sein, Japan gegen die westliche Kultur zu verteidigen, schließlich empfängt es sie mit offenen Armen. Für ein typisches Beispiel begrüßen Sie bitte mit mir Colonel Sanders.

Weihnachten war schon immer meine Lieblingszeit im Jahr; die ganze Familie kommt bei gutem Essen, Musik und Spielen zusammen.

Mein erstes Weihnachtsfest im Jahr zuvor hatte nichts von alledem.

Das Land, das lange Zeit hart darum gekämpft hatte, westliche Ideale abzuwehren und die eigene kulturelle Identität zu bewahren, hatte in einem Bereich eklatant versagt.

Nicht nur, dass die Nation der Buddhisten und Shintoisten Weihnachten bereitwillig übernommen hat, nein, sie hat dieses Fest zudem vollständig verfälscht, unter anderem mithilfe des guten alten Colonel Sanders.

Anstatt den Weihnachtsfeiertag unter einer Dunstglocke von Schokolade und gebackenen Kartoffeln zu verbringen, schleppte ich mich zur Arbeit und saß gelangweilt an meinem Schreibtisch, während die Klassen in den Ferien waren. Paradoxerweise ermutigte man das Kollegium, obgleich der 25. Dezember kein landesweiter Feiertag war, sich den Tag freizunehmen. Ich hingegen war entschlossen, meine Urlaubstage für die anstehenden Reisen nach Tokio und Ōsaka anzusparen, weshalb ich fast allein im Lehrerzimmer saß, eine kalte *bentō*-Box vor mir. Was die Sache noch schlimmer machte, war, dass ich nach der Arbeit durch einen üblen Schneesturm zu einem Friseurtermin aufbrach, der furchtbar in die Hose ging, vor allem da ich nicht in der Lage war, den gewünschten Schnitt auf Japanisch zu beschreiben. Nachdem man mir fast alle Haare radikal abrasiert hatte, musste man denken, der Friseur habe statt einer Schere wohl eher eine Schermaschine verwendet. Mein fröhliches erstes Weihnachten im Ausland endete dann damit, dass ich auf der eisglatten Straße ausrutschte und kurz vor meiner Wohnung in einen aufgetürmten Schneehaufen fiel. Abends sah ich bei einem Videoanruf neidisch zu, wie meine Familie zu Hause Spaß hatte, Knallbonbons aufriss und mit großen Mengen Wein Trinksprüche ausbrachte, während ich in meiner Miniwohnung langsam auftaute.

Fieslinge.

Als dann mein zweites Weihnachten in Japan vor der Tür stand, war mir klar, dass ich es dieses Mal richtig machen wollte. Ich hatte die Chance, meine Familie in England zu übertrumpfen.

Ich stand kurz davor, zu jenen rund 3,6 Millionen japanischen Familien zu gehören, die sich der landesweiten Tradition hingaben, ihren Weihnachtstag mit Essen von KFC zu verbringen.

Das ist die wunderbarste Zeit des Jahres.

Im Jahr 1974 hatte KFC Japan die geniale Idee gehabt, die Leere zu füllen, die sich in Japan am Weihnachtstag auftat. Das Land hatte die Kommerzialisierung der Vorweihnachtszeit mit Unmengen von Lametta und Lichterketten aller Art begeistert begrüßt, doch am großen Tag selbst gab es keine Truthähne, die man hätte vertilgen können. KFC entwickelte folglich die »Kentucky For Christmas«-Kampagne, zu der eine jahreszeitlich passende Weihnachtsbox mit Hühnchen gehörte, und verkaufte sie dem Massenpublikum als *den* Weg schlechthin, Weihnachten zu feiern.

Genau so hätte Jesus es sich gewünscht. Das Marketing machte sich bezahlt, und heute kann das Premium KFC-Weihnachtsmenü durchaus erstaunliche 5800 Yen (knapp 40 Euro) kosten – für ein ganzes Hühnchen, dazu Filets in Rotweinsauce, Pommes und den unverzichtbaren Weihnachtskuchen, in diesem Fall ein Vanille-Erdbeer-Biskuit.

»Wir sollten bald unser KFC bestellen«, warnte Aika mich, da war gerade Oktober.

»Sicher nicht! Bei KFC!?«, lächelte ich höhnisch und fühlte mich abgestoßen von der Idee, Fast Food schon Monate im Voraus zu bestellen.

Was war ich doch für ein Idiot.

Als wir uns dann im November auf eine Bestellung geeinigt hatten, hatten wir das beste Angebot bereits verpasst, das berühmte ganze Brathähnchen. Es war schon lange ausverkauft.

Und so bezahlten wir für unser Kentucky Fried Buffet den unglaublichen Preis von 4500 Yen (rund 30 Euro), aber eben nur für das zweitbeste Essen: Hähnchenfilets in Rotweinsauce. Bei diesem Preis und angesichts der Tatsache, dass es KFC damit gelungen war, sich tief in der japanischen Kultur zu verankern, dürfte man doch vermuten, das Essen werde hervorragend schmecken, oder?

Als wir am Weihnachtstag die makellos verpackte Weihnachtsbox nach Hause geholt hatten – Colonel Sanders' großes Gesicht strahlte uns unter seiner Weihnachtsmannmütze an –, beauftragte Aika mich mit der Zubereitung des Hühnchens. Ich griff in die Box und fand zwei Stücke steinharter, halb gekochter Hähnchenbrüste, die mit etwas Bräunlichem beschmiert und in eine grauenhaft gelbliche Plastikverpackung gewickelt waren. Ein maßgeschneiderter und zu Herzen gehender Brief des Colonels persönlich lag auch dabei.

»Frohe Weihnachten! In die Mikrowelle legen.«

Was fünf Minuten später aus der Mikrowelle kam, war eine gummiartige, dampfende Masse in einer süßlichen Rotweinsauce, die in mir den Wunsch weckte, die Menschheit hätte nie Geschmacksknospen entwickelt.

Der Weihnachtskuchen war trocken.

Ich war eher enttäuscht.

Aika liebte es. Ohne das Wissen über gebratene Truthähne, Füllungen und knusprige Kartoffeln aufgewachsen, war dies alles, was sie kannte und womit sie groß geworden war. Während ich auf einem Stück Hähnchen kaute und Colonel Sanders in die Augen sah, überlegte ich, was der Mann selbst wohl davon gehalten hätte, das Land der aufgehenden Sonne mit seinem Geheimrezept zu erobern.

»Dieser Weihnachtskuchen ist wie ich!«, scherzte Aika, nahm sich ein Stück und vergaß den dicken Klecks Sahne und die Erdbeeren nicht.

»Nein, nein, nein!«, lachte ich und schüttelte übertrieben den Kopf. Ich hatte die Anspielung verstanden.

In Japan gibt es eine brutale, frauenfeindliche Redewendung: »Frauen sind wie Weihnachtskuchen. Denn nach dem 25. will sie keiner mehr.« Das unterstreicht den Druck, der auf japanischen Frauen lastet, noch vor dem 26. Geburtstag zu heiraten und einen Hausstand zu gründen oder Gefahr zu laufen, für immer ungewollt und alleine zu bleiben. Ungünstigerweise war Aika kurz zuvor 25 geworden.

Wir waren nun fast sechs Monate zusammen, und schon tauchten beängstigende Worte in unseren Gesprächen auf: »Heirat« und »Kinder«. In meiner Heimat wäre es undenkbar, diese Themen so früh aufzubringen. Aika und ich kannten einander kaum.

Wir fühlten uns wohl miteinander, aßen und tranken uns durch Sakata und erkundeten an den Wochenenden die nähere Umgebung. Ihr selbstironischer Humor sprach mich an und sie scheute keine Mühe, mich nach einem langen Arbeitstag abends aufzumuntern, etwa indem sie mit einer Schachtel Sushi in meiner Wohnung auftauchte oder mich in ein verstecktes *izakaya* führte. Jedes Gespräch zwischen uns bot die Gelegenheit, etwas zu lernen. Aika half mir bei meinen Problemen mit dem Japanischen, ich brachte ihr dafür bei, was man über England wissen musste, zum Beispiel den Sarkasmus der Menschen und die Bäckereikette Greggs.

Und doch begann sich langsam der Ton zu verändern und Gespräche über die Zukunft schlichen sich ein, bis sie unsere gemeinsame Zeit in einer Weise dominierten, der ich mich nicht stellen wollte.

Bei unseren seltenen Auseinandersetzungen befand ich mich in der seltsamen Situation, mich zu streiten, ohne genau zu wissen, worum es eigentlich ging. Aikas Englisch war etwas besser als mein Japanisch, weshalb wir oft Englisch miteinander sprachen, doch bei hitzigen Konflikten wechselte sie häufig ins Japanische, dem ich dann bald nicht mehr folgen konnte.

Abseits der Sprachbarriere standen zudem kulturelle Aspekte zwischen uns. Ihre Eltern schienen sich davor zu fürchten, mich kennenzulernen.

Einmal traf ich Aikas Mutter zufällig in einem Supermarkt. Ich erledigte nach der Schule meine Einkäufe, als ich in einem der Gänge auf Aika stieß, die mit ihrer Mutter in der Abteilung für eingelegtes Gemüse das Angebot durchstöberte.

»Ja, hallo zusammen!« Ich überraschte beide.

Aika freute sich, mich zu sehen, doch ihre Mutter versteckte sich schnell hinter ihr, als sei ich ein tollwütiger Hund beim Amoklauf.

»Das ist meine Mutter«, bedeutete mir Aika unangenehm berührt.

Hinter ihrer Tochter verborgen, nickte sie verlegen und winkte.

Nichts an dieser Begegnung hinterließ bei mir den Eindruck, als könnten wir uns je gut verstehen.

Es stellte sich heraus, dass Aikas Mutter noch nie zuvor mit einem Ausländer gesprochen hatte, was im ländlichen Japan durchaus vorkommen kann. Doch diese Begegnung verstärkte die unangenehme Wahrheit, dass eine gemeinsame Zukunft mit Aika auf vielen Ebenen Schwierigkeiten mit sich bringen würde.

Unsere Beziehung überdauerte noch einige Monate, doch im Sommer 2014 mussten wir uns eingestehen, dass es, obgleich wir gern zusammen waren, wohl das Beste wäre, getrennte Wege zu gehen. Aika bekam ein Jobangebot in Tokio, und ich ermutigte sie, es anzunehmen. So sehr ich Sakata liebte, so wenig konnte ich leugnen, dass hier nur wenig gut bezahlte Arbeitsstellen zu finden waren. Es gab gute Gründe, weshalb nach der Schule all meine besten Schülerinnen und Schüler nach Sendai, Tokio und Niigata zogen.

Als Aika mich für ein neues Leben in einer weit entfernten Stadt verließ und ich vor einem weiteren Jahr als Lehrer in der Präfektur Yamagata stand, wurde mir klar, dass auch ich einige wichtige Entscheidungen zu treffen hatte.

20. Auf Wiedersehen

Juni 2015

Eine der schwierigsten Entscheidungen, die man als Teilnehmer des JET-Programms treffen muss, ist die Frage, ob man seinen Aufenthalt um ein weiteres Jahr verlängert, und diese Frage bekommt man schon drei Monate nach Arbeitsbeginn gestellt, also etwa im Spätherbst. Ich hatte immer vorgehabt, ein zweites Jahr dranzuhängen, schließlich ist ein einziges Jahr nicht viel mehr als ein verlängerter Urlaub. Als die Überlegung anstand, ein drittes Jahr zu bleiben, zögerte ich ebenfalls nicht lange. Ich war so glücklich wie nie zuvor. Zwei Jahre grimmiges Japanischlernen hatten dazu geführt, dass ich zumindest einfache Gespräche führen, mich mit Schülern und Kollegen in ihrer Muttersprache unterhalten konnte. Ich trat folglich als Lehrer selbstbewusster auf und fühlte mich nicht länger als der verschrobene Ausländer, mit dem keiner reden wollte.

Mit dem Sieg beim Reden-Wettbewerb im Rücken fühlte ich mich sicherer, und zudem hatte ich einen vollen Wochenplan, durch den ich mich in die örtliche Gesellschaft integrierte. Montags hielt ich nach der Arbeit meinen *eikaiwa*-Kurs, dienstags leitete ich den Englisch-Club an der Schule, mittwochs traf ich mich mit Itō, um Japanisch zu lernen, donnerstags mit Natsuki, um *yakitori* zu genießen, und am Wochenende drehte ich YouTube-Videos in der Ebene von Shōnai. In zwei Jahren war ich in Sakata vom dubiosen Fremdling zum Einheimischen geworden.

Ich erinnere mich, wie ich eines Tages morgens die Lokalzeitung aufschlug und mein Gesicht in gleich drei Artikeln wiederfand: ein Foto mit Siegeslächeln und der Trophäe des Reden-Wettbewerbs in der Hand, ein im Internationalen Zentrum aufgenommenes Bild, wo ich eine Speeddating-artige Veranstaltung organisiert hatte, bei der Japaner ihr Englisch mit den anwesenden

JET-Teilnehmern üben konnten, und das dritte von meiner Freiwilligenarbeit beim *eikaiwa*.

Es hatte zwei Jahre gedauert, um hier anzukommen, aber ich hatte das Gefühl, als hätte ich jede Hürde überwunden, die sich in meinem Weg befunden hatte. Ich war endlich in Japan angekommen, und das Leben war gut.

Deshalb war Nishiyama, als er sich eines Tages im Dezember im Lehrerzimmer in den leeren Stuhl neben meinen Schreibtisch fallen ließ, von meiner Antwort auf seine Frage auch so überrascht.

»Sie wollen nicht noch ein weiteres Jahr bleiben, Chris-sensei?« Er beugte sich vor, um sicherzustellen, dass er mich auch wirklich richtig verstanden hatte.

»Ich würde gern, aber ich weiß, dass ich das nicht sollte.«

Ich liebte mein Leben in Sakata und war froh, dass mir noch neun Monate blieben, aber ich fürchtete, dass mein Vergnügen verblassen würde, sollte ich noch darüber hinaus hierbleiben.

Nishiyama schien das zu verstehen.

»Wenn dieser Tag kommt, dann wird es mir leidtun, Sie abfahren zu sehen, Chris-sensei. Es war ein Vergnügen, mit Ihnen zu arbeiten.«

Obwohl mein Leben zu diesem Zeitpunkt perfekt war, war ich doch nach und nach immer ruheloser geworden. Ich liebte es, meine Schülerinnen und Schüler kennenzulernen und mit neu erworbenem Selbstvertrauen in die Klassen zu rauschen, doch dieses Gefühl verebbte jedes Mal, wenn ich dasselbe alte, zweifelhafte Lehrbuch aufschlug. Die riesigen Lücken, die sich in Japans Englischpädagogik auftaten, wurden mir von Jahr zu Jahr deutlicher. Die Schülerinnen wurden immer und immer wieder auf Vokabel- und Grammatikkenntnisse hin abgeprüft, aber nie dazu angeregt, Englisch als gesprochene Sprache zu nutzen – was den eigentlichen Spaß bringt. Warum sollten sie merkwürdige Sätze lernen wie »Der Elefant hat eine Beinprothese«, wenn sie nicht einmal die Grundlagen für eine einfache Konversation beherrschten? Ich hatte das Gefühl, dass ich, je besser ich in meinem Job wurde, dessen Beschränkungen immer stärker spürte. Ich konnte nicht wirklich Spuren hinterlassen.

Jenseits meiner Unzufriedenheit bei der Arbeit, kannte ich inzwischen so gut wie jede Ecke in Yamagata, hatte aber von den anderen 46 Präfekturen Japans praktisch noch nichts gesehen. Da ich nur die Wochenenden und die wenigen Ferientage zur Verfügung hatte, fühlte es sich an, als sei ich an Sakata gekettet, dabei wollte ich aufbrechen und mehr entdecken.

Über all dem lag mein Hobby, das außer Kontrolle geraten war. Jeden Tag abonnierten Hunderte Menschen auf der ganzen Welt meinen YouTube-Kanal *Abroad in Japan*. Irgendwie waren schon fast 100.000 Abonnenten zusammengekommen, und ich spürte langsam, dass ich mein eigenes Potenzial blockierte. Während andere ausländische YouTuber in Japan Videos am Fließband zu produzieren schienen, schaffte ich gerade einmal eines pro Monat, was mit meinem engen Zeitplan zusammenhing.

Der Kanal war so populär geworden, dass auch meine Schüler ihn entdeckt hatten. Eines Morgens lief ich mit einem Stapel Schulbücher in der Hand durch den Flur, als zwei Jungs an mir vorbeikamen und »Hey YouTuber!« riefen. Ich wurde davon so überrascht, dass ich stolperte und stürzte. Leider ist den Bücher nichts passiert.

Anfangs mochte ich die Vorstellung, ein Mini-Prominenter an der Schule zu sein. Ich konnte mir selbst vormachen, eine Art Indiana-Jones-Figur zu sein. Tagsüber Lehrer, nachts kameraschwingender Abenteurer.

Doch dann wurde ich jeden Tag von Schülern verspottet, die mir »YouTuber!« nachriefen. Das war nicht ganz der rote Teppich, auf den ich gehofft hatte.

Die Aufmerksamkeit der vierzig jungen Menschen in meiner Klasse zu bekommen, von denen viele gar nicht hier sein wollten, fühlte sich nun fast trivial an gegenüber der Tatsache, dass das am häufigsten aufgerufene Video bei *Abroad in Japan* – über das Lernen der Kanji-Zeichen – mehr als 700.000 Zuschauerinnen gehabt hatte.

Das warf die Frage auf, warum ich mich auf den Unterricht im Klassenzimmer beschränken sollte, wenn ich doch die Möglichkeit hatte, Tausenden Usern weltweit etwas über Japan beizubringen. YouTube gab mir einen neuen Impuls, und wenn ich nicht bald aufsprang, würde ich das ablegende Boot verpassen.

Während ich noch überlegte, was meine nächsten Schritte sein sollten, vergingen die Monate wie im Flug. Bevor es mir noch richtig klar wurde, war das Frühjahr 2015 gekommen, und mir blieben nur noch vier Monate bis zum Vertragsende. Meine Nervosität überstieg jedes messbare Level. Ich hatte das Gefühl, als hätte man mich auf ein Laufband gestellt, das direkt auf einen Abgrund zulief.

In problematischen Zeiten gab es nur einen Mann, an den ich mich wenden konnte. Natsukis fragwürdiger Rat hatte mich in manch dunklem Moment vor dem Untergang bewahrt, und sei es auch nur durch den Unterhaltungswert, wie etwa in dem Fall, in dem er mich vier Stunden lang davon zu überzeugen versuchte, einen britischen *Fish-and-Chips*-Laden im Stadtzentrum von Sakata zu eröffnen.

»Ich denke, vielleicht will jeder *Fish and Chips* essen!«, vermutete er optimistisch.

»Äh, Kumpel, da bin ich mir nicht so sicher«, erwiderte ich und stellte mir den riesigen Berg an Schulden vor, der diese kaum durchdachte Idee zweifelsohne überschatten würde.

Natsuki lud mich eines Abend ins *Kichi Kichi* ein, wo wir uns wie üblich bei Bier und Zigaretten über Hühnchenspieße hermachten. An diesem Ort weihte er mich in seinen radikalen Plan ein.

»Ich denke, wir arbeiten zusammen in meinem Laden?«

»In deinem Schönheitssalon?«

»Ja. Lass uns zusammen ein Geschäft öffnen.«

Auf dem Papier war das ein furchtbarer Vorschlag. In Wirklichkeit wäre es sogar noch schlimmer gekommen.

»Natsuki, was um alles in der Welt sollte ich in deinem Schön-heitssalon arbeiten?«

»Kein Problem. Du kannst sauber machen.«

Es macht Spaß, sich eine alternative Realität auszumalen, in der ich auf den Vorschlag eingegangen wäre und mich auf das Aufkeh-ren von Haaren in Natsukis Salon konzentriert hätte. Wer weiß, womöglich hätten Natsuki und ich zusammen eine aufstrebende Barbershop-Kette gegründet, die an der gesamten japanischen Westküste den Markt beherrschte. Es sollte aber nicht so kommen. Ehrlich gesagt bin ich mir nicht sicher, ob Natsuki sich das ge-nauso wenig wünschte wie ich, aber ich verstand, dass er es nicht akzeptieren wollte, nichts tun zu können, um mich in Sakata zu halten. Er blies den Rauch seiner Zigarette aus und kam gleich auf die nächste Idee.

»Du sollst in Tokio wohnen. Von Sakata ist das im Flugzeug nur eine Stunde. Ich kann besuchen.«

Die Überlegung, mein altmodisches Leben auf dem Lande ge-gen eines in der weltgrößten Metropole einzutauschen, erschien mir nicht verlockend. Das wäre weniger so gewesen, als käme man »vom Regen in die Traufe«, sondern mehr, als würde man mich gleich auf einem See aussetzen. Ja, in Tokio boten sich einem viele Möglichkeiten, gerade für Ausländer. Ich wusste von wenigstens vier JETs, die im Jahr zuvor ihren Vertrag beendet hatten und nun als Personalberater in der Großstadt arbeiteten. Aber so etwas hatte ich nicht vor.

Eine verlockendere Vorstellung war es, das Beste aus beiden Welten miteinander zu verknüpfen und ins benachbarte Sendai zu ziehen, die größte Stadt in der Region Tōhoku. Im Vergleich zu Japans Megacitys war sie winzig mit ihrer armseligen Bevölkerung von 1,3 Millionen Menschen. Nach britischen Maßstäben wäre sie jedoch die fünftgrößte Stadt des Landes. Das Problem dabei: Ich kannte niemanden dort. Natsuki versuchte verzweifelt, mir das auszureden.

»Nein, nein, nein. Sendai sehr Scheiße. Sehr langweiliger Ort.«

»Aber es sind nur drei Stunden Fahrt von hier.«

»Nein, nein, nein. Ich will nach Tokio. Viel Shopping.« Aha, damit waren wir beim wirklichen Grund angekommen: Wenn ich schon irgendwohin zog, dann wollte Natsuki mich wenigstens in Tokio wissen. Was für eine freundliche Unterstützung.

Ich erzählte allen in meinem Freundes- und Bekanntenkreis in Sakata, dass ich nach Sendai ziehen wollte. Ein Freund kannte einen Englisch sprechenden Typ, der für die dortige Tourismusbranche arbeitete und eventuell an einem Gespräch mit mir interessiert sein könnte, weshalb er ihn eines Abends anrief, nachdem wir gemeinsam gegessen hatten. Nach einem kurzen Gespräch mit meinem Freund hielt ich das Telefon in der Hand. Der Mann am anderen Ende der Leitung hatte einen starken Londoner Akzent.

»Ist dort Chris? Okay, hier ist Ryotaro. Also, ich habe gehört, Sie überlegen, nach Sendai zu ziehen. Ich habe Ihren YouTube-Kanal gesehen und fände es toll, wenn wir uns einmal persönlich treffen könnten.«

Wenige Tage später saß ich im Bus Richtung Osten, nach Sendai, und wenig später mit Ryotaro in einem Sushi-Restaurant. Wegen des Akzents hätte ich nicht gedacht, dass er Japaner ist. Doch Ryotaro war sehr japanisch.

»Ich habe an einer Universität in Richmond, London, studiert, und den Akzent bin ich nie wieder losgeworden«, erklärte er grinsend, während wir uns eine Platte Sashimi teilten.

Sind die meisten Japaner Unbekannten gegenüber zurückhaltend und uneindeutig in ihren Meinungsäußerungen, so fühlte sich das Gespräch mit dem erfrischend offenen Ryotaro wie eine Unterhaltung mit einem Briten an. Er beherrschte nicht nur die englische Sprache, sondern auch die dazugehörige westliche Denkart.

Nach Studienaufenthalten in Seattle und London hatte er in Frankfurt und Sydney gearbeitet, noch bevor er 27 Jahre alt war, sich aber dann entschlossen, nach Japan zurückzukehren. Ihm war klar geworden, dass er mit seinem Weltwissen und seinem Verständnis des Westens in seinem Heimatland einen großen Vorteil haben würde, wo nur 23 Prozent der Bevölkerung einen Reisepass besitzen und nur zwanzig Prozent überhaupt einmal im Ausland gewesen sind.

Die Firma, für die er arbeitete, konzentrierte sich zwar darauf, japanische Unternehmen im Umgang mit ausländischen Kunden zu schulen, doch seine eigentliche Mission war es, den Tourismus nach Tōhoku zurückzuholen, der nach der Erdbeben- und Tsunamitragödie 2011 zum Erliegen gekommen war.

Beeindruckt von meinem Entschluss, lieber in Tōhoku zu bleiben, als nach Tokio zu fliehen, erkannte er eine Chance.

»Ich denke, es sind viele Möglichkeiten denkbar, wie wir durch *Abroad in Japan* zusammen Tōhoku promoten können. Wenn Sie es ernst meinen und nach Sendai ziehen, kann ich mir definitiv vorstellen, dass wir das hinbekommen. Wenn Sie hier angekommen sind, melden Sie sich wieder und ich schaue, was sich machen lässt.«

Auch wenn ich Sendai ohne konkretes Angebot verließ, hatte mir das Gespräch mit Ryotaro nicht nur die Möglichkeit für eine Zusammenarbeit eröffnet, sondern mir auch ein neues Ziel gegeben: Tōhoku ins Bewusstsein zu rücken. Mehr brauchte ich nicht, um mich zu entscheiden und alles auf Sendai zu setzen.

Als es Zeit wurde, der Schule Lebewohl zu sagen, verlief der Abschied dramatischer, als ich erwartet hatte.

Meine Abschiedsrede hielt ich an einem der heißesten Tage des Jahres. Draußen waren 36 Grad Celsius. Drinnen war es noch heißer – in der vollgestopften Schulturnhalle herrschten sicherlich kolossale 40 Grad.

Ich stand vor 1200 Schülerinnen und Schülern sowie den 120 Kolleginnen und Kollegen, ein einzelner Ventilator auf der Bühne sollte mich abkühlen, und nun erwartete man von mir, dass ich mich auf Japanisch verabschiedete.

Ich war ein zitterndes, nervöses Nervenwrack, hätte mir aber keine Sorgen machen müssen. Das halbe Publikum döste im komatösen Halbschlaf vor sich hin, so schwül war es. Zumindest hoffte ich, dass es an der Hitze und nicht an meiner Rede lag. Während das Publikum schweigend und schwitzend dasaß, hatte ich wenigstens den einen Ventilator. Bei meinen Abschlussworten musste ich miterleben, wie mindestens zwei Schüler wegen eines Hitzeschlags auf Bahren abtransportiert wurden. Sollte ich noch einen Grund gebraucht haben, meine Rede rasch abzuschließen, dann war er das. Leben standen auf dem Spiel, im wahrsten Sinne des Wortes.

An meinem letzten Arbeitstag dann wurde mir ein heldenhafter Abschied gewährt. Die Sommerferien liefen bereits, weshalb die Schüler alle schon fort waren, doch die Kollegen und Kolleginnen im Lehrerzimmer hielten mit dem inne, was sie gerade taten, als der legendäre Chōnan mir ganz elegant einige Beutel mit Abschiedsgeschenken überreichte. Eine Tasche war bis randvoll mit Briefen von Schülern gefüllt, die mir alles Gute wünschten und mich warnten, ich solle nicht zu meiner qualitativ minderwertigen Ernährung zurückkehren.

»Bitte werden Sie kein Dickbauch, Chris-sensei«, ermahnte mich Yuko, eine Schülerin aus dem Englisch-Club.

Es sah etwas merkwürdig aus, als die Lehrerinnen und Lehrer auf dem Weg nach draußen stehen blieben, weil sie nicht ihre Schuhe anziehen wollten, während ich zum Parkplatz lief. Es war, als gäbe es eine unsichtbare Schranke: Die Lehrer blieben in der Tür stehen und winkten, während ich mich immer wieder verbeugte und zu meinem Auto ging.

Chōnan schob meine Sachen in den Kofferraum und warf theatralisch den Deckel zu.

»Ich vertraue dir die Drogen an. *Don't fuck me over.*«

Ich lachte und schüttelte ihm die Hand.

»Danke, Chōnan-sensei. Von allen werde ich Sie am meisten vermissen!«

Er winkte mir zu, und ich fuhr vom Parkplatz und sah zu der Schule zurück, in die ich wohl nie wieder einen Fuß setzen würde. Der Abschied von meiner Wohnung fiel mir besonders schwer. So klein und unscheinbar sie auch war, ich war nie glücklicher gewesen als hier, wenn ich alleine war, Japanisch lernte, Videos plante und auf meinem tollen Futon einschlief – tagein, tagaus, drei Jahre lang. Auf eigenartige Art und Weise hatte das Apartment ein eigenes Leben entwickelt, wie ein Freund, auf den ich mich immer verlassen konnte. Ganz egal, wie schlimm mein Tag gewesen war, in dem Moment, in dem ich nach Hause kam und mich auf den Teppich fallen ließ, war ich in meiner eigenen Blase, verborgen hinter den *shōji*-Schiebetüren.

Die schwere Metalltür draußen ein letztes Mal mit dem typischen Knall zuzuwerfen fühlte sich an wie das Ende einer Ära.

Einer der schwersten Abschiede war der von Natsuki.

Wir waren zu einem letzten Abendmahl in einem *izakaya* in der Nähe des Bahnhofs gegangen, und als wir uns auf dem schwach beleuchteten Parkplatz und zum leisen Brummen des Bahnhofsschilds auf Wiedersehen sagten, brach Natsuki zusammen. Er glaubte, wir würden uns nie wiedersehen. Er schüttelte meine Hand mit beiden Armen und hörte gar nicht mehr auf, sie zu schütteln, als wolle er mich nicht gehen lassen. Die Tränen liefen ihm übers Gesicht.

»*Hontō ni arigatō*, Chris. Vielen Dank für alles.«

»Keine Sorge, Kumpel. Ich komme zurück«, versicherte ich ihm, als wir uns schlussendlich umarmt hatten.

Für Außenstehende mochte es gewirkt haben, als würde ich in die Schlacht ziehen, und nach den vielen dramatischen Verabschiedungen der letzten Wochen fühlte es sich langsam auch genauso an.

Am Flughafen Shonai überraschte mich ein Dutzend Kollegen und Schülerinnen, die zur Abflughalle gekommen waren, um mich zu verabschieden, darunter Nishiyama, der mich genau hier an meinem ersten Tag in Empfang genommen hatte.

Als ich meine Hand ausstreckte, um mich zu verabschieden, verblüffte er mich damit, dass er zu einer Umarmung ausholte. Das war äußerst ungewöhnlich, vor allem im Hinblick darauf, wie reserviert unser Umgang in den letzten drei Jahren gewesen war.

»Ich danke Ihnen, Chris-sensei, dass Sie aus meinem Job Spaß gemacht haben. Ich werde unseren gemeinsamen Unterricht vermissen.«

Zu meiner Überraschung war auch Suzuki aufgetaucht. Obgleich wir einen holprigen Start hatten und im ersten Jahr kaum gemeinsam in den Klassen gewesen waren, hatte er sich mir ab dem zweiten Jahr angenähert und mich in seinen Unterricht gebeten, sodass sich unsere Beziehung deutlich verbessert hatte.

»Ich wünschte, wir hätten mehr Gelegenheiten gehabt zusammenzuarbeiten, Chris-sensei. Ich will Ihnen viel Glück in der Zukunft wünschen.«

Ich schüttelte den Kolleginnen und Kollegen und Schülerinnen und Schülern, die meine drei Jahre in Sakata zu einer absoluten Freude hatten werden lassen, die Hand, dankte ihnen und verabschiedete mich. In mir tobten zugleich tiefe Trauer und Vorfreude auf die Zukunft, wirbelten Erleichterung und Bedauern durcheinander.

Als das Flugzeug über die Startbahn raste, sah ich zum Terminal zurück – zum Glück. Auf dem Dach standen alle, die zur Verabschiedung gekommen waren, und winkten, vor allem Nishiyama und Suzuki fielen auf, die dem Flugzeug über die Aussichtsterrasse nachrannten und wie wild mit beiden Händen wedelten. Zum ersten Mal traf es mich wie ein Schlag, welch unglaubliches Leben ich zurückließ.

Völlig überwältigt stiegen mir die Tränen in die Augen. Was zum Teufel machte ich da? Ich hatte das perfekte Leben und warf alles weg. Vielleicht hätte ich noch ein Jahr dranhängen sollen? Vielleicht hätte ich am Ende doch in Natsukis Salon arbeiten sollen oder, was soll's, Sakatas ersten *Fish-and-Chips*-Shop eröffnen?

Der große Vulkan Chōkai kam ins Blickfeld, als das Flugzeug abhob, so als wolle auch er mich verabschieden. Die Maschine beschrieb eine Kurve und zog über die Shonai-Ebene, als mich ein Déjà-vu überkam. Die üppig grünen Reisfelder und dunstig blauen Berge sahen genauso aus wie bei meiner Ankunft vor drei Jahren. Ich aber war ein ganz anderer Mensch geworden.

Nach drei Jahren, in denen ich mich mit dem Japanischen auseinandergesetzt hatte, konnte ich nun flüssig Gespräche führen, doch diese drei Jahre hatten mich auch andere Dinge gelehrt. Der Prozess des Japanischlernens – das anfänglich fehlende Verstehen, der Kampf um das Kommunizieren mit Gesten und das fast unablässige Gefühl von Peinlichkeit – hatte mir beigebracht, wie ich Probleme lösen und ein besserer Kommunikator werden konnte. Zweitausend Stunden im Klassenzimmer und der Umgang mit vierzig Teenagern viermal am Tag hatten mich bei öffentlichen Auftritten selbstsicherer gemacht, und der Aufbau eines YouTube-Kanals hatte mir unendlich viele Möglichkeiten geboten, meine Kreativität auszuüben. Meine größte Leistung waren jedoch die dauerhaften Freundschaften, die ich in ganz Yamagata gemacht hatte und das Gefühl, mich wirklich in die Gemeinschaft integriert zu haben. Ein Kunststück, das ich mir nicht hätte träumen lassen, als ich den ersten heiklen Kaffee im Flughafen trank.

Yamagata hatte mich unglaublich gut behandelt. Wegen der Freundschaften und dem Zugehörigkeitsgefühl war ich überzeugt, hier für immer mein spirituelles Zuhause in Japan gefunden zu haben.

Und wie die Landschaft und das Leben, die ich in den letzten drei Jahren so gut kennengelernt hatte, außer Blick gerieten, wischte ich mir die Tränen aus dem Gesicht. Ich hatte eigentlich nicht vor, zu dem seltsamen britischen Typen zu werden, der am Flugzeugfenster saß und heulte.

21. Neuanfang

Februar 2016

Ich hatte schon immer mit der Vorstellung geliebäugelt, längerfristig in einem Hotel zu wohnen. Wer kann sie nicht verstehen, die Aufregung, aus dem Koffer zu leben, täglich in ein Zimmer zurückzukehren, das immer sauber und aufgeräumt ist und dessen Minibar regelmäßig aufgefüllt wird? Wer liebt nicht die kitzelnde Spannung, wem man heute in der Lobby wohl begegnen oder wohin einen der Tag wohl führen wird?

Was für ein Haufen Schwachsinn.

Mein neues Leben in Sendai begann denkbar schlecht. Ohne Job oder Arbeitsvisum stellte sich das Mieten einer Wohnung als unmöglich heraus. Anders als in Tokio, wo es relativ leicht war, eine Wohngemeinschaft zu finden, schienen sie hier in Sendai äußerst dünn gesät. Fürs Erste war ein Business Hotel daher meine einzige Option. Ich hatte das billigste gebucht, das ich finden konnte, das Sendai Beverly Hotel. Trotz des niedrigen Preises verhieß der Name etwas Hollywood-Glamour, auch wenn die Eigentümer das doch recht entscheidende Wort »Hills« offenbar übersehen hatten. Der Glamour erwies sich ebenfalls als qualvoll abwesend.

Das mir zugewiesene Zimmer stank nach tausend Zigaretten, und die Wände waren fleckig braun vom Rauch all der Jahre. Das Einzelbett hatte eine angenehme Matratze, aber ein schreckliches Buchweizenkissen – ein knubbeliger Sack, gefüllt mit den Schalen von Buchweizenkörnern –, was das Schlafen schwierig gestaltete.

Buchweizenkissen sind eine von Japans furchtbarsten Erfindungen. Sie sind genauso schrecklich, wie sie sich anhören, und ich empfinde nichts als Hass für jeden, der etwas anderes behauptet. Wenn Sie das mal am eigenen Leib ausprobieren möchten, nehmen Sie eine Kissenhülle, füllen Sie sie mit Tausenden

Pistazienschalen und versuchen dann, nachts Ihren Kopf darauf zu legen. Eine Nacht unter dieser Folter, und Sie werden weinend um Federn betteln.

Aus meiner Erfahrung muss ich leider schlussfolgern, dass etwa fünfzig Prozent der japanischen Gasthäuser und etwa dreißig Prozent der japanischen Business-Hotels Buchweizenkissen nutzen. Im Sendai Beverly Hotel stapelte ich gefaltete Badezimmerhandtücher auf das Kissen, im verzweifelten Versuch, einzuschlafen.

Nach meiner ersten planlosen Woche hatte sich die Freude am Umzug nach Sendai in Luft aufgelöst. Während ich auf meinem knusprigen Kissen lag und den abgestandenen Gestank nach altem Nikotin einatmete, stapelten sich meine Kreditkartenschulden höher als der Chōkai. Warum hatte ich Natsuki, Sakata und mein komfortables Leben für diesen Albtraum aufgegeben? Den einzigen Menschen, den ich in dieser Millionenstadt kannte, war Ryotaro und er war für den Rest des Monats auf Geschäftsreise. Warum war ich nicht nach Ōsaka gezogen? Dort würden die Menschen wenigstens mit mir reden. Hier hatte ich eine ganze Woche lang kein einziges Gespräch geführt.

Zum ersten Mal in meinem Leben fühlte ich mich wirklich allein. Ohne Interaktion mit Freunden, Kolleginnen oder launischen Schülern war ich völlig verunsichert. Erst als ich eine Nachricht von einem Freund aus Sakata erhielt, bemerkte ich, dass ich das alles schon einmal erlebt hatte. Ich bin der einsame Wolf in einer Stadt gewesen und hatte mich aus der Lage befreien können. Diese Stadt war zehnmal größer als die, die ich kannte, und es war meine Entscheidung gewesen, die mich hierhergeführt hatte. Es war folglich auch meine Aufgabe, mich aus diesem Loch zu befreien. Und überhaupt, sich in Selbstmitleid zu wälzen, war ohne ein richtiges Kissen ein Ding der Unmöglichkeit.

Fest entschlossen, der Enge meines Zimmers zu entkommen, griff ich nach meiner Jacke und stürmte nach draußen. Es war Januar 2016 und ich hatte mich auf die etwas milderen Winter gefreut als die, die ich in Yamagata gewohnt gewesen war. Sendai liegt an der Ostküste Japans und hat nur selten Schnee, was mich freute. Doch ausgerechnet in diesem Jahr hatte Mutter Natur beschlossen, dreißig Zentimeter Schnee über die unvorbereitete Stadt auszukippen, womit das Leben auf einen Schlag zum Stillstand gebracht wurde – für mich fühlte sich das an wie ein persönlich gegen mich gerichteter Angriff. Viele Geschäfte waren geschlossen, die Straßen ungewöhnlich leer und der öffentliche Nahverkehr funktionierte nur eingeschränkt. *Das* war die Art von Reaktion auf Schnee, an die ich mich aus Großbritannien erinnerte.

Die Neonlichter der Läden und Bars warfen Regenbogenfarben quer über die Straßen auf das weiße Pulver. Ich genoss es, die Stadt unter diesen Umständen entdecken zu können und marschierte ziellos durch die Straßen. Doch schlussendlich war ich ein steuerloses Schiff.

Auch wenn Sendai keine Parks hat, so ist es doch sehr fußgängerfreundlich. Es finden sich wundervolle Cafés und baumgesäumte Straßen hier – man nennt Sendai auch die »Stadt der Bäume«. So schön das klingen mag, der passendere Name wäre wohl »Stadt der Zungen«.

Wie ich so durch das Stadtzentrum schlenderte, fiel mir auf, dass ich alle zehn Sekunden an einem Restaurant vorbeikam, das etwas anbot, das *gyūtan* hieß. Jede japanische Stadt oder Region hat eine *meibutsu*, eine örtliche Spezialität. Kōbe hat sein *wagyū*-Rindfleisch, Hokkaidō seine Schneekrabben und saftiges Hammelbarbecue. Sendai hat *gyūtan* – ganz wörtlich: Rinderzunge. Yeah!

Nachdem ich mich in meiner ersten Woche in der Stadt ausschließlich von *onigiri* und meinem Lieblingshühnchen aus dem FamilyMart ernährt hatte, erkannte ich, dass es Zeit für ein kulinarisches Abenteuer wurde.

Ich stieß auf ein Restaurant mit einem schicken *noren*-Vorhang vor der Tür. Es hieß *Date no Gyūtan*. Anfangs glaubte ich, *gyūtan* meine ein romantisches *Date* am Abend, was sich ja ganz gut anhörte, bis ich die Figur des Samurai Date Masamune vor der Tür stehen sah (der Vorname wird *Da-tai* ausgesprochen, nicht wie das englische *date*). Der bedeutende Fürst und Kriegsherr vom Ende des 16., Anfang des 17. Jahrhunderts, nach dem dieses Restaurant benannt war, hatte die Stadt Sendai aufgebaut.

Ich ließ den Schnee hinter mir, schob die Tür auf und augenblicklich überwältigten mich das Geräusch von brutzelndem Fleisch und der verlockende Duft von etwas, das ich für Steak hielt. Der klassische lange Tresen aus hellem Holz erlaubte einen Blick in die Küche, hier saßen mehrere Gäste und kauten, während der Koch Dutzende von Zungen über einem glühenden Holzkohlegrill garte.

Die meisten *meibutsu*-Gerichte Japans entstanden nach dem Zweiten Weltkrieg, als das Land seine Städte, aber auch seine Identität neu aufbaute. Im Jahr 1948, zu Zeiten von Lebensmittelrationierungen und Hunger, griff der Koch Sano Keishirō in seinem *yakitori*-Restaurant in Sendai auf die normalerweise zum Abfall geworfenen Rinderzungen zurück und entwickelte eine Zubereitung, die das Fleisch nicht nur genießbar, sondern sogar köstlich machte. Das Rezept verbreitete sich schnell und aus dem zuvor weggeworfenen Stück Kuh wurde eine lokale Delikatesse.

Nach drei Jahren Aufenthalt in Japan hatte ich alle möglichen fragwürdigen Gerichte zu mir genommen. In Großbritannien wird einem eingebläut, das Schlimmste, was man sich in den Mund stecken kann, sei rohes Hühnchen. In Japan ist das etwas für Feinschmecker. Hühnchen-*sashimi* wird mit Sojasauce und Ingwer serviert, und wenn man die Augen schließt und die Geschmacksknospen auf der Zunge ausschaltet, während man das schleimige Fleisch im Mund zerkleinert, ist es manchmal sogar möglich, dass einem nicht übel davon wird.

Angefangen bei *nattō* (fermentierte Sojabohnen) und Tintenfischinnereien über *basashi* (rohes Pferd) bis hin zum gelegentlich tödlichen *fugu* (Kugelfisch) kann sich die japanische Küche so manches Mal als Herausforderung erweisen, wenn man sich für das falsche Restaurant entschieden hat. Die Frage lautete nun, wo würde in dieser Liste die Spezialität aus Sendai einsortiert werden?

Für 1500 Yen (etwa zehn Euro) bestellte ich eine Platte mit sechs Scheiben Premium-*gyūtan*. Sie wurden entweder mit Miso oder mit Salz gewürzt. Nach drei Minuten stand der Teller mit den akkurat gegrillten Zungenscheiben vor mir, je etwa zwei Millimeter dick, serviert mit Gerstenreis und einer dampfenden Schüssel Ochsenschwanzsuppe.

Als ich die erste Scheibe mit den Stäbchen hochhob und betrachtete, fiel mir auf, wie sowohl der Koch als auch die Kellnerin mich aufmerksam beobachteten, um zu sehen, ob ich in ihrem Restaurant nun eine Show abziehen würde.

Japaner lieben es, Ausländern beim Probieren ihres Essens zuzusehen. Ihre Neugier ist fast kindlich. Einen Moment lang erwog der Scherzkeks in mir, meine Reaktion zu schauspielern, vor Abscheu auszuspucken und so zu tun, als müsste ich mich über den ganzen Tisch erbrechen.

Aber ich war neu in der Stadt und wollte mir nicht schon in der ersten Woche lauter Feinde machen, also hielt ich mich zurück.

Ich schob eine Scheibe gesalzene Rinderzunge in den Mund und spürte sofort, wie mir das Wasser im Mund zusammenlief, so saftig war das Fleisch. Ein wenig zäher als Rindfleisch sonst, aber genauso fleischig und geschmacksintensiv, sodass es sich anfühlte, als würde man sich an einem kleinen Steak erfreuen, nur ohne das schlechte Gewissen, das manchmal damit einhergeht. Ich sah zur Kellnerin und dem Koch hinüber und zeigte ihnen meine Daumen-hoch-Geste, woraufhin beide lachten und sich wieder an die Arbeit machten.

Die nächste Scheibe kombinierte ich mit einem Happen der warmen Gerste und einem Schluck Ochsenschwanzsuppe. Sie war sehr salzig, aber überraschend lecker. In mir reifte die Erkenntnis, dass ich noch sehr viel *gyūtan* essen würde. Vielleicht war Sendai doch keine so schlechte Entscheidung.

Ein Wunder geschah. Ich hatte die perfekte Wohnung gefunden. Das Apartment war zwanzig Minuten vom Stadtzentrum entfernt, über zwei Etagen angelegt und kostete 60.000 Yen pro Monat (rund 380 Euro). Die Küche und die Essecke lagen im ersten Stock, und eine kleine Treppe führte zu einem Doppelbett in einem winzigen Dachgeschossraum darüber. Es war im Grunde ein größerer Raum, und auch wenn er nicht riesig war, so war die Wohnung doch modern und hell, vor allem wegen der vom Boden bis zur Decke reichenden Fenster.

Das war genau das, was ich mir immer gewünscht hatte. Nur hatte ich nicht den Hauch einer Chance, sie auch zu bekommen.

Ich saß bei einer Immobilienagentur, die sich zuversichtlich den Namen Happy Home Services gegeben hatte – wieder so ein alberner englischer Name, für den man sich aus Marketinggründen entschieden hatte.

Ich war alles andere als happy.

Der Immobilienmakler, ein heiterer Mann Anfang dreißig mit guten Manieren, hielt sein Telefon in den Händen und sprach mit dem Verwalter der Wohnung, die ich so gerne gemietet hätte.

Bis hierhin war die Immobiliensuche recht gut verlaufen, und es sah so aus, als könnte ich bald in meine Traumwohnung einziehen. Ich war quasi schon dabei, mir Vorhänge auszusuchen, als Hiroshi mir die schlechte Nachricht überbrachte. Er hatte mit dem Eigentümer gesprochen, den die Vorstellung, ein Nicht-Japaner könnte in seine Wohnung ziehen, vor Angst erstarren ließ. Die Entscheidung war endgültig.

»*Wakarimashita*. Verstanden.« Hiroshi sah mich an und schüttelte mitfühlend den Kopf, während er auflegte. Ich war fertig mit den Nerven.

Als Ausländer eine Wohnung zu finden ist vermutlich der anstrengendste Aspekt des Lebens in Japan und kann einem den Verstand rauben. Der ganze Ablauf ist nicht nur unglaublich teuer mit all den im Voraus zu entrichtenden Gebühren, die es in den meisten anderen Ländern gar nicht gibt, sondern er ist auch einer der wenigen Bereiche des Lebens in Japan, in dem Diskriminierung offen erlaubt ist. Die »keine Ausländer«-Politik herrscht überall und ist nicht selten der Knackpunkt, weshalb viele Menschen anderer Nationalitäten das Land verlassen. Ich habe Menschen getroffen, die die Sprache beherrschten, seit einem Jahrzehnt im Land arbeiteten und, in einigen Fällen, sogar eine Familie gegründet hatten, dann aber angesichts der Fremdenfeindlichkeit Japan verließen. Japan ist da kein Einzelfall, doch in einem Land, in dem jede und jeder unglaublich höflich und herzlich ist und in dessen Gesellschaft eine beinahe utopische Atmosphäre herrscht, kann es Ausländer ziemlich überraschen, wenn sich eine Situation wie diese ergibt und die perfekte Illusion zerstört.

In den 265 Jahren der *sakoku*-Politik der Edo-Zeit isolierte sich Japan vom Rest der Welt. Obwohl sich das Land im Jahr 1868 wieder nach außen öffnete, blieb doch das Gefühl weiter bestehen, das Land lebe in einer abgeschlossenen Blase. Obgleich diese Verkapselung Japans zu seinem einzigartigen Identitätsgefühl beitrug, wurde mir jedes Mal, wenn ich das Wort *gaijin* (»Außenseiter«) hörte, das einen Nicht-Japaner bezeichnet, deutlich vor Augen geführt, dass noch immer jene Mentalität vorherrscht, die zwischen *uns* und *ihnen* unterscheidet.

Ich bemühte mich, es nicht persönlich zu nehmen: Ich war bei Weitem nicht der Einzige, dem es so erging. Eine Umfrage der Ichhi-Group-Immobilienagentur aus dem Jahr 2016 ergab, dass vierzig Prozent der ausländischen Teilnehmer erklärten, bei Mietanfragen benachteiligt worden zu sein, weil sie keine Japaner waren. Warum sollte man schließlich eine hochriskante ausländische Mieterin aufnehmen, die womöglich aus dem Land flieht, ohne ihre Miete zu zahlen, oder jemanden, der sich mit den japanischen Sitten nicht auskennt, wenn man doch nur ein wenig länger warten muss, um einen sichereren japanischen Mieter zu bekommen?

Den japanischen Wohnungsmarkt zu durchkämmen war ein Minenfeld. Selbst wenn ich meine Traumwohnung bekommen hätte, wäre ich praktisch schon bankrott gewesen, noch bevor ich zum ersten Mal die Schwelle übertreten hätte. Obwohl die Miete bei vernünftigen 60.000 Yen pro Monat lag – die im Voraus gezahlt werden mussten –, kamen gleich zu Beginn noch weitere Kosten hinzu, nämlich die Kaution (zwei Monatsmieten) und das sogenannte »Schlüsselgeld«, eine irrwitzige Einmalzahlung an den Vermieter, um ihm dafür zu danken, dass er einen einziehen lässt. Das »Schlüsselgeld« beträgt noch einmal eine Monatsmiete. Addiert man noch die Versicherungsgebühren und die Kosten für den Makler hinzu, hätte ich mal eben 280.000 Yen (rund 1800 Euro) gezahlt, nur um die Schlüssel in die Hand zu bekommen.

Zu diesem Zeitpunkt ahnte ich glücklicherweise noch nichts von diesen eher kostspieligen Ärgernissen. Beim JET-Programm ist die Schule dafür verantwortlich, den Lehrerinnen eine Unterkunft zu stellen, und ich hatte bislang das Glück gehabt, in einer unglaublich günstigen, staatlich geförderten Wohnung gelebt zu haben.

Ein YouTuber bezieht keine derartigen Vorteile. Ich war auf mich allein gestellt.

»Entschuldigung, Chris-san. Es kann sehr schwierig sein, eine richtige Wohnung zu bekommen. Aber ich kenne eine Firma, die vielleicht helfen kann.« Hiroshi reichte mir eine Visitenkarte von Sendai Rentals, einem Unternehmen, das auf Kurzzeitmieten spezialisiert war. Ich zeigte mich dankbar für diesen Lichtblick, doch meine Lage war noch immer düster.

Das Geld, das ich während meiner Arbeit als Lehrer gespart hatte, war bereits aufgebraucht und ich hatte einen dahinschmelzenden Kredit in Höhe von 5000 Pfund bei einer britischen Bank in Anspruch genommen, um meine ersten drei Monate in Sendai zu überstehen.

Abroad in Japan hatte inzwischen 100.000 Abonnenten, doch selbst das brachte mir monatlich nur rund 500 Pfund von YouTube ein, und da meine Stimmung durch die Wohnungssuche in einem Allzeittief verharrte, hatte ich jegliche Motivation verloren, weiter Videos zu drehen.

Es kam mir vor, als sei ich im ersten Level eines schlechten Videospiels gefangen, und das Einzige, was mein Avatar noch in seinem Vorrat hatte, waren Hühnchen aus dem FamilyMart und die Visitenkarte von Sendai Rentals. Nun, immerhin etwas.

Mein verlängerter Aufenthalt im *Sendai Beverly Hotel* war nicht ganz unbemerkt geblieben. Ich marschierte mehrfach am Tag ziellos durch die Lobby hinaus und später durch die Lobby wieder ins Hotel hinein und hatte dabei angefangen, mit den Hotelmitarbeitenden zu plaudern. Mit einer etwas gesprächigeren Rezeptionistin hatte ich mehrfach über unsere gemeinsame Liebe zum Essen gesprochen, bis sie mir einen Tipp für ein ungewöhnliches Gericht bei McDonald's Japan gab: Pommes mit Schokoladensauce. Japan war bekannt dafür, dass hier einmalige und zeitlich begrenzte Angebote auf die McDonald's-Menükarte kamen, die man nirgendwo sonst bekommen konnte. Insofern ein einfaches Ziel für einen verzweifelten YouTuber wie mich.

Eines meiner ersten Videos hatte gezeigt, wie ich die Jewellery Burger von McDonald's Japan probierte, ein Trio aus gehobeneren Premium-Burgern mit teurem Käse und Trüffeln, die wie eine Krone präsentiert und in einer übertrieben gestalteten Box verkauft wurden. Sie waren nicht besonders gut, aber beim westlichen Publikum kam das Video gut an.

Nun also brachte ich eine weitere braune McDonald's-Tüte mit in mein Hotelzimmer: Zum Vorschein kam eine weiße Box, so bedruckt, als liefe zur Hälfte schokoladenbraune Sauce darüber, dazu die Worte »Original Golden Crispy: McFry Potato Chocolate Sauce«. Der Name war schon mal eingängig.

Es klang vielversprechend, doch die Realität war wenig beeindruckend. Ich öffnete die Packung und sah … ganz normale Pommes. Nachdem ich ein wenig gegraben hatte, stieß ich auf eine

Plastikgabel und ein Beutelchen mit weißer und brauner Schoko-sauce für die Pommes. Mehr war es nicht.

Ich riss die Verpackung auf, tröpfelte die Schokolade über die Pommes und überlegte, wie um alles in der Welt ich das in ein YouTube-Video verwandeln sollte. Bis zu diesem Zeitpunkt hatte ich meine Videos ausgiebig geplant und überlegt gedreht, Einstellung für Einstellung. Nun saß ich in meinem nach Rauch stinkenden Hotelzimmer und filmte mich dabei, wie ich eine Portion Pommes aß – es fühlte sich an, als sei der Kanal *Abroad in Japan*, auf dem ich meine Zukunft hatte aufbauen wollen, am Ende.

Ich schnitt den ganzen Mist zu einem Video von zwei Minuten dreißig, lud es hoch und brach dann über meinem Buchweizen-kissen zusammen.

Als ich am nächsten Morgen mein Smartphone checkte, war ich mit Nachrichten bombardiert worden. Das McDonald's-Scho-kopommes-Video war über Nacht zu einem Hit geworden und zählte schon fast eine Viertelmillion Aufrufe.

Es tauchte in den YouTube-Trends auf, bei Reddit sowie in mehreren Online-Magazinen – offenbar ließen sich viele Men-schen von ein paar Kartoffelstäbchen fesseln, die mit billiger Flüs-sigschokolade übergossen wurden. Ich sah mir verwirrt an, dass nicht weniger als vier US-amerikanische Fernsehmoderatoren live auf mein Video reagierten und die Vor- und Nachteile des Es-sens diskutierten.

Freunde, die ich schon seit Jahren nicht mehr gesprochen hatte, meldeten sich plötzlich, um mir zu sagen, sie hätten das Video auf Facebook gesehen. Es war verrückt.

Ich fühlte mich, als wäre ich der Nabel der Welt. Das Blatt wen-dete sich. Später am Tag meldete sich Ryotaro bei mir, offenbar beeindruckt von meinem viralen Erfolg.

»Hallo Kumpel. Super gemacht mit dem McDonald's-Video! Das ist wirklich verrückt. Gute Neuigkeiten – ich habe ein paar Videos für Sie, die wir noch diesen Monat drehen könnten.«

Mein albernes McDonalds's-Video hatte ihn überzeugt. Ich hatte mich bewiesen und das nächste Level in dem Videospiel freigeschaltet. Mit Ryotaros Hilfe würde *Abroad in Japan* meinem Glücksrad neuen Schwung geben.

Aber erst nach einem lächerlichen Projekt mit unglaublich vielen Katzen.

22. Katzennation

Mai 2016

»Okay, Chris, ich will, dass du zur Katze hinüberschaust und dich dann mit einem verblüfften Gesichtsausdruck zur Kamera drehst.«

Zusammen mit einem Kamerateam schaute ich unbeholfen einem Dutzend Menschen zu, wie sie sich eifrig in einer Schlange anstellten, um von einer Katze Lotterielose zu kaufen. *Du kannst dir so einen Scheiß nicht ausdenken.*

Das japanische Sprichwort *neko ni koban* (»Münzen für eine Katze«) warnt davor, Menschen Dinge anzubieten, die sie nicht wertschätzen können. Es gehört zu meinen Lieblingssprüchen, doch diese Leute hier schienen ihn mir etwas zu wörtlich zu nehmen.

Zumindest war Hachi aber keine gewöhnliche Katze. Hachi war eine Zauberkatze. So hieß es zumindest.

Auch wenn unsere Katzenberühmtheit eine reinweiße American Shorthair war, so hatte sie doch zwei deutlich sichtbare schwarze Fellzeichnungen über den Augen in Form der japanischen Zahl Acht (*hachi*, 八). Beinahe, als hätte jemand sie mit einem schwarzen Filzstift dort aufgemalt.

Die Acht ist in Japan eine Glückszahl, und im Lotteriestand von Hachi waren ungewöhnlich viele Gewinnerlose verkauft worden. Hachi war eine lebende *maneki-neko*, eine glücksbringende Winkekatze.

Auf den ersten Blick sah es nicht so aus, als würde ausgerechnet an diesem Ort ein göttliches Wunder gewirkt – ein trostloser Verkaufsstand an einer Straßenecke in Mito, einer Stadt siebzig Kilometer nördlich von Tokio. Über dem Laden war ein auffälliges Schild angebracht worden, das mit dem hier erhältlichen Glück prahlte: »Schon dreimal dieses Jahr eine Million Yen gewonnen!«

Leider sorgte Hachi überhaupt nicht für das gesundheitliche Glück der Kunden, da etwa die Hälfte aller Menschen in der Schlange zu den Lotterielosen auch gleich noch eine Packung Zigaretten kaufte.

Da die Katze zwischen 13 und 18 Uhr arbeitete, wurde Hachi wie eine Angestellte behandelt. Der Besitzer des Ladens, Kaori Hasegawa, hatte sich die Katze wochentags von einem Freund ausgeliehen, der hoffte, sie würde ihm Glück bringen.

Wie ich mir so die Menschen ansah, die sich um die Katze drängten und Fotos machten, musste ich mich zusammenreißen, um nicht laut zu lachen. Hachi saß aufrecht auf der Theke, gelangweilt und unbeeindruckt, wie eine Königin, die die Gegenwart schmeichelnder Bauern ohne sichtbares Zeichen der Begeisterung ertrug.

Unser Kameramann war nun bereit zu drehen und ich trat an die Theke neben Hachi, um mich dann mit der halb ernsten Stimme eines Moderators wieder der Kamera zuzuwenden.

»Menschen aus ganz Japan reisen an, um Hachi, die Glückskatze –« Ich wies auf den Tresen, der nun aber verlassen dalag. Hachi war der Sache überdrüssig geworden, für ein Schläfchen verschwunden und hatte damit unsere Dreharbeiten ruiniert. Typisch Katze.

»Könnten wir Hachi für einen Moment zurückhaben?«, erkundigte sich der Produzent bei Kaori.

Dieser schüttelte ernsthaft den Kopf. »Hachi braucht ihren Schönheitsschlaf.«

Mistvieh.

Ende April lag meine Karriere in den Händen unserer schnurrbärtigen Freunde. Die letzten Wochen hatte ich damit zugebracht, verwilderten Miezekatzen über einen Friedhof hinterherzujagen, ein widerliches Gesöff, das als »Katzenwein« verkauft wurde, zu probieren und eine halb verlassene japanische Pazifikinsel zu erkunden, die fast ausschließlich von 200 Katzen bewohnt wurde.

Zwei Monate zuvor hatte ich eine E-Mail des raffinierten australischen Filmemachers Tim Demalstro erhalten. Mit einer Bitcoin-Dokumentation kurz zuvor hatte er ordentlich Geld verdient und wollte das nun in ein Nachfolgeprojekt über Japans irre Katzenkultur investieren. Er kannte einige *Abroad in Japan*-Videos und hielt mich für die perfekte Besetzung für den Job, wegen meines Wissens über Japan und, so muss ich einfach annehmen, meines rasend guten Aussehens.

Womöglich halfen auch meine 100.000 Abonnenten und Abonnentinnen auf YouTube bei der Wahl.

Ich war anfangs zwiespältig, was die Moderation der Dokumentation anging. Mir fehlte nicht nur jegliche professionelle Erfahrung, ich war auch nicht überzeugt, die Zuschauer würden ausgerechnet aus dem Munde eines scharfzüngigen, sarkastischen britischen Blödmanns über Katzen in Japan informiert werden wollen. Es kam mir vor, als sei ich nicht die richtige Besetzung.

Was die Sache noch schlimmer machte: Ich mag Katzen nicht besonders.

Es ist nicht so, dass ich sie per se nicht abkann, aber ich halte sie gern auf Abstand, weil ich eine leichte Katzenhaarallergie habe. In der Vergangenheit war ich immer geflohen, sobald die Perserkatze Rocky in Natsukis Schönheitssalon auftauchte, schließlich wollte ich die juckenden Augen und die laufende Nase vermeiden, die mir dank ihrer Gegenwart drohten.

Doch bereits bei unserem ersten Videocall machte Tim mir hartnäckig klar, dass ich genau der richtige Mann für den Job sei.

»Verhalte dich einfach so, wie du dich auch in deinen Videos verhalten würdest. Das funktioniert bestens!«

Hätte ich die Folgen geahnt, hätte ich einen Manager engagiert, um die Vertragsverhandlungen zu führen und ein gutes Honorar sowie eine angemessene Beteiligung an den Gewinnen für mich rauszuholen, zumal ich den Dokumentarfilm nach seinem Erscheinen auch noch bewerben sollte.

Ich hatte aber weder einen Manager noch ahnte ich die Folgen. In meiner Verzweiflung, diesen Job zu bekommen – *irgendeinen* Job zu bekommen –, der mich aus der Schuldenspirale herausführen würde, schlug ich eine lächerlich geringe Summe als Honorar vor, die Tim ordnungsgemäß akzeptierte. Im Rückblick muss ich sagen, dass ich *Cat Nation* quasi umsonst moderiert habe, und dafür kann ich niemand anderem die Schuld geben als mir selbst. Hätte mir zu dieser Zeit jemand drei Münzen vor die Füße geworfen und mich aufgefordert, auf der Straße zu tanzen, hätte ich es gemacht. Durch YouTube kam nicht genug herein, um die Rechnungen zu bezahlen, und meine Zukunft in Japan hing noch immer am seidenen Faden. Vielleicht würde Hachi mir Glück bringen.

Es können keine Zweifel daran bestehen, dass Tim, trotz meiner Befürchtungen, von Anfang an richtiggelegen hatte.

Die 8,9 Millionen Katzen in Japan standen kurz davor, den Hund als beliebtestes Haustier der Nation abzulösen. Populäre Figuren wie Hello Kitty und die rundgesichtige blaue Roboterkatze Doraemon zeigten eindeutig, wie allgegenwärtig Katzen in der japanischen Kultur waren. Und doch waren es die vielen bizarren Wege, auf denen sich Japans Katzenbesessenheit manifestierte, die dieses Thema so wundervoll faszinierend machten.

Der Film sollte uns durchs ganze Land führen, der erste Halt war jedoch ein Katzencafé in Shinjuku, Tokio, in dem Gäste für nur 1000 Yen (etwa sechs Euro) für eine Stunde in einen Raum gelassen wurden, in dem sie mit nicht weniger als 25 Katzen Kaffee oder Tee trinken konnten. Besonders beliebt war dies bei jungen Frauen, die nach der Schule oder Arbeit hierherkamen, um mit den Tieren zu spielen.

Japanische Vermieter verbieten häufig das Halten von Haustieren, vor allem wegen der kleinen Wohnungen und der Schäden, die die Krallen an den Schiebetüren aus Papier und den Tatami-Matten auf dem Boden anrichten könnten. Katzencafés waren da eine clevere Lösung, um die armen Seelen zu streicheln, die sich eine Katze wünschten, denen aber hartherzig untersagt wurde, eine zu besitzen.

Ich genoss das Spielen mit den Katzen bereits eine halbe Stunde lang, als meine Allergie sich ankündigte. Mit laufender Nase und tränenden Augen zog ich mich in eine Ecke des Raums zurück, bestellte einen Teller Nudeln und genoss meine Pasta so weit entfernt wie möglich von den Katzen. Ich beugte mich gerade genüsslich über mein Mittagessen, als ich bemerkte, dass meine Portion neben Tomaten und Fleisch noch eine Extrazutat hatte: ein kleines Knäuel Katzenhaare.

Eilig brachen wir in ein nahe gelegenes Sukiya-Restaurant auf, das uns Rindfleischreis servierte, und ich schwor mir, nie wieder Essen in einem Katzencafé zu bestellen.

Es machte Spaß, mit Tim und dem Kameramann Cody zusammenzuarbeiten. Schon bald fühlte es sich eher so an, als würde ich mit Freunden drehen und weniger wie die Arbeit mit einem professionellen TV-Team. Obwohl Tim ziemlich viel recherchiert und einen örtlichen Produktionsassistenten für die Terminierung der Interviews engagiert hatte, wurde uns immer klarer, wie stark wir von den seltsamen und exzentrischen Wesen abhingen, deren Geschichten wir nachjagten.

Eines dieser Wesen wurde schlicht Cat-man genannt.

Fast jeden Werktag konnte man in Tokios eklektischem Einkaufsviertel Harajuku einen mittelalten Japaner dabei beobachten, wie er einen Kinderwagen voller Perserkatzen durch die Gegend schob. Neun Katzen. In einem einzigen Kinderwagen.

Unser Produktionsassistent hatte den Hinweis bekommen, dass Cat-man gegen halb zwölf in der Nachbarschaft auftauchen würde, also marschierten wir zu der Kreuzung, an der man ihn so sehnsüchtig erwartete. Tatsächlich, kurz nach halb sahen wir einen streng aussehenden Herrn mit rasiertem Kopf und einem blau karierten Hemd aus einer Gasse auftauchen, einen Kinderwagen schiebend.

Der Wagen war so klein, dass mindestens vier der dösenden

Katzen unter dem Fell ihrer Mitgeschöpfe begraben waren. Es ließ sich kaum erkennen, wo eine Katze anfing und die andere aufhörte. Trotz des lauten Aufruhrs, den aufgeregte Passanten verursachten, schliefen die meisten Tiere tief und fest.

Offenbar hatten die Katzen begonnen, kurz nachdem unser Cat-man Masahiko Suga sie adoptiert hatte, seine Wohnung zu demolieren. Sie in einem Kinderwagen durch die Gegend zu schieben, beruhigte sie offensichtlich.

Ein zweifelsohne verblüffender Anblick: Es blieb ein Rätsel, wie es ihm gelang, dass die Katzen im Wagen blieben und sich so gut benahmen. Verärgerte Katzenliebhaber streuten das Gerücht, die Katzen seien durch Drogen völlig benebelt und Cat-man würde die Tiere ausnutzen, um Aufmerksamkeit für sich zu generieren.

Ich war mir nicht sicher, was ich von all dem halten sollte, während ich zusah, wie sich eine kleine Menschentraube um den Kinderwagen versammelte, doch unser Team hatte seine Anfangseinstellung im Kasten: ein Berg aus Katzen, die in Harajuku friedlich aufeinanderhockten.

Unser nächster Drehort war eine E-Commerce-Firma namens Foray, in der man den Angestellten mutig erlaubt hatte, ihre Stubentiger mit ins Büro zu bringen. In der Theorie sollten die samtpfotigen Begleiter dabei helfen, Stress zu reduzieren – was nach meiner Einschätzung sicherlich billiger war als den Mitarbeiterinnen und Mitarbeitern ihre Überstunden zu bezahlen.

Die Vorstellung von Miezekätzchen, die in einem Büro umhertollten, schien allerliebst, doch die Wirklichkeit erwies sich als das reinste Chaos.

Das vollgestopfte Büro, untergebracht im zweiten Stock eines kleinen, nichtssagenden Gebäudes in Shibuya, bestand aus zwei Reihen von Schreibtischen, die einander gegenüberstanden. Als wir eintrafen, arbeiteten acht Angestellte ruhig an ihren Plätzen, während ein halbes Dutzend Katzen herumstromerte, als gehörte ihnen der Ort.

Wir trafen Ken, den katzenliebenden Geschäftsführer, der sich das Ganze ausgedacht hatte und uns nun durch die Räume führte.

Mir fiel eine Computertastatur auf, deren Kabel angekaut war. »Unsere Tiere können sehr verspielt sein«, kicherte er, und ich sah zu, wie eine Siamkatze um ein PC-Gehäuse schlich, auf der Suche nach einem neuen Kauspielzeug.

Er wird sicher nicht mehr so kichern, wenn 50.000 Volt durch Fluffy jagen.

»Macht das den Mitarbeitern, die keine Katzen mitbringen, nichts aus?«, wollte ich wissen.

»Unsere Angestellten sind fast ausschließlich weiblich, und fast jede bringt ihre Katze mit«, versicherte mir der Mann. Ein Blick durch den Raum bestätigte, dass tatsächlich neunzig Prozent der Anwesenden weiblich waren.

Ich hätte gern gewusst, ob es jemanden gab, der diese Firmenpolitik ablehnte. Die Logik sagte mir, dass von all den hier versammelten Menschen, mindestens *eine* Mitarbeiterin krampfhaft versuchte, ruhig zu bleiben, während sie dabei zusehen musste, wie eines der Tiere die Arbeit eines Monats zerstörte.

Das hier war sicher nicht mein Ding. Das Büro roch wie das weltgrößte Katzenklo.

Als Nächstes musste ich eine Reihe von »durch Katzen inspirierte« Produkte ausprobieren, darunter einen Lufterfrischer, der angeblich so roch wie die Stirn einer Katze – wie auch immer die riechen mag. Wir filmten in einer Airbnb-Wohnung mit Blick auf den majestätischen Sensō-ji-Tempel in Asakusa, Tokio, und ich entwürdigte mich dadurch, dass ich den Geruch einer Katze in mein Gesicht sprühte. Das Spray sollte in Zeiten der Einsamkeit dafür sorgen, dass man seine Katze riechen konnte: Vielleicht war man gerade auf einer Geschäftsreise und sehnte sich danach, wieder mit seinem geliebten Haustier vereint zu sein. Mit diesem Spray sollte es sich so anfühlen, als sei man immer mit seinem Tier verbunden.

Das Spray stank nach Asbest. Ein modriger, beschissener Geruch, der Kindheitserinnerungen an einen furchtbaren Gemeindesaal im ländlichen England in mir wachrief. Ich verfluchte den Erfinder von Katzenlufterfrischer und betete zu Gott, dass sich dieser Gestank abwaschen ließ.

Doch es sollte noch schlimmer kommen.

Sagen Sie mir, liebe Leserin, lieber Leser, haben Sie je bei einem Glas Rotwein abends in Ihrer Wohnung gesessen, Ihre völlig nüchterne Katze betrachtet und gedacht: »Oh nein, mein liebes Kätzchen, da habe ich dich ja völlig vernachlässigt!« –?

Natürlich haben Sie das. Nun, meine Freunde, an dieser Stelle kommt Katzenwein ins Spiel. Sie müssen nie wieder alleine trinken. Dank dieses bahnbrechenden neuen Produkts können Sie Ihre Katze mitnehmen in den schamlosen Alkoholismus.

Dargeboten in einer hellgrünen 375 ml-Flasche, verziert mit Pfotenabdrücken, könnte der durchschnittliche nicht japanische Einkäufer den *Nyan Nyan Nouveau* leicht auch für normalen Wein halten. Wer jedoch des Japanischen mächtig ist, dem wird schnell auffallen, dass *nyan nyan* das japanische Geräusch für das Katzenmiauen ist.

Als ich das verlockend orangefarbene Getränk probierte, war jedoch nur ein einziges Geräusch zu hören, nämlich mein Würgen, und ich spuckte den angeblichen Wein umgehend ins Waschbecken. Er schmeckte, als hätte jemand Cranberry-Saft mit Bleiche gemischt. Ich bearbeitete meinen Mund mit einer ganzen Tube Zahnpasta, um den höllischen Geschmack zu übertünchen, und fing an zu bedauern, bei diesem gottverfluchten Projekt zugesagt zu haben.

Für das, was zum erstaunlichsten Teil des Dokumentarfilms werden sollte, bestiegen wir ein Flugzeug nach Ōsaka und nahmen dann einen Zug, um ins einhundert Kilometer südlich gelegene Städtchen Kinokawa in der Präfektur Wakayama zu gelangen, fernab jeglicher Zivilisation, auf den Spuren einer echten Vom-Tellerwäscher-zum-Millionär-Geschichte.

Es war einmal eine herrenlose Katze namens Tama, die im Schatten des Bahnhofs Kishi aufwuchs, der unscheinbaren Endstation der Kishigawa-Linie durch das ländliche Japan. Da die Eisenbahngesellschaft mit dieser Verbindung jährlich rund vier Millionen Euro Verlust machte, stand sie kurz vor der Schließung. Nach einem öffentlichen Aufschrei angesichts der Stilllegung des Bahnverkehrs im Jahr 2004 blieb die Anbindung bestehen, doch musste auf der Kishigawa-Linie Personal abgebaut werden. Jede Stadt entlang der Strecke ernannte einen ehrenamtlichen Stationsvorsteher, der die im Alltag anfallenden Aufgaben übernehmen sollte.

Der örtliche Geschäftsinhaber und neu ernannte Bahnhofsvorsteher Toshiko Koyama freundete sich bei seinen regelmäßigen Besuchen auf dem Bahnhof mit Tama an. Die wunderschöne weibliche Streunerkatze mit dem auffallend braun-schwarz-weißen Fell wurde von Toshiko bald zu seinem Stationsmaskottchen gemacht. Im Jahr 2007 erhielt sie dann offiziell den Titel als Bahnhofsvorsteherin und wurde mit der ungemein wichtigen Aufgabe betreut, die ankommenden Passagiere auf ihrem Weg vom oder zum Zug zu grüßen.

Anstelle eines jährlichen Gehalts erhielt Tama einen Jahresvorrat an Katzenfutter, ein goldenes Namensschild und eine maßgeschneiderte Dienstmütze. Diese Mütze war speziell für sie in Auftrag gegeben worden und passte wie angegossen, was Tama eine gewisse lokale Prominenz verlieh.

An dieser Stelle denken Sie vermutlich zu recht, dass diese Geschichte auf dem feinen Grad zwischen Genie und Wahnsinn balanciert, aber das Beste kommt erst noch. Tama wurde so berühmt, dass Menschen sich extra auf den Weg machten, nur um sie in der Kishi-Station zu besuchen. Zwischen 2006 und 2007 nahm die Anzahl der Passagiere um zehn Prozent zu: erstaunliche 55.000 zusätzliche Fahrgäste. Kurz darauf griffen Medien in Japan und auf der ganzen Welt die Geschichte auf und eilten zum Bahnhof, um sich die Details erzählen zu lassen. Eine Untersuchung der Kansai Universität schätzte, dass die Anwesenheit Tamas verrückte 1,1 Milliarden Yen (fast sieben Millionen Euro) in die Kassen der örtlichen Wirtschaft spülte.

Nach einer langen und komplizierten Anreise erreichten auch wir Wakayama. Zur Kishi-Station zu gelangen war nicht gerade einfach, und all das machte den Pilgerstrom aus Touristen, viele von ihnen aus dem Ausland, nur umso verblüffender.

Doch nicht so verblüffend wie den *Tama Densha*, den Zug, der von der Wakayama Electric Railway nach dem Ebenbild von Tama gebaut und nach ihr benannt worden war.

Die Eisenbahngesellschaft engagierte Eiji Mitooka, einen preisgekrönten Schnellzugdesigner, für den Entwurf des Katzenzugs. Der Zug ist außen perlweiß und mit Pfotenabdrücken, schwarzen Schnurrhaaren und auf dem Dach mit riesigen Katzenohren geschmückt. Im Wageninneren finden sich verspielt geformte Sitzbänke sowie eine kleine Bibliothek mit Büchern zum Thema Katzen und ein Holzregal mit Doraemon-Figuren. Im ganzen Zug wurden 101 Zeichentrickbilder von Tama angebracht, wie sie ihre Pfoten leckt oder mit dem Schwanz schnippt. Mit dem *Tama Densha* zu fahren, fühlte sich an, als halluziniere man auf einem Katzenwein-Trip.

Als sich unser Zug dem Thron von Tama näherte, auch als Kishi-Bahnhof bekannt, erkannte ich, dass das ganze Gebäude umgebaut worden war, um der geliebten Katzen-Bahnhofsvorsteherin zu ähneln. Das ursprünglich langweilige, baufällige Gebäude war 2010 saniert und auf raffinierte Weise zu einem Katzengesicht umgestaltet worden – mit zwei ovalen Fenstern als Augen, einem Eingang mit Rundbogen für die Nase und zwei Katzenohren auf dem Dach. Man hatte wirklich keine Kosten und Mühen gescheut.

Ein japanischer Wirtschaftswissenschaftler beschrieb den Einfluss der Katze (japanisch: *neko*) Tama mit dem Begriff der *Nekonomics*, eine satirische Anspielung auf die Wirtschaftspolitik des damaligen Premierministers Shinzō Abe, die man augenzwinkernd *Abenomics* nannte. Doch während die *Abenomics* ein bunter Mix aus Maßnahmen waren, Japans schwächelnde Wirtschaft wieder anzukurbeln, hatte Tama nachweislich positiven wirtschaftlichen Einfluss auf die Gegend. Auch andere Bahnhöfe in Okayama und Fukushima hatten begonnen, sich ihre eigenen Katzen-Bahnhofsvorsteher zuzulegen, um ihr Stück vom Kuchen abzubekommen. Es schien, als sei Tama jetzt auch Influencerin. Wie dem auch sei, für unsere Pilgerreise zur angesagtesten Katze kamen wir ein Jahr zu spät. Tama war sechzehnjährig im Juni 2015 an Herzversagen verstorben.

Für ihre treuen Dienste wurde sie in einem Shintō-Schrein im Bahnhof von Kishi verewigt. Ich trat daher durch das *torii* und lief über Steine, um den zu ihrem Gedenken errichteten, aufwendig gestalteten Schrein zu erreichen, in dem ein Räucherstäbchen ruhig glühte. Ich fühlte mich inspiriert, bewegt und ein wenig amüsiert angesichts all dieser Geschehnisse.

Wie konnte eine einzelne Katze derart tiefgreifende Auswirkungen auf die örtliche Wirtschaft haben? Hatte Dr. Seuss doch recht gehabt? Ist es wirklich so einfach, muss man nur einen Kater aus dem Hut zaubern? Was war Tama wohl durch den Kopf gegangen, während sie Tag für Tag dagesessen und ihren Fans beim Ein- und Aussteigen aus den Zügen zugesehen hatte?

Ich war traurig und ein wenig sauer, dass wir all diese Mühen auf uns genommen hatten, nur um vor dem Grab einer verstorbenen Katze zu stehen, weshalb meine Überraschung umso größer ausfiel, als wir den Bahnhof betraten und dort Tama geduldig auf einem Podest balancierte! Die stylishe Kappe saß auf dem Köpfchen und eine große goldene Namensplakette hing um ihren Hals. Mehr als ein Dutzend ekstatischer Fans versuchte, sie zu Selfies zu verlocken, und ich musste zugeben, dass das wirklich ziemlich süß aussah.

Ein zweiter Blick auf das goldene Namensschild verriet, dass wir hier in Wirklichkeit Nitama vor uns hatten – Tama II., Erbin des Kishigawa-Linien-Reichs. Das beantwortete auch die ultimative Frage: Was machst du, wenn dein legendäres Maskottchen stirbt, nachdem du zuvor Millionen ausgegeben hast, um eine ganze Zuglinie nach ihrem Aussehen zu gestalten? Antwort: Du baust eilig eine ähnlich aussehende Nachfolgerin auf.

Die Marketing-Genies des Kishi-Bahnhofs hatten Tamas Tod vorausgeahnt, und Nitama wartete fast drei Jahre geduldig im Nebengebäude auf ihre Chance zur Thronbesteigung. Der König Charles der Katzenwelt.

Während sich die Katze verdattert umsah und keinerlei Notiz von ihren albernen Untertanen nahm, fiel ihr Blick plötzlich auf einen Flecken Sonnenlicht, der vor der Bahnhofstür auftauchte. Ich fragte mich, ob unsere schnurrende Bahnhofsvorsteherin wohl sehnsüchtig danach verlangte, dem lukrativen Zirkus zu entkommen, in dem sie sich unvermuteter Dinge als Anführerin wiedergefunden hatte.

Einige Monate nach Abschluss der Dreharbeiten und gerade als ich mich von dem Trauma erholt hatte, Katzenwein getrunken zu haben, schickte Tim mir eine Kopie des fertigen Dokumentarfilms. Er trug den Titel *Cat Nation. A Film about Japan's Crazy Cat Culture.* Die Filmaufnahmen hatten eine hervorragende Qualität und die von uns entdeckten Geschichten waren ohne Zweifel faszinierend, nur von meiner Darbietung war ich schockiert.

Da ich unsicher gewesen war, wie ich mich vor der Kamera verhalten sollte, hatte ich meinen sarkastischen Humor stark zurückgenommen, schließlich wollte ich das katzenversessene Publikum nicht verschrecken. Und bei den seltenen Gelegenheiten, in denen ich ich selbst war, kam ich ruppig und herablassend rüber. Auf keinen Fall würde dies bei Zuschauerinnen gut ankommen, die sich auf einen Dokumentarfilm über niedliche, kuschelige Tierchen freuten.

»Tim, bist du sicher, dass ich nicht zu sehr wie ein Arschloch wirke?«, erkundigte ich mich nervös bei einem Videocall.

»Überhaupt nicht! Ich bin überzeugt, wir haben hier einen Hit produziert. Es haben schon einige Verleiher Interesse bekundet«, erwiderte er fröhlich. Offensichtlich war er erleichtert, dass das Projekt schon bald Früchte tragen würde.

Meine Erleichterung wurde nun überlagert von dem Ärger, keinen guten Vertrag ausgehandelt zu haben. *Verleiher. Interesse. Scheiße. Warum habe ich mir keinen Anteil an den Verkaufserlösen gesichert?*

Cat Nation erschien 2017 und wurde weltweit an den seltsamsten Orten verkauft und gezeigt. Eines Nachmittags etwa erhielt ich aufgeregte Nachrichten von Zuschauern aus Schweden.

»Oh, wow, Chris. Ich habe deine Katzen-Doku im Fernsehen gesehen. Sie war echt chaotisch, aber ich fand sie toll.«

»Mensch, ich habe mir mit meiner Frau eine Sendung über eine Katze in Japan angesehen, und auf einmal taucht da dein Gesicht auf! Wie kam denn das zustande?«

Offenbar war der Film im schwedischen Fernsehen ausgestrahlt worden. Wenig später trudelte die Nachricht eines alten Schulfreunds bei mir ein, der mit Emirates geflogen war: Er hatte sich während des Flugs eine bizarre Katzen-Dokumentation angeschaut, bei der auch ich zu sehen war.

»Flog heute über den Himalaya und da lachte mich dein selbstgefälliges Gesicht an. Du hast in einem Katzenzug gesessen. Junge, das war vielleicht seltsam!«

Anfangs war ich dankbar, Nachrichten von verwirrten Zuschauerinnen und Freunden zu erhalten, doch als die Dokumentation bei Amazon Prime erschien, bestätigten sich meine schlimmsten Befürchtungen.

EIN STERN
»Ich musste nach der Hälfte aufhören«, schrieb Jonathan.
»Kein Respekt für die japanische Kultur oder Katzen. Dieser
Typ hat überhaupt keine Ahnung von diesen Dingen.«

EIN STERN
»Nicht auszuhalten!«, erklärte Steven. »Konnte diesem Typ
nicht zusehen, wie er Dinge als verrückt, unheimlich oder
komisch beschrieb.«

EIN STERN
»Absolut furchtbarer Kerl! Wenn dir japanische Traditionen
nicht gefallen, dann verlass doch das Land!«, schimpfte Na-
talia, als seien Katzen, als großes Fellknäuel in einen Kinderwagen gestopft, eine alte japanische Tradition, die noch aus
der Meiji-Ära herrührte.

EIN STERN
»Habe nach fünf Minuten das Interesse verloren«, bemerkte
Anonym. »Obwohl ich über seine geschmacklose Kleidung
oft lachen musste. Schaut euch an, was der Typ für Klamotten trägt.«

Das stimmte. Während der Dreharbeiten hatte ich dauernd ein
billiges lilafarbenes Hemd und obszön unvorteilhafte Hosen auf
Halbmast getragen. Dafür gab es keine Entschuldigung.

Doch obwohl auf Amazon gerechtfertigter Hass über mich ausgeschüttet wurde und ich selbst von meiner Leistung enttäuscht
war, bedauerte ich es nicht, an *Cat Nation* mitgewirkt zu haben.
Ich hatte die verborgenen, obskuren Ecken des Landes kennengelernt und war Teil einer Produktion gewesen, die mir das Selbstvertrauen vermittelte, mich an eigene Dokumentarprojekte bege-
ben zu können. Und ich wage sogar zu behaupten, dass ich so ganz
nebenbei Katzen ein wenig lieb gewonnen habe.

23. Endlich zu Hause

Oktober 2016

Man wird nicht jeden Tag als »Alternativtheoretiker« gebrandmarkt.

Mein dümmliches Gesicht schmückte den Artikel eines australischen Online-Magazins mit der absurden Überschrift: »Alternativtheoretiker berichtet, wie Jesus' Bruder diesem den ultimativen Gefallen tat und sich an seiner Stelle kreuzigen ließ«.

Was sich nach der Inhaltsangabe eines neuen Dan-Brown-Romans à la *Sakrileg* anhört, begann mit einem Ausflug zusammen mit Ryotaro in das ziemlich weit nördlich gelegene Aomori, eine Präfektur, die für ihren Blauflossen-Thunfisch, Äpfel und dichten Schneefall bekannt ist. Und es endete damit, dass wir in der unfassbar abgelegenen Stadt Shingō ein beeindruckendes Holzkreuz bestaunten, das aus einem erstaunlich großen Erdhügel aufragt, dem angeblichen wahren Begräbnisort von Jesus Christus. Eine vor Ort aufgestellte Blechdose enthält Münzen und eine Postkarte mit Manga-Fan-Kunst, wie Jesus auf dem Hügel sitzt, während in der Nähe eine vom israelischen Botschafter gestiftete Gedenkplatte angebracht wurde. Mit ihr soll zwar eigentlich ein Zeichen der Freundschaft zwischen Jerusalem und dieser Gegend hier gesetzt werden, doch man kann sich schon fragen, ob man damit nicht einfach den Menschen vor Ort und ihren gewagten Behauptungen entgegenkommen wollte.

Man erzählt sich hier, Jesus sei nicht am Kreuz gestorben, sondern nach Aomori geflohen, während sein Bruder seinen Platz einnahm. Warum genau sein Bruder einverstanden gewesen sein soll, sich bereitwillig zu opfern, werden wir wohl nie erfahren. Dafür hat Jesus nach dieser Version den Rest seines Lebens in Nordjapan verbracht, nur rund 24 Kilometer von den Gräbern von

Adam und Eva entfernt, die, so versicherte man uns, ebenfalls hier ihre Ruhestätte fanden.

Ich sah hinüber zu den friedlichen Reisfeldern, die sich im Schatten des Kreuzes im Wind bewegten, und überlegte, ob Ryotaro und ich über eine Verschwörungstheorie gestolpert waren, die nun schon zweitausend Jahre alt war.

Oder handelte es sich um einen weiteren verzweifelten Versuch, Touristen in ein sterbendes Dorf zu locken?

Wir werden es wohl nie erfahren. Ich überlasse Ihnen die Entscheidung.

Als ich Shingō in einem YouTube-Video vorstellte und dessen Geschichte erzählte, erhielt ich den Titel des »Alternativtheoretikers«. Das kam mir wie ein passender Nachfolger für meinen vorherigen Titel als Schimpfwort-Missionar vor.

Mit Ryotaro irgendwo in Japan Videos zu drehen, stellte sich als wahrlich unvorhersehbare Angelegenheit heraus. Einmal konnten wir uns nur mit Mühe lebendig aus einem Schneesturm retten, als wir einen Film übers Skifahren auf einem von Tōhokus höchsten Gipfeln drehten, ein anderes Mal kletterten wir in Jeans und ohne Sicherheitsgurt ein Kliff hinauf, um einen alten Bergschrein aufzunehmen – mehr als nur einmal hätten die Dinge auch fürchterlich schiefgehen können.

Ständig lagen wir uns in den Haaren, sodass unsere Doppelspitze eher wie geschwisterliche Rivalität denn wie Freundschaft wirkte. Doch das Spiel mit dem Feuer und die Wortgefechte machten die Filmchen unterhaltsamer und ohne Zweifel waren wir ein großartiges Team.

In unserem ersten Jahr produzierten wir neun Videos in ganz Tōhoku, wobei wir alles in den Blick nahmen, von butterweichem *wagyū*-Rind bis zur Kirschblüte, und unser Bestes gaben, um den Fokus der Aufmerksamkeit auf Nordjapan zu richten.

Ich war schon immer schockiert darüber, dass Japan-Reiseführer den Städten Tokio und Kyōto jeweils über hundert Seiten widmen, während die sechs großen Präfekturen in Japans Norden nicht mehr als vier oder fünf Seiten abbekommen. So verpassen Touristen wahre Wunder – den größten Morgenmarkt, der sich in der Hafenstadt Hachinohe, Aomori, erleben lässt, eine köstliche Schüssel *rāmen* in Kitakata, einer Stadt in Fukushima mit mehr *rāmen*-Restaurants pro Kopf als jede andere Stadt im Land, oder die magische Heiße-Quellen-Stadt Ginzan in Yamagata.

Nach einigen viralen Hits hatten wir gewaltigen Spaß daran, spektakuläre Orte zu erkunden und unser Publikum dazu zu ermutigen, die ungemein beliebte »Goldene Japanroute« zu verlassen, die Touristen von Tokio über Hakone nach Kyōto führt, und stattdessen lieber eine abenteuerliche Reise auf nicht so ausgetretenen Pfaden durch den Norden zu wagen. Trotz der Millionen Aufrufe, die unsere Videos erreichten, besuchte nur ein mickriges Prozent der Touristen Tōhoku – es lag also eine Herkulesaufgabe vor uns.

In meiner neuen Rolle als Alternativtheoretiker stand ich der Herausforderung, das Ruder herumzureißen, dennoch tapfer gegenüber. Insbesondere, da sich mein Leben in Sendai selbst nun ebenfalls stark verändert hatte.

Eines Morgens klingelte es an der Tür meiner neuen Wohnung.

Ich überprüfte den kleinen Bildschirm an der Klingelanlage und erschrak, als ich einen Polizisten vor meiner Haustür stehen sah.

Ich lebte erst seit drei Wochen in der Nachbarschaft. War ich in diesem Zeitraum schon mit dem Gesetz in Konflikt geraten? Ich sammelte mich und marschierte zur Tür, mich noch immer fragend, was ich wohl falsch gemacht hatte. Gab es womöglich Beschwerden wegen des YouTube-Videos, das ich am Abend zuvor mit Natsuki aufgenommen hatte? Oder vielleicht übte ein Kaufhaus, in dem ich kürzlich ohne Genehmigung gedreht hatte, nun Rache?

Als ich die Tür öffnete, verneigte sich der Polizist – ein reifer Mann mit wuscheligen grauen Haaren in der typischen Uniform mit blassblauem Hemd und marineblauem Anzug – ziemlich tief vor mir und lächelte mir freundlich zu. In klarem und deutlich artikuliertem Englisch sagte er: »Ich bin japanischer Polizist.«

»Ah, *konnichiwa!*« Ich schenkte ihm ein ungeschicktes Lächeln und nickte leicht.

»Ich möchte Sie in der Nachbarschaft begrüßen!« Er hatte zurück ins Japanische gewechselt. »Sollten Sie einmal ein Problem haben, kommen Sie bitte zu uns ins *kōban!*«

Ein *kōban* ist eine kleine Polizeistation für die Nachbarschaft, wie sie sich in jeder größeren und kleineren Stadt Japans an zahlreichen Straßenecken befinden. Es gibt über sechstausend dieser Polizeihäuser, in denen in der Regel zwei oder drei Polizisten und Polizistinnen zeitgleich Dienst tun. Sie sind häufig mit Schreibtischen und einer Teeecke recht behaglich eingerichtet und gelten als effektive Methode, die Polizei für die Menschen nahbarer zu machen. Ich hatte zuvor ein einziges Mal ein *kōban* betreten, und zwar als ich mich in Tokio verlaufen hatte, und die Polizisten dort hatten mir sehr freundlich weitergeholfen.

Erleichtert, dass er mich nicht für ein Vergehen abführen wollte, dankte ich dem Polizisten und er verschwand wieder im Korridor. Was für eine nette, wenn auch leicht beängstigende Art und Weise, im Viertel begrüßt zu werden.

Es war August, und nach dem turbulenten Start meines Lebens in Sendai und mehreren Wochen Dreharbeiten über Katzen mit Hüten hatte ich endlich eine Wohnung gefunden; ein *mansion*-Apartment mit zwei Zimmern-Essecke-Küche (2ZEK), zwanzig Minuten vom Stadtzentrum Sendais entfernt und mit Blick auf den Fluss Natori, der die Stadt durchquert. Es war ein ruhiges Wohnviertel, lässt man einmal die Flut-Warnmeldungen außen vor, die hin und wieder testweise ausgestrahlt wurden. Abgesehen von der unwesentlichen Sorge, dass der Damm flussaufwärts brechen und die halbe Stadt wegspülen könnte, war das Leben großartig.

Erstaunlicherweise nennt man in Japan größere Wohnblöcke *mansion* (マンション), also im Grunde Villa. Dabei haben sie keine der Eigenschaften einer echten Villa: Den Namen dachten sich Bauunternehmer in den 1950er-Jahren aus, um die Idee des Mehrfamilienhauses populär zu machen, und daher heißt heute jeder Wohnblock mit mehr als zwei oder drei Stockwerken *mansion*.

Als stolzer Mieter eines 2ZEK herrschte ich über eine Zweizimmerwohnung, in der ein Raum Wohnzimmer-Essecke-Küche kombinierte (daher ZEK) und das zweite Zimmer mein Schlafzimmer war. Die Miete von 80.000 Yen (rund 500 Euro) pro Monat betrug 10.000 Yen mehr als die Durchschnittswohnung in Sendai, doch da ich neben meinem Schlafzimmer ein Extrazimmer zum Filmen brauchte, betrachtete ich den zweiten Raum als Studio und hoffte, die zusätzliche Ausgabe würde sich auf längere Sicht gesehen auszahlen.

Das Apartment war eine gewaltige Verbesserung im Vergleich zu dem Loch, in dem ich in den Monaten vor dem Sommer gelebt hatte. Nachdem man mir meine Traumwohnung nicht hatte vermieten wollen, zahlte ich Sendai Rentals eine Unsumme Geld, um zumindest für die verbleibenden sechs Monate, bis ich meine neue Unterkunft beziehen konnte, eine Bleibe zu finden.

Sendai Rentals hatte mir ein modernes Apartment rausgesucht. Der Kurzzeitmietvertrag bedeutete, dass ich weder Schlüsselgeld noch Kaution zahlen musste, dafür betrug die Miete aber monatlich 120.000 Yen (zirka 750 Euro), was für die winzige Wohnung ein horrender Preis war.

Der Immobilienmakler, ein junger und aufgeweckter Japaner, der fließend Englisch sprach, hatte mir Ausdrucke zweier Wohnungsangebote in der Stadt vorgelegt.

Option A war eine sehr zentral gelegene Wohnung, allerdings offenbar ohne jegliches Licht. Sie sah mit dem Metallgitter vor dem Fenster und dem beengten Eingang aus wie eine verlängerte Gefängniszelle. Die Küche bestand nur aus einem Gashahn und einem Kessel, und die dem Eingang gegenüberliegende Tür führte zu einem Badezimmer, das so klein war, dass ich fürchten musste, beim Sitzen auf der Toilette immer gegen die Wand zu stoßen.

Die Fotos erinnerten mich an eine Arrestzelle in Guantánamo. »Das Metallgitter soll beruhigen, schließlich liegt die Wohnung im Erdgeschoss«, erklärte der Immobilienmakler, als ich meinen Kopf in deutlicher Ablehnung schüttelte.

Option B wirkte dagegen wie der Garten Eden: ein helles Studio-Apartment mit hellbraunem Fußboden und frischen weißen Wänden. Es gab einen Hauptraum mit einem Bett, einer Küche und einem Schreibtisch, in einem separaten Raum an der Seite befanden sich Dusche und Toilette. Die Wohnung war klein, eine 1ZEK ohne das zweite Z oder eine echte E, aber sie wirkte wie die passende Zwischenlösung.

Zu Beginn lebte es sich gut in dem winzigen Apartment.

Obgleich die monatlichen Zahlungen happig waren, schnitten sie noch immer besser ab als die schlussendlich zwangsweise zum Bankrott führenden Übernachtungen in Hotels und das ständige Herumschleppen meines Gepäcks von Zimmer zu Zimmer. Das Beste war: Ich hatte ein richtiges Kissen.

Doch nach einem Monat verlor ich langsam den Verstand. Während *mansion*-Apartments meist über Beton- oder Metallwände verfügen, war dieses zweistöckige Wohngebäude aus Balsaholz errichtet. Und es war auch nicht irgendein Balsaholz.

Es war beschissenes Balsaholz.

Eingeklemmt zwischen drei andere Wohnungen – darunter sowie rechts und links – konnte ich praktisch jedes Husten, jedes Schnarchen und jeglichen sonstigen Laut der anderen Mieter hören. Es war, als stünden meine Nachbarn bei mir im Zimmer. Als ich zum ersten Mal versuchte, etwas an die Zimmerwand zu kleben, erzeugte das ein ganz hohles Geräusch und mir wurde auf erschreckende Weise klar, dass meine Privatsphäre so privat gar nicht war.

Nachts wachte ich gegen zwei Uhr auf, weil mich ohrenbetäubendes Schnarchen weckte und ich glaubte, jemand sei in meinem Zimmer, wobei es dann doch nur der Mann von nebenan war. Unsere Betten standen nebeneinander an derselben Wand, getrennt von gerade einmal sechs Zentimetern Balsaholz. Wir lagen praktisch im selben Bett.

Ich hatte eigentlich geplant, hier YouTube-Videos zu drehen, doch schnell war klar, dass lautes Sprechen meine Nachbarn stören würde. Folglich drehte ich keine Videos und dadurch fehlte mir das Einkommen, das ich für meinen Lebensunterhalt brauchte.

Japans winzige Apartments werden online geliebt und häufig glorifiziert und man kann leicht Millionen Aufrufe generieren, wenn man seinen Abonnentinnen und Abonnenten die Genialität japanischer Inneneinrichtung und japanischen Minimalismus anpreist. Man hat nicht wirklich in einer japanischen Mikrowohnung gelebt, bis man nicht ein Video hochgeladen hat, auf dessen Thumbnail man mit ausgestreckten Armen zu sehen ist und man sich schockiert gibt, *wie winzig* die Wohnung doch in Wirklichkeit ist. Auch wenn diese Videos unterhaltsam sind, so ist die Realität doch absoluter Mist. Japanische Immobilienentwickler kommen quasi straffrei mit Mord davon, denn sie bauen immer kleinere Räume, die gleichbedeutend mit Särgen sind. Niemand kann in einem solch beengten Raum auf längere Zeit leben, ohne dass die eigene mentale Gesundheit darunter leidet. Sich ständig seines Selbst bewusst zu sein und in den eigenen vier Wänden unablässig wie auf Eierschalen zu laufen, während ich mit den lärmenden Alltagsroutinen meiner Nachbarn fertigwerden musste, war für meinen Gemütszustand jedenfalls nicht förderlich.

Als Natsuki mich zum ersten Mal besuchte, war er über den mangelnden Platz schockiert.

»Küche sehr schmal«, erklärte er und machte sich über die Tatsache lustig, dass die Spüle kaum dreißig Zentimeter von meinem Bettende entfernt war.

Als YouTuber drehte ich natürlich das obligatorische Winzige-japanische-Wohnung-Video, das zu einem großen Erfolg auf meinem Kanal wurde. So sehr ich mich auch bemühte, einzigartigen und durchdachten Content zu liefern, so gehört zur Wahrheit eben auch, dass es die Themen für den Massengeschmack sind, die sich lohnen. So ist mein Imperium ja auch auf einem Video aufgebaut, bei dem ich Schoko-Pommes von McDonald's probierte. Meine Abonnenten liebten es besonders, wenn Natsuki sein Englisch-Hörverständnis übte und dabei das Wort für Staubsauger, »vacuum cleaner«, missverstand.

»Hä? FUCKING? Cleaner?« Vor Schreck schien er zu taumeln.

»Vacuum, Natsuki. Vacuum!«

Drei Monate lang entwickelte ich immer ausgeklügeltere Techniken, um den Lärm meiner Nachbarn auszublenden, angefangen bei Ohrstöpseln und Kopfhörern über ein Handtuch, das ich um meine Ohren wickelte, bis hin zu Schlaftabletten. Auf lange Sicht half nur, dass ich mit Ryotaros Hilfe, der als mein Bürge fungierte, eine neue, langfristig gemietete Wohnung fand. Damit waren sowohl meine geistige Gesundheit als auch meine Zukunft in Sendai gesichert.

24. In Deckung!

September 2017

Man hatte angefragt, ob ich für eine japanische Zeitschrift einen Artikel über einen atemberaubenden UNESCO-Weltnaturerbe-Wald im Norden der Präfektur Aomori schreiben wollte, den Shirakami-Sanchi. In den Bergen ganz im Norden der Hauptinsel Honshū und damit in einer der abgelegensten Regionen des Landes, würde ich hier entspannen und die Seele baumeln lassen können, während ich einen mittelmäßigen Artikel über ein paar Bäume verfasste. Da konnte wirklich nichts schiefgehen.

Im weltentrückten, friedlichen Norden müssen sich die Bewohner Aomoris im Grunde nur vor Schwarzbären in Acht nehmen. Oder müssen sich vielmehr die Bären in Acht nehmen? Kurz vor meiner Abreise dorthin war ein frecher Bär in einem wertvollen Obstgarten aufgetaucht und hatte sich mutig an einen älteren Bauern herangemacht, der gerade Obst erntete. In Großbritannien dürfte das Gefährlichste, dem man von Angesicht zu Angesicht gegenüberstehen kann, ein Hase oder vielleicht noch ein Fuchs sein. In Japan ist die Wildnis bedrohlicher. Bären sind nur die Spitze des Eisbergs in einem Land, das von Wildschweinen, Riesenhornissen und boshaften Makaken bevölkert wird, die im Schnee herumrollen. Nun entschloss sich der besagte Obstbauer, nicht zu fliehen, sondern sich dem Bären zuzuwenden und ihm ins Gesicht zu boxen. Der Bär wich überrascht zurück, suchte das Weite und versteckte sich in den Bergen des Shirakami-Sanchi. Er tat mir fast leid. Wie dem auch sei, es war in den letzten Jahren vermehrt zu Angriffen durch Bären gekommen. Der Bevölkerungsrückgang in den japanischen Dörfern ermutigte sie bei ihrem Vormarsch, und daher war es wahrscheinlich gar nicht so verkehrt, dem Bärenvolk einmal diese Botschaft übermittelt zu haben.

Meine Reise in die Berge verlangte, dass ich mehrere Stunden flussaufwärts waten, risikoreiche Klippen umgehen und nur unter Gefahr zugängliche Wasserfälle erreichen musste. Ein halbwegs schwerer Unfall und ich wäre ganz schön aufgeschmissen, vor allem wenn ich es mit dem lokalen Wildtierleben zu tun bekäme. Ich wäre ganz sicher nicht in der Lage, einem Bären ins Gesicht zu schlagen.

Trotz dieser Gefahren redete ich mir ein, dass der Rückzug in die Wildnis, um einen Artikel zu schreiben, den nie jemand lesen würde, dieses Risiko wert sei, zumal ich mir für ein paar Tage einreden durfte, ich sei Bear Grylls, der berühmte britische Outdoor-Abenteurer.

Die Nacht vor dem Aufbruch zur Wanderung verbrachten meine beiden japanischen Führer und ich in einem heruntergekommenen Hotel im Dörfchen Nishimeya. Da ich wusste, dass ich einen guten Nachtschlaf brauchen würde, um die lange Strecke durch den Dschungel durchzuhalten, verlor ich bereits allen Mut, als ich die Tür zu meinem Hotelzimmer öffnete und vor einem Möbelstück stand, das man wohl als das schlimmste Bett der Welt bezeichnen durfte. Man konnte mit bloßem Auge schon erkennen, dass die Federn gebrochen waren und das gute Stück, wenn ich von dem Geräusch schließen durfte, das beim Draufsetzen entstand, war wohl lange vor dem Fall der Berliner Mauer gebaut worden.

Als ängstlicher Mensch weiß ich: An Schlaf ist nicht zu denken, sobald irgendetwas auch nur leicht von meiner Gewohnheit abweicht. Das hatte ich bei meinem Kampf mit den Buchweizenkissen erlebt und erfuhr es nun ein weiteres Mal, als ich mich in meinem Bett aus Kalte-Kriegs-Zeiten hin und her warf, während sich die Federn wie Krallen in mich hineinbohrten: Jede Aussicht auf einen erholsamen Schlaf war dahin. Wie durch ein Wunder gelang es mir, gegen ein Uhr nachts wegzudösen, den Wecker hatte ich auf halb acht gestellt. Dann musste ich eben mit sechseinhalb Stunden Schlaf die Berge von Aomori besteigen.

Doch um 6:04 Uhr ging die Welt unter.

Zumindest fühlte es sich für mich so an.

Ich schoss hoch und saß aufrecht im Bett. Es ist ein seltsames Gefühl, wenn dein Körper vollautomatisch die Führung übernimmt. Obwohl ich wach war, hatte sich mein Gehirn noch nicht eingeschaltet und ich konnte auch die Augen nicht öffnen, da sie von der unablässig arbeitenden Klimaanlage im Hotelzimmer völlig ausgetrocknet waren.

Neben meinem Kissen machte mein Smartphone ein furchtbar lautes Geräusch, das ich noch nie von ihm gehört hatte. Irgendwas zwischen Diebstahlalarm und Nebelhorn, das unmissverständlich Dringlichkeit vermittelte. Außerdem bekam ich eine Nachricht, die ich nur schwer entziffern konnte, vor allem wohl, da ich kaum die Augen aufbekam. Zunächst dachte ich an einen Erdbebenalarm, wenn es auch ein schweres Erdbeben sein musste, da die Warnmeldung deutlich länger als sonst anhielt. Doch dann hörte ich von draußen etwas, das ich noch nie gehört hatte. Luftschutzsirenen.

Zu sagen, ich wäre schockiert und orientierungslos gewesen, wäre eine Untertreibung. Ich fuhr so plötzlich hoch, dass mein gesamter Körper zitterte und mein Herz so schnell raste, dass ich jeden Augenblick einen Herzinfarkt erwartete. Es fühlt sich extrem intensiv an, innerhalb von Sekunden von vollständiger Entspannung zu adrinalindurchfluteter Anspannung zu wechseln.

Ich atmete ein paarmal tief ein und aus, um mein Herz zu beruhigen und taumelte dann ans Fenster, um die Durchsage verstehen zu können.

Ich öffnete das Fenster und die stickige Sommerluft befeuchtete umgehend mein trockenes, klimaanlagengekühltes Gesicht. Ich sah ins Dorf hinaus: Vom dritten Stockwerk aus hatte ich einen guten Blick über die Gegend. Trotz des plärrenden Alarms konnte ich kein Lebenszeichen ausmachen und auch nichts, was mir erklärt hätte, was gerade vor sich ging. Das machte die ganze Angelegenheit umso beunruhigender, wie die Anfangssekunden eines Katastrophenfilms. Mit einem Mal unterbrach eine unheilverkündende Stimme die Sirene.

»Raketenstart. Raketenstart. Der Start einer Rakete wurde entdeckt. Suchen Sie Schutz in einem Schutzraum.«

Eine Rakete? Heilige Scheiße.

Einen Moment lang durchfuhr mich furchtbare Angst. War ein voller Atomkrieg zwischen der NATO und Russland ausgebrochen? Hatte es einen schwerwiegenden Zwischenfall gegeben?

Wie ich so auf das verschlafene Städtchen hinunterblickte, dämmerte mir, dass sich vor meinen Augen nun der Weltuntergang abspielen konnte. Und ich war hier. Unglaublich weit weg von meinen Freunden und meiner Familie.

Ich suchte mit den Augen jeden Zentimeter des Himmels nach Spuren einer Rakete ab und erwartete klammheimlich, dass ein herabschießendes Objekt die Wolkendecke durchbrechen und direkt vor mir einschlagen würde.

Natürlich musste das genau hier geschehen. An dem einen Ort der Welt, an dem noch nie irgendwas geschehen war.

Die Luftschutzsirenen heulten weiter und ein einsames Auto tauchte auf und verschwand langsam aus der Stadt.

Dann hörte ich ein Wort in der Durchsage, das ich zuvor überhört hatte. Der Alarm war natürlich auf Japanisch und da gab es einen Ausdruck, den ich nicht verstand.

Kita-chōsen ...

Ich kannte das Wort, hatte es aber so selten genutzt, dass ich seine Bedeutung wieder vergessen hatte.

Ich öffnete das Wörterbuch auf meinem Smartphone und tippte es ein.

Nordkorea.

Natürlich, was auch sonst.

Die Vorstellung, dass eine minderwertige nordkoreanische Interkontinentalrakete jede Minute vom Himmel fallen und eines von Japans ländlichsten Dörfern zerstören könnte, schien zugleich absurd und höchst unwahrscheinlich. Seit ich in Japan lebte, hing die von Nordkoreas Raketentests ausgehende Drohung im Alltag wie ein Damoklesschwert über uns. Nordkorea war das Schreckgespenst, ein konstanter Stachel im Fleisch einer relativ friedlichen Region. Insbesondere an der japanischen Westküste war die Diktatur verschrien, denn in den 1970er-Jahren war mehr als ein Dutzend japanischer Bürger von abgelegenen Stränden entführt worden, um den Nordkoreanern Japanisch beizubringen. Die Beziehung zwischen den beiden Staaten war dauerhaft beschädigt.

Mein erster Gedanke war: Sollte Nordkorea eine Rakete abgefeuert haben, so handelte es sich vermutlich um einen Test. Doch was, wenn der Flugkörper von seiner Flugbahn abgekommen und auf dem Weg nach Aomori war? Zu diesem Zeitpunkt folgte ich Nordkoreas Possen schon sieben Jahre lang und nahm an, die Diktatur habe kein Interesse daran, Japan mit einer Rakete zu treffen, was mit hoher Wahrscheinlichkeit einen der größten Konflikte in Ostasien seit dem Koreakrieg auslösen würde.

Ich warf einen Blick in den Hotelflur, um zu sehen, ob die anderen Gäste die Flucht ergriffen. Es herrschte Totenstille.

Dann verwandelten sich Panik und Verwirrung bei mir in Wut und eine sehr britische Art der Ungläubigkeit. Es war sechs Uhr morgens, verdammt noch mal. Wie konnte Nordkorea nur so rücksichtslos sein? Wie konnten sie es wagen, zu so einer Uhrzeit alle aufzuwecken?

Es gibt Momente, die definieren einen für immer, und ich stand kurz davor, in einen dieser Momente hineinzustolpern.

Ich zog die einzige Kamera hervor, dich ich zu dieser Zeit bei mir hatte – die in meinem Smartphone – und legte los.

»Es ist sechs Uhr morgens und ich bin gerade wegen einer nordkoreanischen Rakete durch eine Luftschutzsirene aufgeweckt worden. Ich weiß nicht, ob der Alarm echt ist oder nicht, aber das ist keine sehr schöne Art, geweckt zu werden.«

Es ist eine seltsame Vorstellung, dass in einem alternativen Universum dies meine letzten Worte hätten sein können. Die Worte eines Idioten.

Doch stattdessen verstummten die Sirenen ohne Vorwarnung, und da ich annahm, die Situation habe sich beruhigt, stieg ich erleichtert seufzend zurück ins Bett. Glücklicherweise war ich noch in der Phase, in der man leicht zurück in den Schlaf findet. Kaum hatte mein Kopf wieder das Kissen und meine Wirbelsäule die zersprungenen Federn berührt, da schlief ich auch schon.

Fünf Minuten später brach erneut die Hölle über mich herein. Dieses Mal lärmten nicht nur mein Smartphone und die Luftschutzsirene, sondern auch der Fernseher schaltete sich von alleine ein, was der ganzen Situation eine neue Dimension verlieh. Das Zimmer war nun verhext.

Ich starrte auf das Gerät. Es liefen die aktuellsten Nachrichten und der Moderator berichtete vom Start der nordkoreanischen Rakete. Offenbar hatte ich es hier doch eher mit einem Notfallsystem zu tun als mit einem boshaften Poltergeist. Es wurde berichtet, dass Nordkorea seine erste Interkontinentalrakete abgefeuert habe, die sogar Nordamerika erreichen könnte.

Trotz der verunsichernden Ereignisse war ich zuversichtlich, dass dies nur ein weiteres Kapitel in Nordkoreas unablässigem Säbelrasseln war. Ich war sauer, also griff ich nach meinem Telefon und filmte mich im Bett.

»Gerade war ich wieder eingeschlafen, da ging das Ganze von vorne los. Jetzt bin ich wirklich wütend.«

Nun war ich hellwach und stinksauer. Ich erinnerte mich daran, kürzlich ein Video gesehen zu haben, wie ein Haufen YouTuber nach Nordkorea reiste und sich selbst dabei gefilmt hatte, wie sie sich in einem Spaßbad in Pjöngjang amüsierten. Irgendwie war es ihnen gelungen, an den offensichtlichen Menschenrechtsverletzungen und der andauernden Drohung mit Atomwaffen in diesem Land vorbeizuschauen.

»Das ist es, was mich an all den Menschen ärgert, die nach Nordkorea in den Urlaub fahren, weil es ja *so* anders und einzigartig ist, eine so irre und seltsame Kultur zu erleben, wie in den 1960ern. Fuck off. Jedes Mal, wenn ihr nach Nordkorea fahrt, finanziert ihr damit ein Regime, das Tausende von Menschen in Lager wegsperrt und bescheuert und chaotisch um sechs Uhr morgens Raketen abschießt.«

Ein bizarrer, politisch aufgeladener Monolog, den ich da in den ganz frühen Morgenstunden ablieferte, und hätte ich geahnt, was mit dem Video in den kommenden Tagen passieren sollte, hätte ich mir vorher ein T-Shirt angezogen. Zumindest war der Alarm jetzt vorbei.

Bevor ich das Video bei YouTube hochlud, überprüfte ich noch in den Nachrichten, dass niemand verletzt worden war. Es stellte sich heraus, dass die Rakete direkt über mein Dorf geflogen war, in mehreren Hundert Kilometern Höhe, und dann in den Ostpazifik gestürzt war. Zum Glück kam niemand zu Schaden.

Ich öffnete YouTube, Twitter und Facebook und lud das Video hoch, bevor ich dann wieder ins Bett ging und noch einmal zwanzig Minuten schlief. Dann wurde es Zeit zum Aufbruch.

Die sich über den ganzen Tag erstreckende Wanderung durch den Shirakami-Sanchi-Wald und seine Wasserläufe war spektakulär. Beim Waten durch den Fluss schwappte Wasser in meine Stiefel und der heftige Regenfall durchnässte den Rest meiner Klamotten, aber das warme, feuchte Wetter machte all das erträglich, und nach vier Stunden erreichten wir einen von Japans spektakulärsten Wasserfällen. Als ich im Becken darunter stand und das frische Bergwasser mein verschwitztes Gesicht und meinen erschöpften Körper bespritzte, versuchte ich meine Gedanken auf den zu schreibenden Artikel zu lenken, doch mein Kopf war noch immer voll von den ungewöhnlichen Vorkommnissen des Morgens.

Ich fragte meine zwei Mitwanderer, ob sie davon gehört hatten. Zu meiner Überraschung hatten beide den Alarm verschlafen und dem Weltuntergang einfach die kalte Schulter gezeigt.

»*Taihen desu ne!* Das ist furchtbar, oder?«, bemerkte der eine in eher gleichgültigem Tonfall.

Ich begann zu zweifeln, ob ich das Ereignis nicht ein wenig übertrieben hatte. Interessierte sich überhaupt irgendjemand dafür?

Nachdem wir den ganzen Tag durch den Regenwald gewandert waren, wobei ich ständig damit rechnete, dass, wenn die Interkontinentalrakete es schon nicht geschafft hatte, mir dafür nun ein Bär endgültig den Rest geben würde, sackte ich nach der Ankunft auf dem Parkplatz erschöpft auf die Rückbank des Autos und wir machten uns auf den Rückweg nach Aomori.

Ein Vorteil des Wanderns im Nirgendwo ist die Abwesenheit einer Internetverbindung. Wir waren den Tag über vollständig von jeglichem Empfang abgeschnitten gewesen, eine Erfahrung, die in der modernen Welt gar nicht so leicht zu machen ist. Doch auf unserem Rückweg in die Zivilisation fand mein Smartphone wieder ein Signal und begann zu vibrieren.

Zunächst dachte ich an eine weitere Raketenwarnung, denn das Handy machte erneut ein seltsames Geräusch. Dann erkannte ich, dass es einfach nur Probleme hatte, die schiere Anzahl an eintreffenden Nachrichten zu verarbeiten.

Der Signalton ertönte wieder und wieder, und jede neue Benachrichtigung überdeckte die vorhergehende. Das Telefon brummte wie verrückt und lieferte unablässig Nachrichten, E-Mails und verpasste Anrufe ab.

Was um alles in der Welt war passiert?

Ich öffnete YouTube und sah, dass mein eilig gedrehtes, mit Schimpfworten durchsetztes und ziemlich chaotisches Video von einer Million Menschen aufgerufen worden war. Mir klappte die Kinnlade runter. Während ich in den Bergflüssen geplanscht hatte, war ich zur Internetsensation aufgestiegen. Und das war nur die Spitze des Eisbergs.

Auf Facebook war das Video von so ziemlich jeder denkbaren Medienwebseite geteilt worden und hatte auf diesem Weg sagenhafte zwanzig Millionen Aufrufe erreicht. Das entsprach einem Drittel der Bevölkerung Großbritanniens.

Mein Posteingang lief über von Nachrichten der großen Medienunternehmen; jeder, vom britischen Sender ITV angefangen bis zum Weltwirtschaftsforum, hatte sich in meine Inbox geschlichen und wollte sich von mir die geopolitische Situation in Japan erläutern lassen. Freunde und Ex-Freundinnen, die ich seit einem Jahrzehnt nicht gesprochen hatte, meldeten sich plötzlich und sagten, sie hätten das Video gesehen. Auf einigen Facebook-Seiten nahmen die Hasskommentare überhand, da Nutzerinnen und Nutzer verärgert waren, dass ich nicht einmal während solch eines Ereignisses meinen Sarkasmus abgelegt hatte.

Der nordkoreanische Raketenstart war die dominierende Nachricht weltweit und mein Video im Grunde die einzige Filmaufnahme, die online zu finden war. Während ich auf der Rückbank im Auto saß, mein Telefon in der Hand, konnte ich zum ersten Mal in meiner Karriere die Macht des Internets wirklich spüren. Es war unglaublich angsteinflößend, dass ein schlecht gedrehtes Video innerhalb von Stunden Millionen Menschen rund um die Welt erreichen konnte.

Obwohl es eines der schlechtesten Videos war, das ich je hochgeladen habe, war das dreiminütige Filmchen, wie ich oben ohne und schief im Bett lag, der Beginn eines sehr seltsamen Monats und ein Wendepunkt in meinem Leben in Japan.

25. Ground Zero

September – Dezember 2017

Einer der ungewöhnlichsten Aspekte des Lebens in Japan ist das Wissen, dass das Land, obwohl es zu den sichersten der Erde gehört und eine niedrige Mord- und Gewaltverbrechenrate hat, um die es auf der ganzen Welt beneidet wird, von so vielen existenziellen Risiken bedroht ist. Nordkorea ist sicher ein beständiger Stachel im Fleisch, doch die wahre Gefahr lauert in der Tiefe.

Am 11. März 2011, um 14:46 Uhr japanischer Zeit, verursachte ein furchtbares Erdbeben, dessen Epizentrum nur 72 Kilometer östlich von Tōhoku lag, gewaltige Zerstörungen im Land. Mit einer Stärke von 9,1 auf der Richterskala war es das stärkste jemals in Japan aufgezeichnete Erdbeben, und Millionen Menschen zwischen Tokio und Aomori spürten die Erde unter sich erzittern wie noch nie zuvor. Häuser stürzten ein, Fenster zersprangen und Wolkenkratzer schwankten wie Wackelpudding. Das gewaltige, über zweihundert Meter hohe Shinjuku Mitsui Building im Zentrum Tokios schwankte erstaunlicherweise um mehr als zwei Meter hin und her.

Doch für alle, die entlang der japanischen Pazifikküste lebten, sollte es noch schlimmer kommen. Von den abgelegenen Fischerdörfern in Iwate bis hin zu den ausgedehnten Städten in den Präfekturen Miyagi und Fukushima ertönten die Tsunami-Warnsirenen und forderten die Bevölkerung auf, schnell höher gelegene Gegenden aufzusuchen.

Das Meer zog sich drohend zurück, dann tauchte eine riesige, schäumende Welle am Horizont auf. Sie wuchs weiter an und krachte dann auf einer Strecke von über zweihundert Kilometern auf die Küste. Innerhalb von Sekunden wurde aus Stille Chaos, und Autos und ganze Häuser wurde weggespült, als seien sie aus Papier.

Eine vierzehn Meter hohe Welle brach über das Kernkraftwerk Fukushima Daiichi herein und beschädigte die Notstrom-Dieselgeneratoren. Es kam zu einer katastrophalen Kernschmelze und damit zu dem größten Nuklearunfall seit Tschernobyl im Jahr 1986. Durch das Erdbeben und den Tsunami wurden an einem einzigen Nachmittag rund 19.800 Menschen getötet, 6242 wurden verletzt und mehr als 250 Kilometer Küstenlinie verwüstet, wobei die Wellen in manchen Regionen bis zu zehn Kilometer weit ins Inland eindrangen.

Aufgrund der radioaktiven Verseuchung waren große Teile der Präfektur Fukushima nun unbewohnbar geworden, und 135.000 Menschen wurden aus der Umgebung des Kernkraftwerks Daiichi evakuiert. In der Panik forderten mehrere ausländische Regierungen ihre Staatsangehörigen auf, den Nordosten Japans zu meiden, und Hunderte Menschen flohen aus dem Land, da sie das Schlimmste befürchteten.

Die Weltbank kam zu der Einschätzung, mit einem Schaden von bis zu 166 Milliarden Euro für die japanische Wirtschaft sei das Tōhoku-Erdbeben die zu dieser Zeit kostspieligste Naturkatastrophe der Geschichte. Doch für eine Generation von Einheimischen, die in den Ruinen an der Pazifikküste lebte, war der Schaden deutlich höher als der finanzielle Verlust. Fast jeder war selbst betroffen oder kannte jemanden, der einen geliebten Menschen verloren hatte. Die Lage hätte ernster kaum sein können.

Sechs Jahre waren seit der Katastrophe vergangen, und nachdem ich nun Tōhoku für eine halbe Dekade mein Zuhause nennen durfte, wollte ich eine Dokumentation über das Unglück drehen und die Betroffenen vor Ort treffen, die ihr Leben im Schatten des Tsunamis neu aufbauten.

Die Aussicht, von meinem Fußboden aufzustehen, wo ich Videos drehte, die sich über japanisches Fernsehen lustig machten, und ernsthafte Interviews mit Menschen zu führen, die alles verloren hatten, war einschüchternd. Hier wagte ich nun wirklich etwas, von dem ich keine Ahnung hatte.

Aber zugleich hatte ich das Gefühl, es Tōhoku schuldig zu sein. Die letzten fünf Jahre waren die besten meines Lebens gewesen, und nun, da mein Kanal eine der größten Abonnentenzahlen unter den ausländischen YouTubern in Japan hatte, war ich in der einmaligen Lage, diese Geschichte zu erzählen und alles in meiner Macht Stehende zu tun, um die Region in den Fokus der Aufmerksamkeit zu rücken.

Die vom Tsunami verwüstete Küstenlinie und der Tod von über 19.000 Menschen schienen von den meisten Medien vergessen worden zu sein. Die Welt wusste Bescheid über das Desaster des Kernkraftwerks Fukushima, doch über die Menschen, die gelitten hatten, und über die ausgelöschten Städte war nur wenig berichtet worden. Diesen Dokumentarfilm zu machen, schien mir eine Möglichkeit, daran etwas zu ändern.

Durch die zusammen mit Ryotaro in Tōhoku produzierten Videos hatten wir zeigen können, dass Nordjapan alles andere als ein dystopisches Brachland war, sondern dass hier das Leben größtenteils zurück in seine Bahnen gefunden hatte. Ausgehend von den Schutthaufen hatte der Wiederaufbau die Landschaft verändert, die Region neu geformt, gewaltige Betonwände zum Schutz der Küste errichtet und die Städte von Grund auf neu aufgebaut.

Eine dieser Städte war Onagawa. Die dem Epizentrum am nächsten gelegene Stadt hatte 827 Todesopfer zu beklagen, siebzig Prozent der Gebäude wurden zerstört. Obwohl es so nahe am Zentrum des Erdbebens lag, überstand das Atomkraftwerk Onagawa den Tsunami: Eine vierzehn Meter hohe Seeschutzwand aus Beton hatte größere Überschwemmungen verhindert. Beim betroffenen Kernkraftwerk Fukushima Daiichi hatten die Schutzwände nur eine Höhe von 5,70 Metern gehabt – eine katastrophale Entscheidung, die zu dem Unglück beitrug.

Ryotaros Hilfe bei der Produktion des Dokumentarfilms war von unschätzbarem Wert; er organisierte Interviews mit wichtigen Menschen an der Küste, darunter dem Bürgermeister von Onagawa, Yoshiaki Suda.

Als wir an einem sonnigen Novembermorgen in dem verschlafenen Fischerstädtchen ankamen, wehte eine kühle Meeresbrise durch die Bucht, und die Fischerboote tuckerten mit den Austern und dem Lachs, für die die Region bekannt ist, in den Hafen. Entlang der Uferzeile fiel mir sofort ein zerstörtes Betongebäude auf, das irritierte und nicht zur Umgebung zu passen schien, war der Rest von Onagawa doch eindrucksvoll wiederaufgebaut worden. Fast alle anderen Spuren der Zerstörung waren aus der Landschaft verschwunden.

Wir trafen Bürgermeister Suda, einen großen, imposanten Mann, dessen ernste Miene einem Lächeln wich, als er uns begrüßte. Ihm fiel auf, dass ich das zerstörte Betongebäude betrachtete.

»Im Laufe der Jahrhunderte hat diese Gegend viele Tsunamis erlebt. Aber die Menschen vergessen das. Wir wollten etwas als Erinnerung behalten, das zugleich eine Warnung für zukünftige Generationen ist.«

Während andere Städte an Japans Küste dafür gesorgt hatten, dass alle Überbleibsel getilgt wurden, hatten die Bewohner hier dafür abgestimmt, ein unübersehbares Warnzeichen stehen zu lassen als Erinnerung an die Gefahren, die unter der Oberfläche lauern.

Eine der mutigsten Entscheidungen von Bürgermeister Suda war es gewesen, es der jungen Generation aus der Umgebung zuzutrauen, die Neugestaltung der Stadt entscheidend mitzubestimmen. Die Stadtältesten ließ man bei den Beratungen außen vor.

»Wenn wir die Jugend hier in Onagawa halten wollen, müssen wir ihr etwas bieten. Wir müssen ihren Ideen zuhören.«

Es war inspirierend zu sehen, dass Unternehmer und örtliche Firmen in die Stadt zurückkamen, sich am Neustart beteiligten und die Wirtschaft vor Ort wieder in Schwung brachten. Einer von ihnen war ein Instrumentenbauer für Luxus-Gitarren namens Yosuke Kajiya. Er hatte die Questrel entwickelt, die erste Gitarre, die nicht mit Schrauben oder Nägeln, sondern nur durch traditionelle japanische Holzbaukunst zusammengehalten wird, wie sie auch bei Tempeln oder Schreinen zum Einsatz kommt. Das Instrument wurde zu einem enormen Erfolg, kostete atemberaubende 6400 Euro und die Erlöse aus dem Verkauf flossen in die Wiederaufbaumaßnahmen. Yosuke war in Onagawa geblieben, nachdem er bei den Reparaturarbeiten vor Ort mitgeholfen hatte. Er hatte sich dabei mit den Menschen angefreundet und entschlossen, angeregt durch den Neuaufbau der Stadt, die eintausend Kilometer von seiner Heimatinsel Tanegashima hierherzuziehen, um in Onagawa sein Geschäft zu gründen. Die Begründung für seinen Umzug rührte mich:»Wenn du etwas produzierst, findet sich die positive Atmosphäre deiner Umgebung in den Dingen wieder, die du erschaffst.«

In der Nähe seines Ladens hatte die örtliche Kartonfabrik den Nachbau eines Lamborghini in Originalgröße ausgestellt – aus Pappe. Sie gaben ihm den cleveren Namen *Danborghini*, ein Wortspiel mit dem japanischen Wort *danbōru* für Pappe, und das Pappauto fand Erwähnung in der Presse des ganzen Landes und die Zustimmung des Kaisers persönlich, der es sich im Rahmen eines Besuchs des vom Tsunami zerstörten Landstrichs ansah. Diese PR half dabei, Onagawa in einem positiven Licht erscheinen zu lassen, sodass es weniger wie das Opfer einer Naturkatastrophe und mehr wie ein Phönix erschien, der aus der Asche aufstieg.

Überall an der Küste hörte ich Geschichten vom Einfallsreichtum angesichts dieser gewaltigen Widerstände. Bauern an der Miyagi-Küste hatten über Nacht ihre Lebensgrundlage verloren, als das Salzwasser über ihre Felder gelaufen war und dem Boden die wichtigsten Nährstoffe entzogen hatte. Auf diesen Feldern konnte man keinen Reis und kein Getreide mehr anbauen.

Da sie sich nicht geschlagen geben wollten, hatten sich die Bauern in der Stadt Yamamoto, eine Stunde südlich von Sendai, zusammengeschlossen, um etwas Neues zu probieren.

Ryotaro und ich hatten viel Spaß dabei, in Miyagi die *Ichigo World* besuchen zu dürfen, die »Erdbeerwelt«, um mit Preisen ausgezeichnete, polierte Erdbeeren probieren zu können, die bis zu 18 Euro pro Beere kosteten. Ja, Sie haben richtig gelesen. Fast zwanzig Euro für eine Erdbeere.

Das mag sich nach extrem viel anhören, aber im Vergleich zu anderen Luxusfrüchten waren die Erdbeeren noch vergleichsweise bezahlbar.

Japan kann die bislang teuerste Frucht weltweit vorweisen: die Yūbari-King-Melone. Bei einer Auktion im Jahr 2019 wurden für zwei Yūbari-Melonen unglaubliche fünf Millionen Yen bezahlt (etwa 31.000 Euro). Wobei es nicht unbedingt die Größe ist, die über den Preis entscheidet, auch wenn die Melonen größer waren als der Durchschnitt. Es ging um die makellose äußere Haut: Man hatte beim Anbau peinlich genau darauf geachtet, dass die Früchte rund und glatt wurden, sodass man fast glauben konnte, sie seien handgemacht. Und lassen Sie uns gar nicht erst von Trauben anfangen – 2020 wurden ein paar japanische Ruby-Roman-Trauben für verblüffende 11.000 Euro versteigert.

Ich hoffe, der Meistbietende hat sie langsam verspeist. Immerhin kostete eine einzige Traube wohl mehr als 360 Euro.

Häufig werden diese kostensprengenden Früchte bei speziellen Anlässen verschenkt oder als *omiyage* (Souvenirs) mitgenommen. Die Erdbeeren aus Miyagi bildeten da keine Ausnahme.

Als ich in eine hineinbiss, konnte ich den aberwitzigen Preis fast nachvollziehen. Es sollte dabei erwähnt werden, dass die Erdbeeren fast apfelgroß und äußerlich perfekt waren. Leuchtend rot und im wahrsten Sinne des Wortes so aufpoliert, dass sie in der Sonne glänzten, sahen sie fast so aus wie die Lebensmittelnachbildungen aus Plastik, die man hier oft im Schaufenster der Restaurants sieht.

Aber es war natürlich vor allem der Geschmack, der überzeugte. In dem Moment, in dem ich die dicke, fleischige Haut mit den Zähnen durchbohrte, floss der Saft in meinen Mund. Die Erdbeeren waren süß, voller Geschmack und machten sofort Lust auf mehr, weshalb ich mir fest vornehmen musste, keine weiteren

Früchte zu probieren, um nicht in eine teure Obstabhängigkeit zu geraten.

Ich erkundigte mich beim Leiter der Farm, Takao Ono, wie viele Erdbeeren er pro Woche so esse, doch er antwortete nur: »zu viele!«, und zwar in einem Tonfall, der augenblicklich Neid bei mir auslöste. Ich arbeite in der falschen Branche.

Die Bauern in Yamamoto hatten sich wegen der Wachstumsbedingungen von Erdbeeren für dieses Obst entschieden. Die normalerweise in sorgfältig überwachten Bedingungen angebauten Pflanzen fanden im ganzjährig milden Klima von Sendai die idealen Voraussetzungen für den Wuchs, und somit bekam das einst für Reis genutzte, sich weithin erstreckende Land eine neue Bestimmung. Die polierten Erdbeeren wurden überallhin verkauft, nach Tokio ebenso wie nach Saudi-Arabien, was für die Wirtschaft von Tōhoku eine fantastische Exportgelegenheit war. Ein wunderbares Beispiel für Innovation angesichts einer ungemein schwierigen Lage.

Von all den Geschichten, über die wir berichteten, bewegte mich die von Ichiyo Kanno am meisten. Die Frau, die in den Außenbezirken des Fischerhafens Kesennuma lebt, hatte einen furchtbaren Verlust hinnehmen müssen.

Ryotaro und ich waren in der Stadt gewesen, um mehr über das *K-port Café* zu erfahren, ein von Schauspielstar Ken Watanabe gegründetes Restaurant, mit dem er die Gegend neu beleben wollte. Während der Wiederaufbaumaßnahmen 2011 hatte er, einer der bekanntesten Prominenten Japans, geholfen, weltweit Aufmerksamkeit auf die Situation der von der Naturkatastrophe zerstörten Gemeinden zu lenken. Obgleich er sonst keine Verbindung zu Kesennuma besaß, adoptierte Watanabe die Stadt als seine zweite Heimat, freundete sich mit den Bewohnern an und gründete das *K-port*, um den Gemeinschaftssinn zu fördern. Auch wenn wir den Schauspieler nicht persönlich trafen, so führten uns seine Mitarbeiterinnen herum und erzählten uns die Geschichte des Cafés. Sie zeigten uns sogar ein Buch mit all den Briefen, die Watanabe jeden Tag ans Café schreibt, wenn er nicht in der Lage ist, persönlich vorbeizukommen.

Während wir in der Stadt drehten, baute Ryotaro unermüdlich sein Netzwerk auf und entdeckte dabei die Geschichte von Ichiyo Kanno, der Besitzerin eines *minshuku*, einer Pension mit Namen *Tsunakan Inn*.

Auf einer einsamen Halbinsel in der ohnehin schon schwer zugänglichen Region Tōhoku gelegen, war das *Tsunakan Inn* vom Meer durch eine gewaltige sechs Meter hohe Betonmauer abgeschirmt. Viele Einheimische entlang der Küste hatten gegen deren Bau protestiert, da die Wand nicht nur die atemberaubende Aussicht aufs Meer verbaue, sondern den enormen Kräften eines Tsunamis ohnehin nicht würde standhalten können. Der Tsunami vom 11. März 2011 hatte die Ufermauern der meisten Häfen an der Küste einfach überflutet.

Wir klopften an die Tür des Gasthauses und wurden im gleichen Moment von einer freundlichen Ichiyo an der Tür begrüßt.

Mit hellbraunen Haaren und dem breitesten Grinsen, das ich je in Japan gesehen habe, ist Ichiyo eine energiegeladene Frau in den Fünfzigern, doch ihre Persönlichkeit und ihr Auftreten wirken, als sei sie zwanzig Jahre jünger. Ich mochte sie sofort. Für die Besitzerin und Betreiberin des *Tsunakan* war es unumgänglich, offen auf andere Menschen zuzugehen. Auch wenn sie gleich gestand, nur schlecht Englisch zu können, versuchte sie doch mithilfe ihrer Gesten und ein paar Basisvokabeln ihr Bestes, um die Sprachbarriere zu ihren ausländischen Gästen zu überbrücken.

»Bitte, bitte! Essen Sie!«, lachte Ichiyo, als Ryotaro und ich an ihrem Esstisch saßen und sie uns mit einem köstlichen Mahl aus Fisch und Austern bewirtete, die ihr am Morgen von den Nachbarn vorbeigebracht worden waren.

Vor dem Tsunami war Ichiyos Ehemann Fischer gewesen und sie hatte, wenn er am späten Morgen mit seinem Fang zurückgekehrt war, in der Küche das Essen zubereitet. Als der Tsunami durch das Dorf schoss, hatte er auch ihr Haus verwüstet. Die

Zerstörung war schrecklich, doch sie kanalisierte ihre grenzenlose Energie und Positivität in den Wiederaufbau der Gemeinde, zusammen mit ihrem Ehemann. Im neu errichteten Haus hängen Fotos von Ichiyo und ihrem Mann, wie sie stolz die Gemeinschaft anführen, außerdem zeugen Zeitungsausschnitte von ihren Erfolgen. Der Höhepunkt war erreicht, als sie in ihrem Haus ein *minshuku* eröffneten, um Gäste in Kesennuma zu begrüßen, was Ichiyo zu einer Art lokalen Berühmtheit machte.

Doch gerade als wieder Normalität in ihr Leben eingekehrt war, und sich das Blatt zugunsten des Dorfes gewendet hatte, raubte ihr das Meer alles. Bei einer Fahrt auf dem Pazifik kippte das Fischerboot um und Ichiyo verlor ihren Ehemann, ihre älteste Tochter und ihren Schwiegersohn. Voller Trauer schloss sie ihr Gasthaus für mehrere Monate.

Als ich Jahre später mit ihr sprach, erklärte sie, dass das *Tsunakan* ihr einen Sinn gebe und ihren Geist von dem Leid ablenke. Bei den Dreharbeiten zu unserem Dokumentarfilm zerriss es mich innerlich beinahe, die freundlichste Frau, die ich je getroffen hatte, über jenen Teil ihres Lebens reden zu hören, der ihr so viel Schmerz bereitet hatte.

»Das Geheimnis, um den Schmerz zu überwinden, besteht darin, dass ich nicht zurückschaue«, sagte sie mir. »Wenn ich zurückschaue auf das, was passiert ist, dann frühestens, wenn ich siebzig oder achtzig Jahre alt bin. Ich will nicht in der Vergangenheit verweilen, aber ich erwarte auch nicht allzu viel von der Zukunft. Wenn ich jetzt über die Runden komme, wenn ich im Moment leben kann, dann kann ich weitermachen.«

Auf ergreifende Art und Weise versuchte Ichiyo, ihren Frieden mit dem Meer zu machen, das ihrer Familie zwar ein ertragreiches Geschäft ermöglicht, ihr aber auch das Haus und das Leben geliebter Menschen genommen hat.

»Die See gibt uns so viele Dinge, aber es ist falsch, immer nur von ihr zu nehmen. Manchmal muss ich auch zurückgeben. Das klingt beinahe falsch, ich weiß. Aber ich muss daran glauben, dass, wenn es Positives gibt, es immer auch Negatives geben wird. Ich muss daran glauben, dass die Welt so ausbalanciert ist. Es ist schwer weiterzumachen, wenn ich mir das nicht immer vor Augen halte.«

Ich fühlte mich durch ihre Worte sowohl erschüttert wie auch inspiriert. Sie war so positiv nach außen orientiert und selbstlos darauf konzentriert, andere Menschen zu erfreuen. Zeit mit Ichiyo und mit Yoshiaki Suda zu verbringen, hatte mir bewiesen, dass der menschliche Geist über alle Widerstände triumphieren konnte.

Bis zu dieser Tsunami-Dokumentation war ich nie stolz auf eines meiner Videos gewesen. Aber als ich sie veröffentlichte, sorgten die zahllosen Kommentare, die sich von Ichiyo Kanno und dem Wiederaufbau von Onagawa anregen ließen, bei mir dafür, dass ich die Kraft und Befriedigung erkannte, die darin liegen, wichtige Geschichten mit der Welt zu teilen. Das Video wurde in einem Artikel der *Nikkei Financial Times*, einer der renommiertesten Zeitungen Japans, erwähnt und von der YouTube-CEO Susan Wojcicki über Twitter empfohlen. Ich hatte das Gefühl, ich würde etwas bewegen.

Am wichtigsten jedoch war, dass noch in dem Jahr der Veröffentlichung des Videos sich viele Nutzer von *Abroad in Japan* auf die vierhundert Kilometer lange Reise nach Kesennuma im Norden machten, um in Ichiyos Gasthaus zu übernachten. Das wird eines der Kapitel meiner Karriere bleiben, auf das ich sehr stolz bin.

Während der Dreharbeiten zur Tsunami-Dokumentation wurde ich eine Art D-Promi. Einen Monat war der Zwischenfall mit der nordkoreanischen Rakete inzwischen her und Freunde nannten mich nun »Triefaugen-Broad«, nachdem man sich in den australischen *9News* über meine verquollenen Frühmorgenaugen lustig gemacht hatte.

Dann lud man mich sogar für ein Interview ein, das in einer seltsamen Ausgabe von *Tonight* des britischen Senders *ITV* ausgestrahlt werden sollte. Titel der Sendung:»Trump gegen Nord-korea«. Ein potenzieller Konflikt zwischen Nordkorea und dem Westen lag in der Luft, und dass ich von einer Luftschutzsirene geweckt worden war, qualifizierte mich offenbar als Geopolitik-experte zu diesem Thema.

Nach einem Beitrag über einen hypothetischen Atomkrieg zwi-schen Kim Jong-un und Donald Trump schaltete die Sendung zu einem ernst dreinblickenden Moderator, der in einem Londoner Café Cappuccino trank und mein dümmliches Gesicht auf seinem Laptopmonitor betrachtete, während wir über Google Hangout über das Ende der Welt plauderten.

»Chris, wie fühlt es sich an, von einer Luftschutzsirene geweckt zu werden?«

»Nicht sonderlich gut.«

»Und wie ist die allgemeine Stimmung in Japan?«

»Angespannt. Das ist wirklich genau das, was wir derzeit brau-chen.«

Wegweisendes Fernsehen in seiner besten Form.

Mein viral gegangenes Video war auch in Japan aufgefallen. Ich hing eines Abends über meinem Laptop und korrigierte Texte für den Tsunami-Dokumentarfilm, als mich ein ungemein aufgereg-ter Ryotaro anrief.

»Oh mein Gott, Kumpel, du hast einen Preis gewonnen! Du bist Finalist für den Shingo Ryuugōtaishō!«

»Wow, das ist ja Wahnsinn!«, begeisterte ich mich.»Was zur Hölle ist das?«

Er erklärte es mir. Japan veranstaltet jährlich ein Event mit dem Titel»Die Worte des Jahres«, bei dem man einen Blick auf das ver-gangene Jahr wirft und neue Worte und Ausdrücke hervorhebt, die aufgetaucht sind, um dann eines davon als *das* Wort des Jah-res zu küren.

Zu den Kandidaten für das Jahr 2017 gehörten *insuta-bae* (イン スタ映え), was so viel heißt wie auf Instagram geschniegelt aus-zusehen, *handosupina* (ハンドスピナー), ein Bezug auf den Fidget

Spinner, der zu dieser Zeit unglaublich beliebt war, sowie *yūchūbā* (ユーチューバー), womit ein YouTuber gemeint war. Sogar ein deutsches Wort hatte es in die finale Auswahl geschafft: Die Gouverneurin der Präfektur Tokio hatte erklärt, sie wolle mit der Verlegung des weltberühmten Fischmarkts Tsukiji diesen im Hegel'schen Sinne »aufheben«, also auf eine »höhere Stufe heben«. Dank der hitzigen öffentlichen Diskussion um den Fischmarkt hielt *Aufuhēben* (アウフヘーベン) Einzug in die japanische Sprache. Also wirklich eine hochkarätige Liste.

Ich repräsentierte allerdings nicht das Wort »YouTuber«. Es stellte sich heraus, dass mein Raketenvideo Japans neuen Alarmservice für Katastrophenwarnungen bekannt gemacht hatte, den *J-arāto*.

Es war der *J-arāto* (J-Alarm) gewesen, der mich am Morgen des nordkoreanischen Raketenstarts fast zu Tode erschreckt hatte.

»Man hat dich nach Tokio zur Preisverleihung eingeladen«, ließ Ryotaro mich wissen. »Sie wird im staatlichen Fernsehen übertragen. Das ist eine der größten Veranstaltungen des Jahres.« »Ganz ehrlich, Ryotaro, ich glaube, da muss ich nicht hin.«

»Das ist eine einmalige Chance! Das musst du machen.«

Widerstrebend gab ich nach, zumal ich vermutete, dass Ryotaro froh war, auf den Zug aufspringen und die Aufmerksamkeit genießen zu können. Vor allem, da er darauf bestand, mich bei der eigentlichen Verleihung der Preise auf die Bühne zu begleiten. Doch unabhängig davon war ich dankbar für seine Begleitung.

Die Zeremonie fand im *Imperial Hotel* statt. Es war Anfang des 20. Jahrhunderts gebaut worden, um Besucher aus dem Westen aufzunehmen, und galt lange als eines von Tokios drei großen Hotels, neben dem *Okura* und dem *New Otani*. Das ursprünglich palastähnliche Gebäude war von dem weltberühmten Architekten Frank Lloyd Wright in den 1920er-Jahren erbaut, im Zweiten Weltkrieg durch Bomben schwer beschädigt und war trotz großer Kontroverse 1967 abgerissen worden. Der Neubau des luxuriösen Fünfsternehotels gehört zu den hässlichsten Gebäuden der Welt.

Ich traf Ryotaro im Schatten des einunddreißiggeschossigen Betonmonsters. Das Äußere war grau und langweilig, als würde es das Sonnenlicht verschlucken, doch die Lobby war erheblich glamouröser, hier kam das alte Geld von Tokios Reichsten zur vollen Geltung. War das äußere Erscheinungsbild auch eine Grausamkeit sondergleichen, so hatte das *Imperial Hotel* als solches doch seine Anziehungskraft bewahrt. Wie ich mich so unter den elegant gekleideten Gästen umsah, konnte ich mich kaum beschweren. Wenn es für Marilyn Monroe und Queen Elizabeth II. gut genug gewesen war, war es auch für Ryotaro und mich gut genug.

Wir hatten unser in die Jahre gekommenes Doppelzimmer schon bezogen und immer noch ein paar Stunden Zeit, weshalb ich mich daranmachte, mein zerknittertes Hemd zu bügeln, während Ryotaro Selfies von uns beiden schoss und sie an japanische Freunde verschickte, die unserem Fernsehauftritt entgegenfieberten.

Es war ein seltsames Gefühl, zu wissen, dass Millionen Menschen in Japan mein Gesicht sehen würden, und doch war ich nicht wirklich aufgeregt. Wahrscheinlich ging es mir wie es einem Japaner gehen würde, der in der Sendung *Britain's Got Talent*, einer beliebten Talenteshow, auftreten sollte. Wenn man die Sendung nicht wirklich kennt, an der man teilnehmen wird, kann man schlecht einschätzen, ob das eine große Sache ist.

Am frühen Abend machten wir uns auf den Weg hinunter in den höhlenartigen Ballsaal, in dem die Preisverleihung stattfand. Üblicherweise wurden in diesem Saal Hochzeiten mit bis zu dreitausend Gästen gefeiert.

Als wir den Saal betraten, erkannte ich das Ausmaß dessen, was uns bevorstand. Vor der Bühne hatte sich eine Wand aus mindestens 150 Fotografen aufgebaut, von denen manche ihre Kameras in der Hand hielten, andere große Stative nutzten. Zwischen den Fotografen und der Bühne saß eine Horde Journalistinnen und Journalisten, die auf unzählige Laptops tippte und sich bereithielt, live von dem Ereignis zu berichten. Hier war mehr los als bei einer Pressekonferenz im Weißen Haus.

Ich hatte noch nie etwas Derartiges gesehen, und auf einen Schlag wurde mir klar, dass ich aufgeschmissen war.

In diesem Moment wirkte die Aussicht, vor Hunderten von Kameras zu stehen, im Fernsehen übertragen und von Millionen online verfolgt zu werden, gar nicht mehr so verführerisch.

»Bist du sicher, dass du es nicht einfach alleine machen willst, Ryotaro?«, erkundigte ich mich und ging ruhelos im Backstagebereich auf und ab.

Doch wir befanden uns schon hinter dem Vorhang und die Veranstaltung hatte bereits begonnen. Ich konnte an nichts anderes denken, als immer und immer wieder an die Vorstellung, wie ich auf die Bühne trat, stolperte und flach aufs Gesicht fiel.

»Nein, du musst es machen. Jetzt ist es zu spät.«

»Du Arschloch.«

Da ich in Japan schon einige Male vor vielen Menschen gesprochen hatte, angefangen in der Schule über den Reden-Wettbewerb bis hin zu einem TED-Talk über mein Leben in Japan, den ich Anfang des Jahres gehalten hatte, war ich ziemlich zuversichtlich gewesen, dass ich vor einer Menschenmenge nie wieder nervös sein würde.

Leider stellte sich das als gewaltiger Irrtum heraus.

Diese Veranstaltung war noch einmal ein anderes Level. Die ganze Sache wurde live im japanischen Fernsehen übertragen und erreichte auch online Hunderttausende von Zuschauern, und da ich der einzige Ausländer in der Show war, wollte ich meinen großen Augenblick nicht damit ruinieren, dass ich wie ein kopfloses Hühnchen über die Bühne eilte. Es war nicht sehr hilfreich, dass eine Gruppe ungemein populärer Instagram-Girls direkt vor uns das Wort *insuta-bae* vorstellte. Ich sah zu, wie sie unter stürmischen Rufen und Beifall die Bühne verließen, und der Druck türmte sich in mir weiter auf.

»Das nächste Wort des Jahres ist … J-ARĀTO!«, rief der Moderator zu einem Trommelwirbel.

Eine genervte Produktionsassistentin winkte mich heran und

machte mir deutlich, ich solle mich für den Auftritt durch den Vorhang bereithalten, steckte mir aber zuvor noch eine übertrieben große Rosette an meine Brust.

»Toi, toi, toi!« Ryotaro zeigte mir die Daumen hoch.

»Ich hasse dich«, zischte ich beim Losmarschieren.

Begleitet von einer geschmacklosen Cover-Version des *Mission Impossible*-Themas sprach der Moderator weiter: »Und hier ist der Ausländer, der half, den *J-arāto* bekannt zu machen. Chris Broad!« Die *Mission Impossible*-Musik wurde lauter und der Vorhang öffnete sich, woraufhin ich tollpatschig auf die Bühne lief, geblendet vom Blitzlichtgewitter von wenigstens hundert Kameras. Es kam einem Wunder gleich, dass ich nicht von der Bühne purzelte.

Eine Frau in rot-schwarz kariertem Kimono eilte nach vorn, um mir meinen Preis zu überreichen: Seltsamerweise bekam ich eine Uhr in einer polierten Holzkiste. Sie verbeugte sich, und ich nahm das Geschenk dankend an, während mein freiwilliger Übersetzer Ryotaro hinter mir auf die Bühne gehuscht kam.

»Chris-san, 2,3 Millionen Menschen haben sich Ihr Video angeschaut. Wie fühlt es sich an, von so vielen Menschen rund um den Globus gesehen zu werden?«, wollte der Moderator wissen.

Ich wusste nicht genau, was ich sagen sollte oder wie lange ich antworten durfte. Ich hatte das Gefühl, als warteten alle auf den nächsten Preisträger, so als hätte ich bei den Oscars die Auszeichnung für das beste Licht bekommen und das Publikum sehnte den Auftritt der wirklichen Promis herbei.

»Ehrlich gesagt war es seltsam, im Fernsehen aufzutauchen und in manchen Medien als eine Art Experte für Nordkorea und Japan zu gelten, wo ich doch nur ein YouTuber bin, der aus dem Schlaf gerissen wurde.«

Ryotaro übersetzte, und es wurde ganz still im Saal. Vielleicht war meine Antwort zu lang gewesen.

»Und was denkt Ihre Mutter über all das?«, wollte der Moderator nun wissen.

Eine etwas merkwürdige Frage an einen Siebenundzwanzigjährigen. In diesem Augenblick fühlte ich mich, als hätte ich einen Preis für die beste Wachsmalstiftzeichnung gewonnen.

»Sie meinte, das sei ja alles ziemlich verrückt«, antwortete ich. Das Publikum blieb unangenehm still. Von der Bühne zu stolpern kam mir plötzlich wie eine attraktive Option vor.

»Vielen Dank, Chris-san!« Damit wurden Ryotaro und ich die Treppe hinab begleitet und wir durften uns nach vorn zwischen die Fotografen setzen.

Ich konnte überhaupt nicht einschätzen, wie es gelaufen war. Ryotaro schien zufrieden, denn auf seinem Telefon ploppten die Benachrichtigungen auf.

Eine Stunde später verkündete man den Sieger beim diesjährigen Wort des Jahres. *Insuta-bae* bekam die Trophäe.

Ich wusste nicht genau, wie ich diese Niederlage bewerten sollte. Es war ja nicht so, als hätte ich versucht, den verdammten Wettbewerb zu gewinnen; ich hatte ja erst wenige Tage vorher erfahren, dass es ihn überhaupt gibt. Auf der anderen Seite hätte ich gedacht, dass die Bedrohung durch Atomwaffen und die Aussicht auf den Dritten Weltkrieg relevanter waren als Instagram-Selfies, wie geschniegelt auch immer sie waren.

Wie dem auch sei, Ryotaro hatte seine fünf Minuten Ruhm und ich war froh, sie mit ihm geteilt zu haben. Allein für sein breites Grinsen hatte es sich schon gelohnt.

26. Erlösung nach einem verlorenen Jahr

Januar – Dezember 2019

Alles lief schief.

Auf dem Papier hatte ich gerade die Abenteuertour meines Lebens abgeschlossen, nachdem ich 46 Tage auf dem Fahrrad und zweitausend Kilometer durch Japan unterwegs gewesen war und meine Fahrt per Video-Blog festgehalten hatte.

Ich hatte die Serie *Journey Across Japan* getauft: Sie sollte aus 28 Teilen bestehen und von Yamagata im ländlichen Norden bis hin zur trubeligen Stadt Kagoshima reichen, die am Fuß von Japans aktivstem Vulkan, dem Sakurajima, am Südende der Insel Kyūshū liegt.

Es war ein einmaliges Reiseerlebnis und die feierliche Antwort darauf, dass ich den zuvor undenkbaren Meilenstein von einer Million Abonnenten auf YouTube erreicht hatte. Es fühlte sich wie eine Ewigkeit an, dass ich völlig aus dem Häuschen war, nachdem sich 250 Menschen mein erstes Video angeschaut hatten. Zusammen mit Natsuki und Ryotaro hatten wir den größten Japan-Reisekanal auf YouTube aufgebaut, worauf ich sehr stolz war. Die *Journey Across Japan* sollte meine Ehrenrunde werden.

Stattdessen wurde sie um ein Haar mein Untergang.

Um das Projekt durchziehen zu können, hatte ich ein fantastisches Team aus Kameraleuten und Produzenten zusammengestellt. Doch da ich die Kontrolle über den Produktionsprozess nicht aus der Hand geben wollte, hatte ich entschieden, die Videos selbst zu bearbeiten. Und ich hatte meinen Abonnentinnen und Abonnenten versprochen, die Videos würden täglich hochgeladen.

Wahrscheinlich ahnen Sie jetzt schon, worauf ich hinauswill.
Bis heute weiß ich nicht, was ich mir dabei gedacht habe.

Wenn es um *Abroad in Japan* ging, war ich schon immer ein Kontrollfreak, der sich um jeden Aspekt der Produktion selbst kümmerte, damit meine Videos den höchsten Ansprüchen genügten. Das funktionierte, solange ich alle paar Wochen ein Video veröffentlichte. Damit es auch funktionierte, jeden Tag eines hochzuladen, während ich sechs Stunden am Tag Rad fuhr, dabei zudem noch moderierte und filmte, hätte es eine deutliche Verschiebung im Raum-Zeit-Kontinuum gebraucht. Sogar wenn ich einen engagierten Cutter gehabt hätte, hätte das nicht geklappt. Und so saß ich bis morgens um drei Uhr über den PC gebeugt, um das Video vom Tag zu schneiden, nur um dann wenige Stunden später völlig ausgelaugt wieder aufs Rad zu steigen.

Erstaunlicherweise hatte ich es bei den ersten fünf Videos noch irgendwie hinbekommen. Doch nach einer Woche war ich nur noch ein Schatten meiner selbst, körperlich wie geistig.

Am Ende der Tour war ich so fertig, dass die letzten drei Videos unbrauchbar waren: Ich hatte vor der Kamera keinen einzigen geraden Satz mehr herausgebracht. Meine blasse Haut war mit Ausschlägen und Beulen übersät, die so groß waren, dass sie aussahen, als würden sie gleich explodieren.

Was mich jedoch am meisten schockierte, waren die harschen Reaktionen.

»Total enttäuschend. Er hatte doch angekündigt, täglich was hochzuladen.«

»Hat uns im Stich gelassen. Hatte mich wirklich auf die Videos gefreut.«

»War so gelangweilt und habe *Journey Across Japan* aus den Augen verloren, während ich auf die neuen Episoden gewartet habe.«

Es gab Hunderte solcher Kommentare. Brutal, aber nicht unberechtigt.

Ich hatte etwas versprochen, das ich nicht hatte halten können, und musste nun die Konsequenzen aus Schuldgefühl und persönlicher Enttäuschung ertragen.

Um mich dann noch weiter zu quälen, wo ich doch ohnehin schon am Boden lag, erreichte mich eine traurige Nachricht aus Sakata. Itō war verstorben.

Ich erfuhr das erst einen Tag vor der Beerdigung, während ich gerade am anderen Ende Japans filmte. Ich plante hin und her, fand aber keine Möglichkeit, es noch rechtzeitig zur Trauerfeier zu schaffen.

Im Jahr zuvor war ich nur selten in Sakata gewesen, sodass wir uns in letzter Zeit nicht mehr gesehen hatten, und ich bedauerte es zutiefst, nicht aktiver gewesen zu sein, um den Kontakt zu einem so guten Mentor und Freund aufrechtzuerhalten.

Und dennoch wurde mein Schuldgefühl, nicht an Itōs Beerdigung teilnehmen zu können oder ihn im Jahr vor seinem Tod nicht öfter besucht zu haben, von der gewaltigen Dankbarkeit aufgewogen, einen so tollen Menschen kennengelernt und seine wunderbare Geschichte erfahren zu haben.

Zusammen hatten wir den Reden-Wettbewerb gewonnen – zumindest im zweiten Anlauf – und er hatte es durch das berühmt-berüchtigte Schimpfwort-Video zu einer gewissen Prominenz gebracht.

An schlechten Tagen würde ich mich jedoch vor allem an unsere Mittwochsstunden im International Centre erinnern, bei denen wir im Klassenzimmer gehockt, zusammen grünen Tee getrunken und stundenlang über seine Erlebnisse gelacht hatten.

Einen Großteil des Jahres 2019 versuchte ich, die 28 Teile der *Journey Across Japan* zusammenzustellen und zu beenden, weshalb ich zwischen Januar und August vor allem damit beschäftigt war, in einem Zimmer zu sitzen und die Vergangenheit zu bearbeiten. Die Dreharbeiten und die Reise selbst hatte ich im November 2018 abgeschlossen, doch erst am 5. August 2019 stellte ich die letzte Episode fertig. Ob das überhaupt noch jemanden interessierte? Einsam vor dem PC sitzend, stundenlang alleine Videos bearbeitend und negative Kommentare von enttäuschten Zuschauern lesend, fühlte ich mich mehrere Monate lang ziemlich verloren. Zu keinem anderen Zeitpunkt stand ich so kurz davor, aufzugeben. Ich dachte ernsthaft darüber nach, YouTube und gleich auch Japan aufzugeben.

Doch es stellte sich heraus, dass die Lösung nicht darin bestand, mich vor der Arbeit zu drücken. Sie bestand darin, mich noch mehr in sie zu vertiefen, und zwar mit zwei grundsätzlich verschiedenen Dokumentationen, die mich von der funkelnden Garderobe von Japans größtem Rockstar bis zur Sperrzone der weltweit zweitgrößten Nuklearkatastrophe führen sollten.

Niemand verehrt seine Stars so wie Japan.

Ich stand vor dem belebten *Zepp Tokyo*, einer Konzerthalle an der Tokyo Bay, und sah zu, wie eine Unmenge von Fans an den Ständen Merchandise-Produkte, CDs, T-Shirts und sogar Kreditkarten mit dem Gesicht des schillernden Rockstars Hyde kauften. Als Frontmann von L'Arc~en~Ciel, einer legendären japanischen Rockband, die über vierzig Millionen Alben verkauft hat, besitzt Hyde gottähnlichen Status in seinem Heimatland. Er war der erste Japaner, der ein Solokonzert im New Yorker Madison Square Garden gab, und in Ōsaka haben sie sogar einen Zug zu seinen Ehren gestaltet: Sein hübsches, von blonden Strähnen umgebenes Gesicht schaut auf die Reisenden hinab. Nimm das, Katze Hachi.

Am aufregendsten für mich war, dass ich Hydes Stimme schon vor Jahren gehört hatte, in meiner ersten japanischen Wohnung, und zwar wenn ich mir die Anime-Serie *GTO: Great Teacher Onizuka* angeschaut hatte. *Driver's High*, der Titelsong für jede Folge, wurde von ihm und seiner Band performt. Mein Ich aus der Vergangenheit, noch unter den *kotatsu* gekuschelt und von *GTO* fasziniert, hätte nicht geglaubt, dies hier einmal erleben zu dürfen.

Man hatte mir eine ganze Woche eingeräumt, um einen Doku-mentarfilm über Hyde, sein Leben und seine Karriere zu machen. Normalerweise war so etwas für das Prime-Time-Programm des japanischen Fernsehens reserviert, weshalb es für einen YouTube-Kanal eine außergewöhnliche Möglichkeit war. So etwas war in der streng durchchoreografierten Promi-Welt Japans noch nie vorge-kommen. Ich drängelte mich also durch die Fans ins Innere der Konzerthalle und konnte mein Glück immer noch nicht fassen.

Ich hatte Hyde zum ersten Mal ein paar Tage vor Drehbeginn in einem in West-Tokio versteckten *kushiyaki*-Restaurant getrof-fen. Beim *kushiyaki* gibt es all die herrlichen *yakitori*-Spieße, nur in einer deutlich ungesünderen Vielfalt. Fisch, Fleisch und Gemüse werden aufgespießt, in eine Fritteuse gepackt und dann mit schar-fer, würziger Worcestershire-Sauce serviert. Köstlich.

Ich kam früh ins Restaurant und traf mich mit Hydes interna-tionalem Manager, einem umgänglichen US-Amerikaner namens Jason, der *Abroad in Japan* entdeckt und dann angefragt hatte, ob wir für einen Dokumentarfilm zusammenarbeiten wollen.

Das wäre eine Win-Win-Situation. Ich würde eine Woche lang eine lebende Legende Japans kennenlernen und Hyde erhielte im Westen mehr Aufmerksamkeit. Und er war stark daran interes-siert, außerhalb Japans aufzutreten.

Nachdem ich mit Jason ein paar *kushiyaki*-Spieße und Drinks zu mir genommen hatte, tauchte eine Gestalt mit Kapuze im dunklen Eingang auf, begleitet von einer zweiten Person. Hydes gebleichte Haare lugten unter dem Hoodie hervor, und sein fast engelsgleiches Gesicht sah so jugendlich aus, dass man ihn für halb so alt gehalten hätte. Zweifellos umgab ihn die Aura eines Rockstars.

Er kam zu uns herüber und streifte seine Kapuze vom Kopf.

»Schön, dich kennenzulernen, Chris«, grüßte er mich mit sanf-ter Stimme. Wir gaben uns die Hand, und er setzte sich zu uns.

Hyde war ruhig, cool und beherrscht, und wir entdeckten Ge-meinsamkeiten in unserer Liebe zur Musik der Achtziger, insbesondere zu Depeche Mode und Duran Duran, deren Song *Ordinary World* er kurz zuvor gecovert hatte.

Sein Künstlername erwies sich als absolut angemessen. Wie ein leibhaftiger Dr. Jekyll und Mister Hyde verwandelte sich der leise sprechende, entspannte Mann unter meinen Augen in dem Moment, in dem er die Bühne betrat. Er begann seine Show mit einem lauten »Are you fucking ready?«, das er den ekstatischen Fans entgegenbrüllte, und sein Auftritt war elektrisierend, als sei er von einem bösen Geist besessen. Eine Minute lang sang Hyde von einem riesigen Lautsprecher am Rand der Bühne, nur um kurz darauf selbst ein Bad in der Menge zu nehmen – seine legendäre Performance passte zu seiner kräftigen Stimme.

Es war faszinierend mitanzusehen, wie er nach dem Konzert Fans traf. Ich erlebte mit, wie eine Gruppe Mädchen in dem Moment spontan in Tränen ausbrach, als er backstage bei ihnen auftauchte. So etwas hatte ich noch nie gesehen. Bei mir gab es nur ab und an einen Zuschauer, der mich auf den Straßen in Tokio erkannte und um ein Selfie bat. Hydes kreischende, weinende Fans waren ein ganz anderes Level.

Während meiner Woche mit Hyde hatte Natsuki mich gedrängt, ihn für die Dreharbeiten mit nach Tokio zu nehmen, und ich gab seinen Bitten schließlich zögernd nach. Ich erklärte ihm, dass er mit zum Konzert kommen konnte, es jedoch keine Möglichkeit gab, Hyde persönlich zu treffen.

Heimlich plante ich es jedoch so, dass Natsuki nach dem Auftritt hinter der Bühne auf Hyde treffen würde. Und tatsächlich, nach einem beeindruckenden zweistündigen Auftritt jagte Hyde den Backstage-Bereich entlang und gab dem sichtbar schockierten Natsuki ein High five.

»Wow, verdammt gut!«, brüllte Natsuki und verblüffte damit den erschöpften Rockstar. Diese Begegnung zu beobachten war einfach nur herrlich.

Ich war gerade dabei, die Hyde-Doku zu schneiden, als Ryotaro ein ähnlich herausforderndes Dokumentarprojekt vorschlug. Wir sollten direkt nach dem erfolgreichen Tsunami-Film über eine Dokumentation zur Fukushima-Katastrophe nachdenken, fand er. Während meiner Zeit in Japan hatte keine Nachricht die Öffentlichkeit mehr beherrscht als diese. Obwohl ich in Sendai nur einhundert Kilometer nördlich des Reaktors wohnte, erkannte ich, dass sich die meisten Menschen bei uns in der Präfektur Miyagi merkwürdigerweise davon losgelöst fühlten. Die Situation spielte sich für sie »jenseits der Grenze«, in der Präfektur Fukushima ab, auch wenn Sendai näher am Reaktor liegt als Fukushima selbst.

Als wir über die Autobahn in die Fukushima-Sperrzone hineinfuhren, wurden wir vom unheimlichen Anblick einer riesigen Lkw-Schlange begrüßt, die Säcke mit verseuchter Erde geladen hatte. (Bei der Aufräum-Operation kamen insgesamt 355.000 Lastwagen zum Einsatz.) Je weiter wir fuhren, umso mehr schlugen die Geigerzähler aus und zeigten bald eine Belastung von 2,7 Mikrosievert pro Stunde (mSv/h) an, was deutlich mehr ist als der weltweite Durchschnitt von 0,17 bis 0,39 mSv/h, aber immer noch weniger als das, was ein Mensch beim Fliegen abbekommt (3 bis 9 mSv/h). Fukushima war als sicher eingeschätzt worden, doch in manchen Regionen waren die zurückkehrenden Bewohnerinnen und Bewohner noch immer einer höheren Strahlendosis ausgesetzt als der durchschnittlichen Hintergrundstrahlung.

Ein guter Teil des Schreckens, den die Strahlung umgibt, hängt mit der psychologischen Unsicherheit zusammen, die sie verursachen kann. Als nach der Kernschmelze im Reaktor Daiichi der Alarm ausgelöst worden war, evakuierte man 300.000 Menschen und verteilte sie überall in der Präfektur Fukushima. Sie mussten ihre Häuser und all ihr Hab und Gut zurücklassen. Wir fuhren nun mit dem Auto durch die am stärksten betroffenen Städte Tomioka und Futaba, wir sahen Dörfer, die sich die Natur auf unheimliche Art und Weise wieder zurückerobert hatte und die nun vollständig von Blättern verdeckt waren. Ein Schrein war halb eingestürzt, die ganze Konstruktion neigte sich zur Seite. Die Fenster in Häusern und Büros waren eingeschlagen, die örtliche Apotheke war vernagelt und versiegelt, ein »kontaminiert«-Schild drohend davor gehängt. Es fühlte sich wie eine echte Post-Apokalypse an, auch wegen der grünen Säcke mit verseuchter Erde, die am Rand jedes Dorfes aufgestapelt waren.

Eine Untersuchung der Zeitung *Mainichi Shimbun* hatte ergeben, dass im Jahr nach dem Unglück das von der Umsiedlung herrührende Trauma unter der örtlichen Bevölkerung zu 1600 Toten geführt hatte, also mehr als die Anzahl der vom Tsunami in Fukushima getöteten Menschen. Fast schlimmer noch war das Stigma, das die Evakuierten begleitete, egal in welcher Stadt oder welchem Dorf in Tōhoku sie ankamen.

»Die Menschen sagten, man habe sich angesteckt; man könne es sich einfangen. Heirate nie eine Frau aus Fukushima. Viele Leute mussten sich solche Sätze anhören«, erinnerte sich Masami Yoshizawa, ein Bauer, der nur 14 Kilometer vom Reaktor entfernt lebt.

Die Lokalregierung hatte ihm gesagt, er müsse seine dreihundert verseuchten Rinder schlachten, doch er hatte sich geweigert und sich dafür entschieden, die Tiere am Leben zu lassen – sein Futter bezahlte er mithilfe von Spenden aus der ganzen Welt. Der Zugang zum Hof »Hope Farm« des unverwüstlichen Mannes in fortgeschrittenem Alter war mit Rinderschädeln dekoriert. Es wirkte, als wollte sie den Besuchern vom Schicksal erzählen, das die Herde erlitten hatte. Der Geruch aus Kuhdung und Ananas – ein billiges und im Überfluss vorhandenes Futtermittel für die Kühe – machte die ganze Sache auch nicht wirklich einladend. Es war nicht leicht, über das Gelände zu marschieren, ohne ein flaues Gefühl im Magen zu bekommen.

Masamis Geschichte erzählte von Widerstandskraft und Trotz. Er zeigte sich erschüttert davon, dass Fukushima derart gelitten hatte und von der Regierung so vernachlässigt worden war.

Auch wenn ich mit ihm mitfühlte und nicht annähernd nachvollziehen konnte, was er durchgemacht haben musste, so wies doch alles, was ich sah, eher darauf hin, dass die japanische Regierung ihr Bestes tat, um die furchtbare Situation zu bereinigen. Sie hatte ein 27 Milliarden Euro Aufräum-Programm gestartet, mit dem 14 Millionen Kubikmeter kontaminierter Boden weggeschafft wurden. Reisfelder, die nicht mehr für den Anbau von Lebensmitteln geeignet waren, wurden in Solarenergie-Parks umgewandelt; viele verlassene Gebäude waren abgerissen und fortgeschafft worden. Und nach acht Jahren zogen die ersten Einwohner, ermutigt durch die Regierung, zurück in die Gegend.

Ich interviewte den Gartenbauer Katsumi Arakawa in seinem Gewächshaus. Er war in die ehemalige Sperrzone zurückgekehrt und verkaufte von hier aus nun seine Blumen. »Ich müsste lügen, würde ich sagen, dass ich mir keine Sorgen gemacht habe, so nah am Reaktor zu wohnen. Doch im Alltag hat er gar nichts besonders Bedrohliches an sich.« Die Aussicht, niemals nach Hause zurückkehren zu können, war für ihn schlimmer, als in einer Gegend zu leben, die eine leicht erhöhte Hintergrundstrahlung aufweist.

Nachdem ich das Ausmaß der Aufräumarbeiten erkannt und einige der hoffnungsvollen Menschen vor Ort gesprochen hatte, wuchs in mir ein Optimismus für die Zukunft der Region heran, genau wie es nach der Tsunami-Dokumentation ein Jahr zuvor gewesen war. Diese Zuversicht half mir auch, meine eigenen trivialen Sorgen einordnen zu können. Wie konnte ich mich selbst bedauern, wenn 300.000 Menschen gezwungen worden waren, von einem Moment auf den anderen ihre Häuser zu verlassen, ohne zu wissen, wann sie zurückkehren können oder wie viel Strahlung sie ausgesetzt gewesen waren?

An diesen Dokumentationen zu arbeiten brachte ein gewisses Maß an Klarheit in mein Leben. Ich erinnerte mich daran, dass meine Arbeit einen positiven Einfluss haben konnte, indem ich die Geschichten der Katastrophen mit Millionen Menschen weltweit teilte.

Bei *Journey Across Japan* dauerte es nach der Fertigstellung ein ganzes Jahr, bis der Film Anerkennung fand, und zwar vor dem Hintergrund schrecklicher Umstände.

Während der Covid-Zeit, als alle in ihren Wohnungen saßen, viele gar nicht mehr vor die Tür kamen und kurz davor standen, wahnsinnig zu werden, erhielt ich eine Menge Nachrichten und E-Mails von Menschen aus der ganzen Welt, die die Serie in einem Stück angeschaut hatten und damit der Enge ihrer Wohnung entkommen konnten. Für viele war dies die einzige Möglichkeit, durch Japan zu reisen.

Trotz der mühsamen Produktion wurde *Journey Across Japan* zur meistgesehenen Reiseserie über Japan bei YouTube.

Bei all den Problemen, die ich beim Filmen und Schneiden in diesen zwei Jahren gehabt hatte, so gaben mir die Reaktionen auf die Serie doch das Gefühl, dass es die Mühe wert gewesen war. Es hatte zwei Jahre gedauert, aber zumindest fühlte ich mich bestätigt darin, das Projekt, das mich beinahe besiegt hätte, angegangen zu sein.

27. Verschwindendes Kyōto

November 2020

Japan änderte sich. Im Jahr 2000 waren vier Millionen ausländi-sche Besucher ins Land gekommen, im Jahr 2018 waren es bereits 31 Millionen. Jede größere Stadt bekam ein Facelift, die schmut-zigen Seitenstraßen von Shinjuku und Shibuya wurden schnell gentrifiziert und überall entstanden gigantische Hotels, um die Touristen aufzunehmen. Erstaunlich: Sogar Japans nachlässiger Umgang mit Rauchern wurde über den Haufen geworfen; abge-sehen von kleinen *izakayas* ist das Rauchen in geschlossenen Räu-men inzwischen verboten. Wo früher die Menschen noch rau-chend durch die Straßen schlendern konnten, müssen sie das heute in extra dafür ausgewiesenen Zonen tun. Zu meinen An-fangszeiten war das noch völlig anders, da glichen Bars oder Res-taurants noch einer Tabakwolke.

Das Land, das nach dem Platzen der Immobilienblase Anfang der 1990er-Jahre gerade zwei »verlorene« Jahrzehnte des Wirt-schaftswachstums und eine zerstörerische Tsunami- und Atom-kraftwerkskatastrophe 2011 hinter sich gelassen hatte, wurde vom Tourismus gerettet. Die Vorbereitungen auf die Olympi-schen Spiele 2020 in Tokio hatten eine gesellschaftliche Dynamik entfacht, insbesondere nachdem das Land 2019 erfolgreich die Rugby-Weltmeisterschaft durchgeführt hatte. Im Jahr 2020 wür-den die Augen der ganzen Welt auf Japan gerichtet sein.

Und dann, nach fast einem Jahrzehnt der Vorfreude, löste sich die Gelegenheit in Luft auf. Im März 2020 schloss das Land als Reaktion auf Covid-19 seine Grenzen. Zweieinhalb Jahre lang konnten keine Touristen nach Japan reisen.

Hier zu leben hatte sich schon immer angefühlt, wie in einer Blase zu wohnen, nicht zuletzt wegen der Sprache, der Kultur und der Tendenz des Landes, den Rest der Welt auf eine Armlänge

Abstand zu halten. Doch jetzt, da die Tore aus Japan hinaus und nach Japan hinein fest verschlossen waren und nach der unzweideutigen Warnung zu Beginn der Pandemie, dass Ausländer mit Aufenthaltsgenehmigung, die Japan jetzt verlassen, nicht wieder einreisen dürften, war diese Blase hermetisch abgeriegelt.

In gewisser Hinsicht gehörte Japan zu den Ländern, die so gut wie nur wenige auf Covid-19 vorbereitet waren, schließlich gehörten Mund-Nase-Masken hier schon lange zuvor zum Alltag, was das Ansteckungsrisiko senkte, und hinzu kam eine der weltweit niedrigsten Raten von Fettleibigkeit. Ein Beleg für diese Tatsache ist, dass, obwohl dreißig Prozent der Bevölkerung über sechzig Jahre alt und damit besonders gefährdet sind, die Zahl der mit Covid-19 in Zusammenhang stehenden Todesfälle weniger als ein Drittel der Zahlen der Vereinigten Staaten betrug.

Der Zugang nach Japan war verriegelt und die erhofften 35 Millionen Touristen blieben aus – nirgendwo im Land spürte man die daraus resultierenden Veränderungen so wie in Kyōto. Ich empfand schon immer eine Art Hassliebe für die Stadt. Zum ersten Mal hatte ich sie zusammen mit George besucht, nachdem wir den Aufstieg auf den Fuji gemeistert hatten. Wir blieben einige Tage und waren eher enttäuscht: Wir hatten eine uralte Stadt erwartet, tief versunken in Tradition. Doch als wir den schrecklichen Monolithen des Hauptbahnhofs verlassen hatten und im Schatten des stählernen Schandflecks des Kyōto Tower standen, wies nichts darauf hin, dass sich diese Stadt irgendwie von Tokio unterscheiden würde.

Dann verließen wir das Stadtzentrum, und damit begann sich die Schönheit Kyōtos zu entfalten. Perfekte Tempel und traditionelle Holzgebäude standen an jeder Straßenecke. Doch als wir den Tempel Kinkaku-ji besuchten, den berühmten goldenen Pavillon, der auf der Titelseite jedes Japan-Reiseführers abgebildet ist, mussten wir eine halbe Stunde in einer Schlange warten und uns mit einer großen Menge anderer Touristen um den besten Aussichtspunkt drängeln, während der ohrenbetäubende Lärm von iPhone-Kamerageräuschen in Endlosschleife lief. Der mit Blattgold überzogene Pavillon war ohne Frage beeindruckend, doch das Originalgebäude war 1950 abgebrannt, und obgleich er originalgetreu wieder aufgebaut und renoviert worden war, sah er doch so aus, als hätte man ihn erst gestern eingeweiht. Wie wir uns so in die Schlange einreihten, um auf vorgegebenen Wegen rund um den Pavillon zu schlendern und inmitten der lärmenden Menge, die um die besten Positionen für ein Selfie kämpften, zeigte sich George nicht sonderlich beeindruckt. »Wie, und das war es jetzt?«, beschwerte er sich, als wir auf dem Weg Richtung Ausgang der Menschenmasse folgten. Wir fühlten uns leerer als bei der Ankunft.

An Tag zwei unseres Besuchs drängten wir uns durch die Menschen in Richtung Kiyomizu-dera-Tempel, einer der bekanntesten Attraktionen Kyōtos, und wir hatten beide ein wenig den Eindruck, als würden wir die Stadt hier nur erkunden, weil es sich so *gehört*. Kyōto gilt als Japans Kulturhauptstadt und hat nicht weniger als siebzehn UNESCO-Weltkulturerbestätten, die man bestaunen kann. Wir zwangen uns dazu, so viele wie möglich davon abzuhaken.

Dann waren da aber auch die angenehmen Momente, etwa, wenn wir durch den stillen Bambuswald in Arashiyama spazierten oder die Stufen zu den zehntausend *torii* des Fushimi Inari-Schreins hinaufstiegen. Wir waren uns einig, dass der Philosophenweg, ein verborgener Steinpfad entlang eines Kanals in Kyōtos Stadtteil Higashiyama, einer der Höhepunkte war. Ohne eindeutig als solcher gekennzeichnet zu sein, übersahen auch Touristen diesen Weg voller Fotospots, sodass wir die Schönheit der Stadt in aller Ruhe genießen konnten und an traditionellen Häusern und einem freundlichen alten Mann vorbeikamen, der aus heruntergefallenen Blättern Schiffchen baute und sie in den Kanal setzte.

Doch das Problem war unübersehbar: Kyōto litt an seinem eigenen Erfolg. Während das riesige Tokio Millionen von Touristen schlucken konnte, platzte Kyōto aus allen Nähten. Eine unglaubliche Stadt war auf einen überfüllten Freizeitpark reduziert worden.

Einmal schlenderten George und ich durch Gion, das Geisha-Viertel, als wir Touristen sahen, die eine einsame Geisha bedrängten. Sie lief in ihrem leuchtend blauen Kimono die Straße entlang und wir sahen zu, wie die Besucher sich ihr in den Weg stellten, um Selfies machen zu können. Die Geisha lief ruhig weiter, als wären die Touristen gar nicht da. Ein trauriger Anblick. Der exzessive Tourismus in Kyōto untergräbt den altertümlichen Charme.

In der Pandemie von einem Tag auf den anderen der Millionen Touristen beraubt, entstand nun plötzlich ein neues Problem für Kyōto.

Insolvenzen. Das lang anhaltende Ausbleiben von Touristen führte zu einem Defizit von fast 410 Millionen Euro, die zu dem ohnehin schon gewaltigen Schuldenberg von sieben Milliarden Euro hinzukamen. Die Touristen allein waren nicht daran schuld. Die größten Attraktionen der Stadt – zweitausend buddhistische Tempel und Schreine – sind von den Steuern ausgenommen. Jeder Versuch der Stadtregierung, diese Politik zu ändern, trifft auf heftigsten Widerstand.

Am schlimmsten war jedoch, dass die wunderbaren hölzernen Teehäuser, die *machiya*, die das Herz und die Seele der architektonischen Identität der Stadt bilden, in ihre eigene Krise rutschten.

Im November 2020 wurde ich nach Kyōto eingeladen, um einen Dokumentarfilm über Koji Maeda und die *machiya* zu produzieren. Maeda ist ein Unternehmer aus Tokio, der sich während einer Reise in Kyōto verliebt hatte und eine Firma gründete, um die *machiya* zu renovieren. Dieses Filmprojekt sollte meine Ansichten über Kyōto grundsätzlich verändern und dazu führen, dass ich meine Liebe zu einer Stadt entdeckte, die ich fast die gesamten zehn Jahre, die ich bereits in Japan lebte, vernachlässigt hatte.

Mit dem *shinkansen*-Schnellzug zu reisen ist immer eine Freude. Mit 320 Stundenkilometern durch die japanische Provinz und Städte zu rasen, fühlt sich wie der ultimative Cheat-Code fürs

Reisen an. Man genießt die Aussicht, und während man auf einem thronartigen, verstellbaren Stuhl sitzt und ein paar *yakitori* abnagt, verblasst ebenso schnell die Erinnerung an das Reisen mit europäischen Zügen. Und bei den vielen Tunneln verblasst auch die Erinnerung an Japans hohe Berge, wenn auch, zugegeben, unter erheblichen Schäden für die Umwelt. Um das komfortable Reisen möglich zu machen, wird zwischen Hakodate und Fukuoka die Landschaft von einer von Betonpfeilern getragenen Eisenbahnlinie verschandelt. Viele der Dörfer und Städte unterwegs haben gar nichts vom *shinkansen*; sie müssen nur mit dem ohrenbetäubenden Lärm leben, wenn innerhalb von Sekunden tausend Passagiere über sie hinwegzischen.

Nach der großen Portion Hühnchen war ich im Zug kurz eingenickt, wurde dann aber abrupt von dem Warnton geweckt, der Passagiere über die bevorstehende Ankunft im nächsten Bahnhof informiert. Hätte ich verschlafen, wäre ich zwei Stunden später verwirrt in Hiroshima aufgewacht.

Kaum stand ich im Bahnhof, da fiel mir sofort der erste Unterschied zu früher auf. Ich konnte kein einziges ausländisches Gesicht entdecken. Ich überblickte den Bahnsteig und die Ticketschranken am Eingang und erkannte, dass ich der einzige nicht japanische Reisende war. In Städten wie Sakata waren Touristen immer eine Seltenheit, doch unter normalen Umständen wäre Kyōto von Besuchern aus aller Welt überrannt gewesen. Heute nicht.

Am Taxistand warteten die Taxis mit englischsprachigen Fahrern, die für die ausländischen Gäste vorgesehen waren, geduldig in einer Reihe; die Chauffeure sahen gelangweilt aus. Als er mich erblickte, wurde der Fahrer ganz vorn in der Schlange munter. Ich hatte eigentlich vorgehabt, ein normales Taxi zu nehmen, doch sobald wir Augenkontakt aufgenommen hatten, blieb mir keine andere Wahl mehr, als bei ihm einzusteigen.

»Kyōto ist so leer dieser Tage«, stellte er fest und steuerte seinen Wagen am Fluss Kamo entlang. »Als wäre es eine andere Stadt.«

»Was denken die Leute darüber, dass es so ruhig ist?« Ich erwartete eine erfreute Antwort, schließlich ging ich davon aus, dass die Menschen in Kyōto sich von dem Besucheransturm ansonsten meist überfordert fühlten. »Manchmal ist es schön. Aber wir machen uns alle Sorgen um unsere Geschäfte. So viele schließen.«

Mir schien, als würde Kyōto, sobald wir die Pandemie hinter uns gelassen hatten, tatsächlich zu einer völlig anderen Stadt geworden sein.

Es war ein sonniger Nachmittag, und ich entschloss mich, vor meinem abendlichen Meeting noch den Kiyomizu-dera-Tempel zu besuchen. Ohne den Menschenandrang konnte ich endlich die Architektur des Tempels genießen, ohne Angst haben zu müssen, übers Geländer geschubst zu werden.

Ich bummelte im Schatten der fünfstöckigen Yasaka-Pagode, der wahrscheinlich meistfotografierten im ganzen Land. Eine Handvoll japanische Mädchen in üppigen Kimonos machte Selfies und verschwand dann, sodass ich ganz alleine war. Vor ein paar Jahren wäre dies unvorstellbar gewesen. Gärten, Tempel, Alleen lagen verlassen vor mir und ich konnte mich in ihnen verlieren.

Zum Ausruhen setzte ich mich auf eine Bank in den Maruyama-Park – Kyōtos angesagtester Schauplatz für die beliebte Kirschblütenschau *hanami* im Frühling – und sah zu, wie eine Familie über eine Holzbrücke lief, die einen Teich überspannte, um auf der Wasseroberfläche nach Koi-Karpfen Ausschau zu halten. Ein kühler Herbstwind fuhr durch die Bäume. In diesem Moment wünschte ich, ich hätte vor vielen Jahren Kyōto auf meiner JET-Bewerbung als Wunschziel angegeben. Ein paar friedliche Momente ganz für mich – mehr hatte es nicht gebraucht, damit ich die nie versiegende Anziehungskraft dieser alten Stadt spürte.

Es gibt in Kyōto rund 40.000 hölzerne *machiya*. Wer um eine Häuserecke in eine der Straßen dort blickt, darf mit hoher Wahrscheinlichkeit damit rechnen, auf eines dieser traditionellen

Stadthäuser zu treffen. Verräterisch sind meist die *kōshi*-Gitter vor den Fenstern, die zwar Licht hereinlassen, zugleich aber auch für Privatsphäre und Diskretion sorgen. Jede Gestaltungsform hat eine Bedeutung: Werden die Fenster mit Latten von oben nach unten eingefasst, handelt es sich um einen Schnapsladen, während ein *kōshi* mit schmaleren Holzleisten auf ein Kimono- oder Stoffgeschäft hinweist.

Machiya werden manchmal auch als *unagi no nedoko* bezeichnet, wörtlich als »Aalbett«. Dankenswerterweise sind die Häuser nicht von Aalen bewohnt; der Begriff bezieht sich auf das lange, schmale, häufig irreführende Äußere der *machiya*. In der Edo-Zeit wurden Grundstücke nach ihrer Breite zur Straßenseite hin besteuert, weshalb man Gebäude mit kurzer Front und lang gestrecktem Rückteil baute. Schiebt man bei einem solchen Geschäft die Eingangstüren auf, betritt man sofort den Ladenraum, und eine weitere Tür nach hinten führt einen dann in das dort verborgene Wohnzimmer, auch *kakureya* genannt, den »versteckten Raum«.

Da es keine großen Fenster gibt und die Räume labyrinthisch angeordnet sind, fühlen sich viele *machiya* unglaublich gemütlich an, und sie sind auch alles andere als dunkel oder beengt, was auch an dem kleinen Hof, dem *tsuboniwa* liegt, um den herum sie errichtet sind. Die Gründe für diese Anordnung sind nicht allein ästhetischer Art; der *tsuboniwa* ist ein Raum, der für mehr Licht und Luft in den Innenräumen sorgt – etwas, das in den schwülheißen Sommermonaten in Kyōto dringend gebraucht wird.

Da sie aus Naturmaterialien erbaut sind, von den Holzbalken über die Papiertüren bis hin zu den Tatami-Matten, strahlt das Innere eines *machiya* eine unvergleichliche Ruhe aus, und die hölzernen Oberflächen sorgen für einen weichen, warmen Lichteinfall in die Räume.

Nun könnte man denken, dass die Einwohnerinnen Kyōtos daran interessiert wären, die *machiya* zu bewahren. Doch als Maeda mich durch eines der von ihm renovierten Gebäude führte, erklärte er mir zu meiner Überraschung, dass die Bewohner Kyōtos zum Niedergang dieser Häuser beitrügen.

»Die Menschen in Kyōto fühlen sich in einem *machiya* oft nicht wohl. Im Sommer ist es zu heiß, im Winter zu kalt. Und da sie aus Holz errichtet sind, geraten sie leicht in Brand, weshalb es häufig vorkommt, dass sie abgerissen werden, um ein modernes Haus an ihre Stelle zu setzen.«

Zur traurigen Wahrheit gehört auch, dass die Instandhaltung eines *machiya* recht teuer ist. Obgleich einige von ihnen renoviert wurden und an Touristen vermietet werden, was diese Stadthäuser in gewisser Form am Leben erhalten sollte, sieht die Zukunft nicht so rosig aus. Zwischen 1993 und 2003 wurden dreizehn Prozent der *machiya* in Kyōto abgerissen. Geht die derzeitige Rate von 800 zerstörten Häusern pro Jahr in diesem Tempo weiter, gibt es 2066 keines der Stadthäuser mehr und ein Teil von Kyōtos Geschichte verschwindet für immer.

Nachdem ich mich nach meinem Gespräch mit Maeda in das Stadthaus zurückgezogen hatte, das er mir für eine Übernachtung zur Verfügung stellte, ließ ich mir ein Bad in der Wanne aus Hinoki-Holz ein. Mit der Reise und den Dreharbeiten war es ein langer Tag gewesen. Ich blickte auf den malerischen Hofgarten hinaus, die kühle Nachtluft erfrischte mein Gesicht und ich wurde trübselig bei dem Gedanken daran, wie schnell sich Kyōto veränderte und war enttäuscht über mich selbst, dass ich diese Stadt so lange abgeschrieben hatte. Es war traurig, dass es eine globale Pandemie gebraucht hatte, damit ich das wertschätzen konnte, was Kyōto so speziell macht und was hier verloren zu gehen droht.

28. »Das ist mein Traum«

September 2021

In den zehn Jahren, die ich meinen YouTube-Kanal nun bespielte, hatte ich oft gescherzt, dass ich an dem Tag Japan verlassen würde, an dem der japanische Filmstar Ken Watanabe in einem meiner Videos auftaucht. Würde ich dieses scheinbar unmöglich zu erreichende Ziel doch erreichen, wäre meine Bucketlist vollständig abgehakt.

»Du wirst es nicht glauben. Ken Watanabe hat Interesse daran, bei *Abroad in Japan* aufzutreten.«

Ich sollte besser anfangen, meine Sachen zu packen.

Als wahrscheinlich Japans bester lebender Schauspieler, und ganz sicher als der bekannteste, hatte Ken Watanabe eine beneidenswerte Karriere hingelegt, bei der er unter anderem für seine Rolle in *The Last Samurai* für einen Oscar nominiert worden war: Seine eindrucksvolle Darstellung an der Seite von Tom Cruise ist legendär. Außerdem spielte er beispielsweise in Clint Eastwoods *Letters from Iwo Jima* mit, in Christopher Nolans *Inception* und der Hollywood-Neuverfilmung von *Godzilla*. Als er 2015 mit *The King and I* zum ersten Mal am Broadway auftrat, brachte ihm dies eine Nominierung für den Tony Award ein – als erster japanischer Schauspieler.

Neben dieser bahnbrechenden Schauspielkarriere erfuhr ich, dass er eine seiner größten Rollen außerhalb der Filmbranche spielte: Wie schon erwähnt, half er einer durch den Tōhoku-Tsunami zerstörten Stadt beim Wiederaufbau.

Er beteiligte sich im Jahr 2011 an den Wiederaufbaumaßnahmen entlang der betroffenen Küste und kam dabei in den Fischereihafen Kesennuma, eine der am stärksten zerstörten Städte, in der 1400 Menschen ums Leben gekommen und 8400 Häuser dem Erdboden gleichgemacht worden waren.

Ken freundete sich mit den verbliebenen Einwohnern an, adoptierte Kesennuma als seine zweite Heimat und engagiert sich seitdem an der langfristigen Wiederbelebung des Hafenstädtchens. Er gründete das *K-port*, ein Café im Stadtzentrum, und wurde zu einer »moralischen Stütze der örtlichen Gemeinschaft«, so ein Unternehmer aus der Stadt.

Kens ernst gemeinte Motive zu helfen sind außergewöhnlich in einer Welt, in der Prominente ständig nach Gelegenheiten suchen, ihr Image aufzupolieren. Auch zehn Jahre nach dem Tsunami setzte er sich weiter für die Stadt ein und vermittelte den Einwohnern ein Gefühl von Stolz und die Zuversicht, weiterzumachen.

»Viele Menschen waren nach dem Tsunami in einer hoffnungslosen Situation«, erklärte mir Ryuji Ando, der Eigentümer des lebhaften Fischmarkts der Stadt. »Ken Watanabe war eine große moralische Stütze für uns. Er ist wirklich ein Samurai!«

Als wir mit Ryotaro 2017 die Dokumentation über die Folgen des Tsunamis drehten, filmten wir auch eine Szene in Kens Café und verließen den Ort danach inspiriert durch die Geschichte, dass Japans größter Filmstar in aller Stille dabei half, eine Kleinstadt in Nordjapan wieder aufzubauen. Eine wunderschöne Geschichte, die erzählt werden sollte, zumal so wenige Menschen innerhalb wie außerhalb Japans von ihren Auswirkungen wussten.

Nachdem ich die letzten fünf Jahre damit verbracht hatte, Videos über Tōhoku zu drehen, schien der Kanal *Abroad in Japan* wie für Ken Watanabe gemacht, doch zu versuchen, ihn dafür zu gewinnen, kam mir aussichtslos vor.

Ich saß in Tokio mit meinem guten Freund Yasu, einem Unternehmer, der mit der Medienwelt Japans bestens vertraut war, beim Sushi, als er etwas wirkliche Radikales vorschlug.

»Warum schreiben wir Ken und seinem Team nicht einfach einen Brief?«

»Ha. Einen Brief! Der landet sofort im Mülleimer«, spottete ich, als der zynische Brite in mir die Kontrolle über mich übernahm.

»Ich meine es ernst, Chris. Du hast dir schon die Mühe gemacht, dorthin zu fahren und über sein Café zu berichten. Und du hast bewiesen, dass du mit einem japanischen Prominenten wie Hyde zusammenarbeiten kannst. Wir sollten ihnen einen Vorschlag schicken.«

Obwohl *Abroad in Japan* erfolgreich war, schien die Zusammenarbeit mit Stars doch noch irgendwie außerhalb meiner Reichweite. Wir hatten das Glück gehabt, mit Hyde drehen zu können, doch dazu hatte es intensiver Verhandlungen bedurft – und vor allem hatte Hydes Team *mich* kontaktiert. Damit war der halbe Kampf ja schon gewonnen – sie hatten uns die Tür geöffnet.

Die Idee, Ken Watanabe zu interviewen, begann eher wie ein Witz in meinem ersten Jahr als YouTuber. Während ich auf der Tatami-Matte meines winzigen Apartments in Sakata sitzend seine Filme im Fernsehen sah oder ihn auf dem gigantischen Poster in Ōsaka entdeckte, erschien diese Idee völlig absurd. Und auch Natsuki neckte mich damit regelmäßig während unserer connerstäglichen *yakitori*-Mahlzeiten: »Du hast Ken also immer noch nicht getroffen?«

Ryotaro und ich hätten es während des Dokumentar-Drehs dabei sogar um ein Haar geschafft: Eine Woche, nachdem wir im *K-port* gefilmt hatten, kam Ken spontan in der Stadt vorbei, um in seinem Restaurant zu arbeiten, wie wir später erfuhren.

In der Zwischenzeit bekam ich jedes Mal, wenn einer meiner Zuschauer auf Ken traf, ein Foto geschickt. Nachdem Ken im Londoner West End mit dem Theaterspielen und *The King and I* angefangen hatte, bekam ich zahlreiche selbstzufriedene Nachrichten von frechen Followern, die ein Selfie mit Ken erbeutet hatten und es mir dann weiterleiteten. Sogar Ichiyo Kanno hatte gescherzt, während wir sie in ihrer Pension in Kesennuma interviewten, dass ich in dem Stuhl säße, in dem auch schon Ken Watanabe gesessen und ihr Abendessen genossen habe.

Ich war also die ganze Zeit ganz nah dran an ihm und zugleich sehr weit weg, und nun behauptete Yasu, wir könnten ihm doch einfach mal einen verdammten Brief schicken?

Hätte jemand anderes das vorgeschlagen, hätte ich abgelehnt. Doch wie alle guten Unternehmer war Yasu erbarmungslos hartnäckig. »Wir haben nichts zu verlieren. Im besten Falle lesen sie den Vorschlag und sagen Ja, im schlimmsten Fall ignorieren sie ihn.«

Zögernd stimmte ich zu und Yasu entwarf eine professionelle Anfrage und überreichte sie persönlich Kens Management-Agentur.

Ein paar Tage später – ich filmte gerade mit Ryotaro ein Video in Asakusa – bekam ich einen Anruf des ekstatischen Yasu. Ken sei sehr interessiert.

»Sein Manager sagte, wir könnten Ken für eine Woche in Kesennuma begleiten und filmen, während er in der Stadt an einer Veranstaltung teilnimmt.«

»Oh Gott, eine ganze Woche! Da kann was nicht stimmen, Yasu. Wenn das passiert, fresse ich einen Besen.«

Keinen Monat später saß ich in Kens Lokal, rührte in meinem Kaffee und sah zu, wie Segelboote in Kesennumas Hafen einfuhren.

»Hast du ihn schon gefressen?«, wollte Yasu wissen.

»Selbst wenn ich einen Besen hätte, wäre ich viel zu nervös, um jetzt irgendwas runterzubekommen.«

Ich hatte keine Minute geschlafen. Ich würde gleich den Mann treffen, der, ohne dass er es wusste, die ganze Zeit über meinem Japan-Aufenthalt geschwebt hatte. Zu sagen, dass mich das in Angst und Schrecken versetzte, wäre eine glatte Untertreibung.

Fast so wie im Film *Inception* fühlte ich mich in einen Wachtraum versetzt. Das lag womöglich am Adrenalin. Oder auch am Schlafmangel. Vermutlich an Letzterem.

Als ein unauffälliger Toyota auf den Parkplatz fuhr, bemerkte ich, wie die Mitarbeiter auflebten und die Kundinnen an mehreren Tischen begannen, aufgeregt zu flüstern. Nachdem er sich wegen Covid-19 einige Monate zurückgezogen hatte, war Ken nun wieder da, wie ein König, der in sein Reich zurückkehrte. Ich hatte zuvor noch nie einen echten Fan-Moment gehabt.

Doch in dem Augenblick, in dem Ken Watanabe aus dem Auto stieg und ich sein Gesicht sah, ein Gesicht, das ich von der Kinoleinwand, Postern und aus dem Fernsehen kannte, durchfuhr mich die absolute Aufregung. Eine große Gestalt, schlicht, aber makellos in ein dunkles T-Shirt und einen grauen Mantel mit Kapuze gekleidet, betrat das Café. Er strahlte übers ganze Gesicht und rief den Mitarbeitenden zu »*Hisashiburi!* Lange nicht mehr gesehen!« Er wurde wie ein Held empfangen. Eine Handvoll Fans, die irgendwie von seinem bevorstehenden Besuch erfahren hatten, eilten mit ihren Autogrammbüchern zu ihm hinüber, und er signierte freundlich und posierte für Fotos, während ich geplättet auf meinem Stuhl saß und nervös an meinem Kaffee nippte.

Nach ein paar Minuten Auftritt im Raum und der Begrüßungsrunde bei bekannten Gesichtern, schob ihn sein Manager in die ruhige Ecke, in der meine Filmcrew und ich warteten.

»Chris, es freut mich, Sie kennenzulernen«, sagte er und wir fausteten uns an – Covid-Regeln. »Haben Sie Lust auf Pizza?«

Man sagt nicht Nein, wenn Ken Watanabe einem Pizza anbietet.

Und so kam es, dass ich mit Ken in seinem Café saß und mit ihm plauderte. Wir teilten uns eine Steinofenpizza, und er erklärte mir stolz, dass sie in diesem Lokal bei null angefangen hatten.

»Ich bin ganz schön nervös. Das ist alles so einschüchternd«, gestand ich ihm gleich zu Beginn unseres Gesprächs.

»Warum denn?«, antwortete er in einer so tiefen und dröhnenden Stimme, dass sie schon fast wieder ironisch bedrohlich klang.

Eine Woche mit Ken Watanabe zu verbringen war inspirierender, als ich es mir hätte vorstellen können. Egal wohin wir kamen, die Einheimischen waren glücklich, ihn durch die Stadt laufen zu sehen, und so stolz. Beim Abendessen in einem Restaurant vor

Ort kam ein Kunde zu uns herüber und ging auf die Knie, um Ken zu danken. Ich erfuhr, dass der Mann an der hiesigen Schule arbeitete und Ken ihr Musikinstrumente gestiftet hatte, damit die Kinder in ihrer Freizeit Musik machen konnten. Der Besitzer der Brauerei schenkte Ken ein paar Flaschen seines preisgekrönten Sake.

Ich bekam ein Gespür für die Menschlichkeit, die hinter seinem Einsatz für die Stadt steckte, als wir durch den Hafen spazierten und Ken sich an den Tag erinnerte, an dem er hier angekommen war.

»Wenn wir heute hier stehen, können wir Boote hören, Autos, Menschen, die sich in der Nähe unterhalten. Doch als ich an jenem Tag hier stand, war da gar nichts. Es gab keine Geräusche. Es fühlte sich an, als würde die Stadt nicht mehr atmen.«

Die Verwandlung war unübersehbar. Steht man heute im Zentrum von Kesennuma und schaut zu, wie die Boote aus dem Hafen segeln, wie Menschen den Fischern ihren Tagesfang abkaufen oder sich eine Tasse Kaffee im *K-port* gönnen, deutet wenig darauf hin, dass diese Stadt noch vor Kurzem völlig zerstört war.

Am Ende unserer gemeinsamen Zeit erwähnte ich Ken gegenüber, dass ich oft gescherzt hatte, ich würde Japan an dem Tag verlassen, an dem ich ihn treffen würde. Aber, so fügte ich schnell hinzu, dieses Treffen fühle sich so unglaublich an, fast, als wäre es ohnehin nur ein Traum.

»Wenn es echt wäre, werden Sie Japan verlassen?«, erkundigte Ken sich überrascht.

»Ganz bestimmt«, versicherte ich ihm.

»Okay, dann schauen wir mal.« Und einfach so zog er den Kreisel aus *Inception* aus der Tasche, um zu überprüfen, ob wir in der Wirklichkeit waren oder in einem Traum.

»Das ist mein Traum«, bemerkte er wehmütig, während der Kreisel seine Bahn über den Tisch zog und meine Woche mit dem erfolgreichsten Schauspieler Japans endete.

Ich glaube nicht, dass Ken begriffen hat, welch große Sache es für mich gewesen ist, ihn zu treffen und eine Woche so eng mit ihm zusammenarbeiten zu dürfen. Am wichtigsten war es, seine Geschichte zu hören und sie der Welt zu erzählen, doch für mich persönlich war die Begegnung ein Symbol dafür, wie weit ich bei meinem Abenteuer Japan gekommen war. Ich verließ Kesennuma ungewöhnlich optimistisch gestimmt.

Vielleicht, weil ich vor allem gelernt hatte, dass, wenn man nur bereit ist, lange genug zu warten, irgendwann selbst die wahnwitzigsten Träume im Leben Wirklichkeit werden können.

29. Angst und Erdbeben

März 2022

Zehn Jahre verbrachte ich in Japan, ohne ein großes Erdbeben zu erleben.

Obwohl meine Zeit in Tōhoku von den Folgen des verheerenden Erdbebens und Tsunamis von 2011 und dem Schreckgespenst der Atomkatastrophe von Fukushima geprägt war, hatte Japan weitergemacht. Sendai erlebt Monat für Monat kleinere Erdbeben, doch diese dauern meist kaum zehn Sekunden. Gerade wenn einem das Klappern der Fensterscheibe oder das Knirschen eines Holzschranks auffällt, ist das Beben auch schon wieder vorbei.

Anstatt mich vor den Zuckungen der Erde zu fürchten, fand ich die Erfahrung eher seltsam faszinierend. Schließlich war das einzige Mal, dass ich in Großbritannien gespürt hatte, wie mein Haus wackelte, als mein Freund Dave die Treppe hinuntergefallen war. Diese Art von Naturphänomen kam in der Gegend, aus der ich stammte, kaum vor. Wir hatten im Erdkunde-Schulunterricht natürlich auch Geologie thematisiert, und die Vorstellung, dass eine tektonische Platte, halb so groß wie der Pazifische Ozean, sich unter meinen Füßen bewegt, fand ich ziemlich faszinierend.

Diese Faszination verwandelte sich eines Abends im März des Jahres 2022 in Schrecken. Ein Schrecken, der sich dann in eine ausgewachsene Angst verwandelte.

Es war der 16. März um 23:36 Uhr, und ich kam nach einem köstlichen *yakitori*-Abendessen mit Natsuki, der die dreistündige Fahrt nach Sendai auf sich genommen hatte, damit wir uns endlich einmal wieder austauschen konnten, zurück in meine Wohnung.

Ich lebte mit meiner Freundin Sharla im zwölften Stockwerk, weshalb ich den Aufzug nach oben nahm, das Apartment betrat und mich mit einem Glas Wasser aufs Sofa setzte, im vergeblichen Versuch, den unvermeidlichen Kater am nächsten Morgen doch irgendwie noch zu verhindern.

Mein Smartphone gab den ohrenbetäubenden Ton einer Erdbebenwarnung von sich. Fast hätte ich vor Schreck mein Wasser umgekippt. Der Lärm rief traumatische Erinnerungen an die Luftschutzsirenen wach, die mich vor fünf Jahren so unvermittelt aus dem Schlaf gerissen hatten.

Die Kishō-chō, die japanische meteorologische Behörde, hat ein Erdbebenalarmsystem entwickelt, das die ersten seismischen Schockwellen aufnehmen kann, die wenige Augenblicke vor dem tatsächlichen Beben entstehen, was ein paar entscheidende Sekunden Vorwarnzeit liefert. In meinem Fall nutzte ich diese Sekunden, um verblüfft auf dem Sofa sitzen zu bleiben. In meinem benommenen, halb betrunkenen Zustand wusste ich nicht recht, was ich tun sollte, als auch schon ein tiefes, grollendes Geräusch den Raum erfüllte. Sitzt man hoch oben in einem Gebäude und hört dieses Rumpeln, das von allen Seiten zu kommen scheint, als würde das Haus eingerissen und man selbst ist in ihm gefangen, fühlt sich das ziemlich alarmierend an.

Innerhalb von drei Sekunden verwandelte sich der Raum von einem friedlichen, unbeweglichen Block zu einem hin und her schwankenden Schiff inmitten eines Sturms. Moderne japanische Häuser sind so gebaut, dass sie bei einem Erdbeben schwanken, anstatt zu zittern und zu wackeln, was viel eher die Struktur des Gebäudes beschädigen könnte. Vielen Menschen hilft auch die raffinierte Erfindung eines Schwingungstilgers, der im Grunde ein riesiges Pendel ist, das im Dach des Gebäudes angebracht wird und dabei hilft, die Bewegungen des Gebäudes aufzufangen und zu reduzieren.

Als in dieser Nacht die Intensität weiter zunahm und das Schwanken zu einer so starken Erschütterung wurde, wie ich sie nie zuvor erlebt hatte, begann ich mir Sorgen zu machen. Bücher bewegten sich und fielen aus dem Regal, und Maro, Sharlas Kater, sprang aus einem Stuhl und sauste von Raum zu Raum, unsicher, wie er dieser kollabierenden Welt entkommen konnte.

Nach angespannten zehn Sekunden beruhigte sich alles und ich war erleichtert, dass eines der schwersten Erdbeben, das ich je mitgemacht hatte, nun vorüber war.

Ich ließ mich zurück aufs Sofa fallen und besänftigte meinen Atem.

»Das war jetzt aber nicht lustig«, sagte ich zu Sharla, die versuchte, den armen, vor Angst zitternden Maro zu beschwichtigen. Dann, wie aus dem Nichts, zuckte der Raum nach oben und nahm das Sofa mit sich, fast als wäre ein Bombe darunter gezündet worden. Erst dachte ich, das Gebäude würde einstürzen. Das tiefe Grollen war durch das Geräusch von zerbrechendem Glas und Geschirr abgelöst worden, das durch die Küche flog und auf dem Boden zerbrach. Das war kein Feld-Wald-und-Wiesen-Erdbeben. Alle anderen, die ich bisher miterleben musste, waren einige Sekunden lang Schritt für Schritt heftiger geworden, bis sie sanft abflauten. Dieses Mal jedoch war das Erdbeben unvorhersehbar und verteilte Spitzen und Tiefpunkte mit einer Intensität, wie ich sie überhaupt nicht kannte.

Maro huschte ziellos hin und her, strebte dann zum Fenster, in der Hoffnung, entkommen zu können, während ein Bücherregal bedenklich schaukelte, als würde es gleich zusammenbrechen. Das Grummeln, das Geräusch des zerbrechenden Geschirrs und die klappernden Fenster vereinten sich mit einem derart heftigen Schwanken, dass ich kaum aufstehen konnte. Ich bekam eine Panikattacke, genau wie Maro. Ich fühlte mich gefangen und wollte nur noch raus.

Die Betonwände wankten, als seien sie aus Lego gebaut, und ich machte mich auf das Schlimmste gefasst. War das der Nachfolger des Bebens von 2011, vor dem die Wissenschaftler mit ihren Theorien gewarnt hatten? Das Gebäude war vermutlich nicht für diese Art Strapaze ausgelegt, oder?

Das übliche Vorgehen bei einem Erdbeben verlangt, dass man

sich unter einen Tisch kauert oder in eine Türöffnung stellt, für den Fall, dass Stücke aus der Decke brechen und auf einen stürzen. Ich hingegen hielt mich während dieser längsten dreißig Sekunden meines Lebens verzweifelt an einem Bücherregal fest und dachte, dass ich nun wirklich kurz davor war zu sterben.

Nach einer Ewigkeit ließen das Schaukeln und Schlagen nach und Dutzende von Feueralarmen sprangen in ganz Sendai an. Aus der frischen Frühlingsnacht war etwas geworden, das sich wie ein Kriegsgebiet anhörte.

Mein erster Gedanke galt der Flucht, für den Fall der Fälle, Runde drei stünde vor der Tür.

Wir steckten Maro in seine Transportbox und betraten das Treppenhaus. Wenig überraschend war, dass die Fahrstühle nicht mehr funktionierten, wobei ich ohnehin keinen betreten hätte, nicht unter diesen Umständen.

Im Nachhinein weiß ich, dass wir in unserer Wohnung hätten bleiben sollen. Draußen vor den Häusern zu stehen ist keine gute Idee, da lose Gegenstände oder Ziegel herabstürzen und einen schwer verletzen können. Doch inmitten einer ausgewachsenen Panikattacke brauchte ich Luft. Meine Kampf-oder-Flucht-Reaktion hatte sich eindeutig auf die Seite der Flucht geschlagen.

Unten in der Lobby angekommen, stießen wir auf eine Reihe anderer Bewohner des Gebäudes, die die gleiche Idee gehabt hatten und nun entweder die Sache im Erdgeschoss abwarten wollten oder aus dem Gebäude liefen, um ins Freie zu gelangen. Alle Gesichter waren so bleich, wie meines vermutlich war.

Kurz darauf hörten wir die Sirenen von Notfalleinsätzen und ein Krankenwagen hielt auf der Straßenseite gegenüber. Zwei Sanitäter eilten durch die Türen eines benachbarten Wohnblocks.

Es dauerte nicht lang, da trafen auf meinem Smartphone Nachrichten von besorgten Freunden und der Familie ein. In den Nachrichten war von einem Epizentrum des Bebens in der nahe gelegenen Präfektur Fukushima die Rede, wenig südlich von Sendai.

Und dann rannte auch schon bald Natsuki aus seinem Hotel die Straße herunter.

»Woah, fuck! Sehr ängstlich!«, brüllte er. Unglaublich, aber in dieser Situation beruhigte es mich, Natsukis aufgeregte Stimme zu hören. Das war seltsam, denn normalerweise war er es, der das Chaos erst stiftete. »Mein Hotelzimmer, überall Wasser. Oh mein Gott.« Offenbar war nach einem Leitungsbruch Natsukis Hotel überschwemmt worden. Aber er war in Sicherheit, und das war alles, was zählte. Er war aufgewühlt, doch hatte er offenbar das Hotelgebäude zusammen mit seinen Zigaretten verlassen können, insofern war, was ihn anging, alles in Ordnung.

Das Erdbeben hatte eine Stärke von 7,4 gehabt, war damit das schwerste seit 2011 und wurde später als Nachbeben des Erdbebens erkannt, das ein Jahrzehnt zuvor Japan verwüstet hatte. Drei Menschen kamen ums Leben, 274 wurden verletzt. In vielerlei Hinsicht ist es erstaunlich, dass der Schaden nicht größer ausfiel, angesichts der Tausenden von Gebäuden in Nordjapan, die nicht für derart schwere Beben ausgelegt sind.

Ich selbst war bis ins Mark erschüttert. Zum ersten Mal hatte mir ein Erdbeben meine Grenzen aufgezeigt. Ich war nicht länger von den Bewegungen des Erdbodens unter mir fasziniert, dafür rückte nun die allgegenwärtige Bedrohung in den Mittelpunkt. Die folgenden Tage lebte ich voller Angst, traute mich nicht, einen Aufzug zu benutzen und überlegte, ob sich meine Wohnung wohl im nächsten Moment wieder in eine herrliche Hüpfburg verwandeln würde. Der Schaden hielt sich zum Glück in Grenzen: Abgesehen von dem gesamten Geschirr, das nun als Mosaik vorlag, schienen die meisten anderen Dinge heil geblieben zu sein.

Das *Abroad in Japan*-Studio hatte nicht so viel Glück.

Einige Monate zuvor hatte ich mir mein erstes Studio eingerichtet und mit einem professionellen Filmset ausgestattet, das an ein *rāmen*-Restaurant aus den 1980ern erinnerte. Zusammen mit ein paar örtlichen Designern hatte ich einen Raum geschaffen, auf den ich wirklich stolz war. Leider befand sich das Studio innerhalb eines Gebäudes aus den 1970er-Jahren, das man noch ohne den modernen Erdbebenschutz errichtet hatte.

Als Natsuki und ich am nächsten Morgen die Studiotür öffneten, mussten wir feststellen, dass nicht nur das halbe Set eingestürzt war, auch eine Wasserleitung war offenbar in den Räumen über uns geplatzt, weshalb das ganze Studio schwamm. Aus den zersplitterten Tellern und Töpfen des *rāmen*-Restaurants war somit ein Matsch aus Keramik geworden. Eine zerbrochene *manekineko*, eine Winkekatze, lag mitten in dem Durcheinander und ihr Winkearm ragte aus dem Geröll heraus.

Der Anblick des mit Liebe und Sorgfalt aufgebauten Studios, das so schnell schon wieder zerstört worden war, entmutigte mich.

Doch trotz all des Schreckens, den das Fukushima-Erdbeben 2022 (wie es fortan genannt wurde) auslöste, zeigte es doch auch, wie gut Japan auf das Chaos vorbereitet war, das Mutter Natur so rücksichtslos verursachte. Das war mir schon einmal aufgefallen, als ich die Überlebenden der Tsunami-Katastrophe von 2011 getroffen hatte – Japanerinnen und Japaner haben einen nicht zu brechenden Geist und ein stoisches Mindset, das ich inzwischen sehr respektiere und bewundere. Die Menschen schütteln den Staub ab und machen sich am nächsten Tag wieder an die Arbeit, als sei nichts geschehen.

Ich wünschte, ich könnte sagen, etwas von dieser Stärke und dieser Entschlusskraft habe auf mich abgefärbt, doch noch lange Zeit nach dem Erdbeben war ich unsicher, ob es nicht Zeit sei, Sendai zu verlassen. Aber nicht, weil ich das Gefühl hatte, ich müsste zu größeren Dingen aufbrechen oder weil die Stadt mich langweilte.

Es lag an der Angst. Die Angst davor, ein weiteres, ähnlich starkes Erdbeben mitmachen zu müssen, denn genau ein solches haben Seismologen für den Küstenbereich der Präfektur Miyagi für die nähere Zukunft vorhergesagt.

Ich blieb dann doch in der Stadt, die ich nun seit mehr als einem halben Jahrzehnt liebe. Es war einfach kein für mich akzeptables Ergebnis, mich von Angst getrieben aus meinem Zuhause verscheuchen zu lassen. Wenn ich fortging, dann nur aus eigenem Entschluss und nicht etwa, weil Mutter Natur es mir so diktierte. Nach dem Erdbeben erhielt ich Nachrichten und E-Mails von Nutzern, denen es ähnlich ging, und die sich aufgrund der Erdbebengefahr in Japan unwohl fühlten. Vermutlich haben meine online veröffentlichten, von Panik durchzogenen Videos in den Tagen nach dem Beben nicht unbedingt zur Beruhigung beigetragen. Doch Japan aus dem Weg zu gehen aus Angst vor Erdbeben wäre, wie dem Meer aus dem Weg zu gehen aus Angst vor Haien oder Flugzeugen aus Angst vor einem Absturz. Wie sagt man so schön: »In Angst zu leben heißt, gar nicht zu leben.«

Nachwort

Ich frage mich oft, was passieren würde, wenn man Natsuki zurück ins Jahr 2008 transportierte, wo er dann meinem damaligen Ich erzählte, dass er mein aus der Zukunft angereister bester Freund ist. Aus einer Zukunft, in der ich mein drittes Lebensjahrzehnt als Englischlehrer und YouTuber im ländlichen Japan verbringe. Vermutlich würde ich über diesen von sich selbst überzeugten Japaner lachen, sobald er seine immer wieder von Zügen an der Marlboro-Zigarette unterbrochene, sonderbare Beschreibung meiner Zukunft abgeschlossen hätte. Hätte er fertig geraucht, würde ich die Polizei rufen und ihn wegschaffen lassen.

In den ersten achtzehn Jahren meines Lebens wies absolut nichts darauf hin, dass ich einmal in Japan leben und arbeiten würde. Während manche Menschen ihren Aufenthalt hier nach jahrelangem Träumen und säuberlichster Vorbereitung beginnen, hatte mich vor vielen Jahren ein Wink des Schicksals auf diese Gleise gesetzt. Es macht mir Angst, darüber nachzudenken, wie leicht ich all dies hier hätte verpassen können.

Sie haben beim Lesen dieses Buchs sicher mitbekommen, dass ich eher ein ängstlicher Typ bin. Ich weiß nicht genau, warum dem so ist. Womöglich habe ich das von einem Elternteil geerbt. Oder es liegt daran, dass ich als Kind Asthma hatte und mitten in der Nacht mit dem Gefühl aufwachte, ein unsichtbarer Geist würde mir die Luft abschnüren. Vielleicht sind es auch die hochfliegenden Erwartungen, die ich an mich selbst stelle, und die Angst, sie nie erfüllen zu können? Nun, jedenfalls schwebte bei jedem Schritt meines Abenteuers die Angst drohend über mir.

In den Monaten nach der Entscheidung, nach Japan zu ziehen, überfielen mich regelmäßig Panikattacken. Ganz besonders gut erinnere ich mich an eine Gelegenheit in der Küche meiner WG an der Universität. Ich sprach mit einem Freund über dessen nächtliche alkoholgetränkte Erlebnisse, als ich mich ein wenig aus dem Gespräch ausklinkte und spürte, wie eine gewaltige Angstwelle über mir zusammenbrach. Es war, als würde gleich etwas Schreckliches passieren. Als ob ein Monster durchs Fenster hereingestürmt käme. Ich war mir sicher: Würde ich aufstehen und die Tür öffnen, würde ich in ein leeres Nichts stürzen.

So schnell, wie es kam, verschwand das Gefühl auch wieder. Es dauerte kaum zwanzig Sekunden und war so flüchtig, dass es meinem Freund gar nicht auffiel, der noch immer in seiner Geschichte gefangen war, wie er in hohem Bogen gegen eine Wand gekotzt hatte.

Im ersten Augenblick dachte ich, ich hätte vielleicht einen kleinen Schlaganfall oder Herzinfarkt gehabt. Im Internet nach den Symptomen zu suchen, machte die Sache nur schlimmer. Dann wurde mir klar, dass es auf einer unterbewussten Ebene der Gedanke daran gewesen war, dass ich meine Welt hinter mir lassen und in einem Land leben würde, in dem ich nichts und niemanden kannte.

Damals rief ein Aufbruch furchtbare Ängste in mir wach. Was mich heute erschreckt, ist der Gedanke, dass nichts von all dem hier geschehen wäre, hätte ich damals meiner Furcht nachgegeben. Hätte ich mich nicht gezwungen, meine Komfortzone zu verlassen, würde ich noch heute in Großbritannien leben.

Seitdem stelle ich mir jedes Mal, wenn eine große Entscheidung ansteht, eine ganz einfache Frage. Ganz egal, wie viel Angst mir etwas einjagt, ich überlege, *ob ich es bedauern werde, wenn ich dieser Möglichkeit aus dem Weg gehe.*

Nach all dieser Zeit ist nicht ein einziger Tag vergangen, an dem ich es bedauert hätte, nach Japan gezogen zu sein.

Selbst an schlechten Tagen nicht, wenn ich von Vermietern abgelehnt wurde oder auf dem Boden herumkroch, um nach Katzen zu suchen, wenn vierzig Schülerinnen und Schüler mich völlig teilnahmslos anstarrten oder ich aus einem Liebeshotel rausgeworfen wurde. Ich bedauere nichts davon.

In Japan zu leben hat mich auf jedem Schritt meines Weges zu einer stärkeren Persönlichkeit gemacht, mich immer herausgefordert. Noch widerstandsfähiger, noch offener für die Welt – und noch übergewichtiger, dank des fettigen Wunders des Family-Mart-Hühnchens.

Zweitausend Stunden im Klassenzimmer, mehr als 250 Videos und 47 bereiste Präfekturen, es war ein wilder Ritt. Und obgleich ich eine gewisse Bekanntheit genoss, die mir meine Internetvideos und irrwitzige 400 Millionen Views im *Abroad in Japan*-Kanal im Laufe der Jahre ermöglichten, so war YouTube doch nur das Mittel zum Zweck, um Japan auf eine Art und Weise zu entdecken, die ich nie für möglich gehalten hätte. Ich bin den Millionen von Menschen unendlich dankbar, die mich auf dieser Reise begleitet haben, die diese wilde Tour mitmachten, um das Land zu entdecken.

Nun könnte man denken, dass es die Blockbuster-Momente waren, die im Rückblick besonders herausragen. Im japanischen Fernsehen aufgetreten zu sein oder rüde von einer nordkoreanischen Rakete geweckt zu werden. Mit Ken Watanabe eine Pizza zu essen oder beim Sonnenaufgang schlotternd auf dem Fuji zu stehen. Itō nach dem Gewinn des unmöglichen Reden-Wettbewerbs um den Hals gefallen zu sein, wird immer zu meinen liebsten Erinnerungen gehören, genau wie die Produktion einer Dokumentation über eine furchtbare Naturkatastrophe sowie die inspirierenden Menschen, die ich dabei traf.

Das alles waren Momente, die mir bis ans Ende meiner Tage wichtig bleiben werden. Doch zur Wahrheit gehört auch, dass die wirklich besonderen Momente, an die ich mich an einem schlechten Tag gern erinnere, oft die unauffälligsten waren. Nach der Arbeit auf einem abgelegenen Strand zu sitzen, übers Meer zu einem schlafenden Vulkan zu blicken und dem Schicksal zu danken, das mich hierhergeführt hat. Dem Schneefall vor dem Fenster eines *yakitori*-Restaurants zuschauen, während Natsuki und ich der bitteren Kälte entflohen sind und uns auf eine weitere Platte fettiges, gegrilltes Hühnchen stürzen. Bei einer Wochenendspritztour mit meinem klapprigen Toyota Starlet in den Bergen zu verschwinden, mich im Kreis zu drehen und zufällig auf ein zerfallendes *torii* am Eingang eines vergessenen Dörfchens zu stoßen.

Das Spannende am Leben in Japan ist, dass man nie genau weiß, welche Überraschungen einen in Kürze noch erwarten. Und wenn mich zehn Jahre in diesem Land etwas gelehrt haben, dann, dass es immer noch eine wildere Entdeckung zu machen gibt, gleich um die Ecke, im Land der aufgehenden Sonne.

Danksagung

Dieses Buch zu schreiben fühlte sich an wie eine Zeitreise. In den vielen Monaten, die ich daran gearbeitet habe, durchforstete ich unablässig mein Gedächtnis nach Momenten und Erinnerungen aus der Vergangenheit, von denen ich lange glaubte, sie verloren zu haben. Ich kehrte anschließend in die Gegenwart zurück, den vielen Menschen, die mir bei meinem Aufenthalt geholfen haben, unendlich dankbar.

Zuerst möchte ich den Lehrerinnen und Lehrern der Sakata Senior High School danken, die es drei Jahre lang mit mir ausgehalten haben und im Grunde in den ersten Monaten meines Lebens in Japan meine Babysitter waren.

Ganz besonders dankbar bin ich Natsuki Aso dafür, dass er mich vor vielen Jahren auf den Straßen Sakatas auflas und anschließend unter seine Fittiche nahm. Er ging zusammen mit mir durch die Höhen und Tiefen meines Jahrzehnts in Japan. Ich bin unglaublich froh, ihn all die Zeit als besten Freund dabeigehabt zu haben.

Dem bösen Superhirn Ryotaro Sakurai möchte ich Dank sagen, dass er meinem Leben in Tōhoku einen Sinn gegeben hat, indem wir Japans am meisten unterschätzte Region durch unsere vielen Videos und gemeinsamen Reisen beworben haben. Unsere chaotischen Abenteuer, verloren in den Bergen Nordjapans, gehören zu meinen schönsten Erinnerungen.

Ich habe außerdem das unglaubliche Glück, eng mit meinen langjährigen Freunden David Parish und Ellen Kavanagh sowie mit meiner Schwester Emma Broad und dem *Abroad in Japan*-Team zusammenzuarbeiten. Vielen Dank, dass ihr all die Jahre mit mir durch dick und dünn gegangen seid!

Diese Liste wäre nicht vollständig ohne einen Dank an meine Partnerin und beste Freundin Sharla, die mich in all den Jahren unterstützte, zunächst als Freundin und Mit-Vloggerin, heute als Lebenspartnerin und Verlobte. Ich bin ungemein froh, sie an meiner Seite zu wissen.

Ich danke auch meinen Eltern Sally und Richard, die mich, der ich doch so völlig unvorbereitet war, auf die andere Seite der Welt haben ziehen lassen und dabei nie an mir gezweifelt haben. Ein besonderes Dankeschön geht an Sharika Teelwah von Transworld Publishers, die jeden einzelnen Schritt bei der Entstehung dieses Buchs möglich gemacht hat. Ihr scharfes Auge und ihr großer Sinn für Humor machten die Überarbeitung dieser Texte, an denen ich viele Monate saß, zu einer Freude. Danke auch an Sarah Day, Viv Thompson, Rosie Ainsworth und Hana Sparkes – ihr habt geholfen, dass dieses Buch das Licht der Welt erblicken konnte.

Zu guter Letzt möchte ich all jenen danken, die in all den Jahren konstant ein Teil von *Abroad in Japan* waren. Was damit begann, dass ich allein in meiner winzigen Wohnung saß und mich über den Kulturschock und unleserliche Telefonrechnungen aufregte, hat sich zu etwas entwickelt, das ich mir überhaupt nicht hätte vorstellen können. Und ich bin völlig verblüfft darüber, wie viele Zuschauer über all die Jahre dabeigeblieben sind. Ob Sie eine Zuschauerin oder ein Zuschauer sind, die beziehungsweise der schon seit Tag eins dabei ist, seit einem halben Jahrzehnt oder auch erst ein paar Monate, vielen Dank, dass Sie sich meine verrückten Dinge angesehen haben und so Teil dieser Entdeckungsreise durch Japan wurden. Meine Erfahrungen bei der Erkundung einer Kultur und die unablässige Selbstdemütigung vor den Augen der Welt waren ein wirklich surreales Abenteuer, das ich um nichts in der Welt eintauschen würde.